Guia Conceitual
da Linguística de Benveniste

Conselho Acadêmico
Ataliba Teixeira de Castilho
Carlos Eduardo Lins da Silva
Carlos Fico
Jaime Cordeiro
José Luiz Fiorin
Tania Regina de Luca

Proibida a reprodução total ou parcial em qualquer mídia
sem a autorização escrita da editora.
Os infratores estão sujeitos às penas da lei.

A Editora não é responsável pelo conteúdo deste livro.
Os Organizadores e os Autores conhecem os fatos narrados, pelos quais são responsáveis,
assim como se responsabilizam pelos juízos emitidos.

Consulte nosso catálogo completo e últimos lançamentos em **www.editoracontexto.com.br**.

Claudia Toldo
Valdir do Nascimento Flores
(Organizadores)

Guia Conceitual
da Linguística de Benveniste

Copyright © 2024 dos Organizadores

Todos os direitos desta edição reservados à
Editora Contexto (Editora Pinsky Ltda.)

Montagem de capa e diagramação
Gustavo S. Vilas Boas

Preparação de textos
Dos organizadores

Revisão
Lilian Aquino

Dados Internacionais de Catalogação na Publicação (CIP)

Guia conceitual da linguística de Benveniste / organizado por
Claudia Toldo, Valdir do Nascimento Flores. – São Paulo :
Contexto, 2025.
256 p.

Bibliografia.
ISBN 978-65-5541-633-6

1. Linguística 2. Benveniste, Émile – 1902-1976 I. Toldo,
Claudia II. Flores, Valdir do Nascimento

25-0305   CDD 410

Angélica Ilacqua – Bibliotecária – CRB-8/7057

Índice para catálogo sistemático:
1. Linguística

2025

EDITORA CONTEXTO
Diretor editorial: *Jaime Pinsky*

Rua Dr. José Elias, 520 – Alto da Lapa
05083-030 – São Paulo – SP
PABX: (11) 3832 5838
contato@editoracontexto.com.br
www.editoracontexto.com.br

Sumário

SIGLAS, NOTAÇÕES E ABREVIAÇÕES UTILIZADAS 8

A TERMINOLOGIA DE BENVENISTE
E OS LIMITES DE UM *GUIA CONCEITUAL* 9
Claudia Toldo e *Valdir do Nascimento Flores*

ANTROPOLÓGICO 15
Gabriela Barboza

APARELHO FORMAL DA ENUNCIAÇÃO 22
Fábio Aresi

CLASSIFICAÇÃO DAS LÍNGUAS 26
Valdir do Nascimento Flores

CULTURA 32
Renata Trindade Severo

DÊIXIS 37
Alena Ciulla

DESIGNAÇÃO/SIGNIFICAÇÃO 41
Gabriela Barboza

DIÁLOGO 47
Claudia Toldo

DISCURSO 52
Daniel Costa da Silva

ENUNCIAÇÃO 57
Paula Ávila Nunes

ENUNCIAÇÃO HISTÓRICA/ENUNCIAÇÃO DE DISCURSO 62
Larissa Colombo Freisleben

ENUNCIADO PERFORMATIVO 68
Silvana Silva e *Valdir do Nascimento Flores*

ESCRITA...........74
Carolina Knack

ESPAÇO...........79
Gabriela Barboza

ESTRUTURA...........84
Claudia Toldo

EUFEMISMO...........89
Elisa Marchioro Stumpf

FONEMA (*SEMIOFONEMA*)...........93
Isabela Rêgo Barros

FORMA E SENTIDO...........98
Claudia Toldo

FUNÇÃO...........103
Larissa Colombo Freisleben e *Valdir do Nascimento Flores*

INSTÂNCIA DE DISCURSO...........109
Márcia Boabaid

INSTITUIÇÃO...........116
Gabriela Barboza

LÍNGUA...........123
Paula Ávila Nunes

LINGUAGEM...........128
Paula Ávila Nunes

LÍNGUA(GEM) E PENSAMENTO...........132
Filipe Almeida Gomes

LÍNGUA(GEM) E SOCIEDADE...........137
Fábio Aresi

LINGUAGEM E POÉTICA...........143
Sabrina Vier

LÍNGUAS...........148
Sara Luiza Hoff

LINGUÍSTICA...........153
Valdir do Nascimento Flores

NÍVEIS DA ANÁLISE LINGUÍSTICA...........158
Carmem Luci da Costa Silva

NOMES DE AÇÃO...........168
Sara Luiza Hoff

NOMES DE AGENTE...173
Sara Luiza Hoff

PESSOA E NÃO PESSOA...178
José Temístocles Ferreira Júnior

PSICANÁLISE E LINGUAGEM..183
Valdir do Nascimento Flores

REFERÊNCIA..190
Alena Ciulla

RITMO...196
Silvana Silva

SEMÂNTICA DA ENUNCIAÇÃO..199
Claudia Toldo e *Valdir do Nascimento Flores*

SEMIOLOGIA..206
Heloisa Monteiro Rosário

SEMIÓTICO/SEMÂNTICO...211
Heloisa Monteiro Rosário

SIGNO..217
Catiúcia Carniel Gomes

SÍMBOLO...221
Marlete Sandra Diedrich

SUBJETIVIDADE...225
Daniel Costa da Silva

SUJEITO...230
Carolina Knack

TEMPO...235
Marlete Sandra Diedrich

TRADUÇÃO...239
Sara Luiza Hoff

VERBOS DELOCUTIVOS..244
Célia Della Méa

Obras de Émile Benveniste...247

Referências..248

Os autores..253

Siglas, notações e abreviações utilizadas

BD – Baudelaire. Será referido no corpo do texto pela sigla *BD* seguida de página.

PLG I – Problemas de linguística geral, volume I. Será referido no corpo do texto pela sigla *PLG I* seguida de página.

PLG II – Problemas de linguística geral, volume II. Será referido no corpo do texto pela sigla *PLG II* seguida de página.

VOC I – O vocabulário das instituições indo-europeias, volume I. Será referido no corpo do texto pela sigla *VOC I* seguida de página.

VOC II – O vocabulário das instituições indo-europeias, volume II. Será referido no corpo do texto pela sigla *VOC II* seguida de página.

Últimas aulas – Últimas aulas no Collège de France (1968 e 1969).

A terminologia de Benveniste
e os limites de um *guia conceitual*

Claudia Toldo
Valdir do Nascimento Flores

O estudo da terminologia de Émile Benveniste não é recente; é possível encontrar vários trabalhos sobre ela, em especial no mundo francófono. No entanto, no Brasil, não temos tradição de estudos terminológicos de linguistas *per se*; e nota-se a ausência de um trabalho dessa natureza em relação a Benveniste em especial.

A terminologia de Benveniste já recebeu um mapeamento – talvez o primeiro – no *Le lexique d'É. Benveniste*, publicado em dois volumes, em 1971 e 1972, nos "Documenti di lavoro e pre-pubblicazioni" do Centro Internazionale di Semiotica e di Linguistica da Uniservitá di Urbino, na Itália. O *Le lexique* é formado por 182 termos que dizem respeito à reflexão de Benveniste ligada à enunciação, mas não apenas; há também termos e definições oriundos de estudos comparatistas e de linguística geral do autor. Jean-Claude Coquet precisa, no *Prefácio* que faz ao primeiro volume, que foram utilizadas cinco fontes para a elaboração do trabalho. São elas: os artigos "Structure des relations d'auxiliarité" (1965);[1] "Termes de parenté dans les langues indo-européennes" (1965);[2] "Formes nouvelles de la composition nominale" (1966)[3] e "La forme et le sens dans le Langage" (1966);[4] além do livro *Problèmes de linguistique générale* (1966).[5]

Como explicam D'Ottavi e Frigeni (2023: 71),[6]

A obra deve muito ao vigor lexicográfico de Algirdas Julien Greimas (1917-1992) e às pesquisas realizadas por seu grupo. Como Broden (2013, p. 8) conta, logo após a publicação do *Dictionnaire de l'ancien français* [Dicionário do francês antigo], em novembro de 1968, Greimas dedicou-se ao projeto de um segundo dicionário, reunindo uma equipe "que elabora um arquivo terminológico de semiótica, com vista à publicação de um Vocabulário semiótico". J.-C. Coquet lidera um grupo de pesquisadores que faz um levantamento e uma primeira análise dos textos de Roland Barthes (1915-1980), Claude Lévi-Strauss (1908-2009), do próprio Greimas e de Benveniste. O empreendimento é adiado e, finalmente, não se concretiza nessa configuração, mas os arquivos benvenistianos estão prontos: o trabalho resultante é apresentado como o primeiro resultado dessa iniciativa coletiva, que leva a marca greimasiana e exibe, assim, uma postura claramente semiótica.

Além do *Le lexique*, a terminologia de Benveniste é abordada em dois trabalhos de Mohammad Djafar Moïnfar. O primeiro, de 1975, é um exaustivo levantamento bibliográfico "que tem por objetivo estabelecer uma lista tão completa quanto possível" (Moïnfar, 1975:IX), conforme o seguinte plano: obras (classificadas em ordem cronológica), artigos (classificados cronologicamente e subclassificados segundo o assunto), índice de assuntos, resenhas e comunicações feitas na Sociedade Linguística de Paris. Pode-se considerar que há, nesse trabalho, uma primeira indicação sobre a terminologia de Benveniste, principalmente se considerarmos o "Índice de assuntos". O segundo, de 1997, é um artigo especificamente voltado a avaliar a terminologia de Benveniste. Nele, Moïnfar (1997: 373, negritos nossos), a partir da análise do uso de termos por Benveniste em alguns textos, conclui que

além do vocabulário comum e sem problemas em uso na linguística, os termos técnicos propriamente ditos utilizados por Benveniste são de quatro tipos.

1 – Os termos já existentes cujas definições são retomadas, esclarecidas e desenvolvidas, por exemplo: **geminação, expressivo, anafórico, absolutivo, imperativo**.

2 – Os termos já existentes em outros domínios além da linguística aos quais ele atribui uma nova definição adaptada às suas necessidades, por exemplo: **metamorfismo, conglomerado**.

3 – Os neologismos criados por outros pesquisadores interessados nos problemas da linguagem, reapropriados por ele, por exemplo: **performativo**.

4 – Os neologismos criados por ele mesmo, por exemplo: **delocutivo, sinapsia**.

Entre os anos 1980 e início dos anos 2000, Claudine Normand, uma das principais leitoras de Benveniste no mundo, publica uma série de artigos que, de uma maneira ou de outra, toca a questão terminológica em Benveniste; tais textos trazem uma abordagem investigativa que busca vislumbrar oscilações de sentido no tratamento conceitual e terminológico dado por Benveniste. São os artigos "Les termes de l'énonciation de Benveniste" (1986),[7] "Constitution de la sémiologie chez Benveniste" (1989), "Émile Benveniste: quelle sémantique?" (1996)[8] e "Sémiologie, sémiotique, sémantique: remarques sur l'emploi de ces termes par Émile Benveniste" (2001).[9]

Apenas a título de exemplo, cabe lembrar que Normand conclui, relativamente a "sujeito", que é possível dizer que o termo evoca uma "constelação" terminológica oriunda ou da tradição gramatical e psicológica ("sujeito" do verbo; "sujeito" sede de sentimentos etc.); ou de uso não teórico, mas com valor descritivo e/ou metafórico ("indivíduo", "falante", "ouvinte", "locutor", "subjetividade", "intersubjetividade"); ou da proposta teórica *stricto sensu* do autor (termos teóricos como "pessoa", "instância de discurso", "realidade de discurso" etc.). Essa heterogeneidade já ilustra a complexidade que é abordar a terminologia benvenistiana.

Em 2007, Aya Ono publica *La notion d'énonciation chez Émile Benveniste* [A noção de enunciação em Émile Benveniste], que trata, entre outras questões, da problemática terminológica ("a noção") ligada à formulação da ideia de "enunciação" no autor. Trata-se de um trabalho que expõe com rigor e complexidade uma infinidade de relações conceituais e noções associadas à enunciação na obra de Benveniste.

Em 2012, Valdir do Nascimento Flores, em "Sujet de l'énonciation et ébauche d'une réflexion sur la singularité enonciative" [Sujeito da enunciação e o esboço de uma reflexão sobre a singularidade enunciativa], procede a uma investigação terminológica na obra benvenistiana destacando, principalmente, as definições e as relações conceituais entre *língua, linguagem, línguas, homem, locutor, sujeito, intersubjetividade, subjetividade* e *pessoa*.

Todos esses trabalhos tratam, no contexto francófono, das dificuldades de abordagem da terminologia benvenistiana. No contexto brasileiro, Flores (2013a) dedica um estudo específico à problemática terminológica do autor no campo da enunciação (cf. "Flutuação terminológica na teoria enunciativa de Benveniste") e conclui que é possível encontrar, no *corpus textual da pesquisa* recortado, usos terminológicos homonímicos, sinonímicos e polissêmicos (em um mesmo artigo de Benveniste ou em artigos distintos do *corpus*). Finalmente, há, ainda no Brasil, a terminologia presente no *Dicionário de linguística da enunciação* (cf. Flores et al., 2009).

A partir desse pequeno apanhado que fazemos acerca de estudos já realizados da terminologia de Benveniste, é fácil concluir que o tema exige ainda estudos aprofundados, em razão de uma característica da obra desse linguista: Benveniste faz parte de uma linhagem de grandes linguistas, cujas pesquisas e preocupações não se limitam nem a um aspecto linguístico (ou sintaxe, ou fonologia, ou léxico etc.), nem mesmo ao campo disciplinar da linguística, uma vez que há estudos seus que dialogam com várias áreas das ciências humanas e sociais. Ora, se, por um lado, isso é fator de reconhecimento da potencialidade desse pensamento, por outro lado, impõe dificuldades aos que buscam se aprofundar no estudo da teoria.

É em função disso que decidimos trazer ao público brasileiro este *Guia conceitual da linguística de Benveniste*. Ele pretende ser uma espécie de ferramenta de leitura da obra de Benveniste. Falemos um pouco sobre este *Guia*.

O que é um *guia conceitual*? Em resposta, cabe começar dizendo – num gesto de inversão do que se espera de uma definição – o que entendemos estar fora da ideia de um guia conceitual: ele não é nem um dicionário especializado, nem um glossário, nem um léxico especializado, nem um vocabulário, nem uma enciclopédia. E a diferença diz respeito a um ponto específico: esses "produtos" são obtidos como "a fase final de um processo, geralmente longo, integrado por uma sequência de pesquisa e de trabalho" (Krieger; Finatto, 2004: 129), o que inclui reconhecimento terminológico, organização de verbetes, construção de base de dados etc. Um guia conceitual, tal como o entendemos, é algo de natureza mais simples e não vai além de um conjunto de instruções para o entendimento da teoria em questão.

Dito de outro modo, entendemos um guia conceitual como uma espécie de passo a passo que explica conceitos fundamentais da linguística de Benveniste, sem se concentrar em detalhes técnicos específicos de elaboração terminológica ou de tratamento terminográfico. A ideia é fornecer ao leitor iniciante de Benveniste uma compreensão abrangente de suas principais noções, um roteiro de leitura guiada da obra do autor e, finalmente, um percurso pela fortuna crítica (com ênfase em material publicado em português), produzida em torno da linguística benvenistiana. Em síntese, esperamos ter produzido uma ferramenta que permite o conhecimento e a compreensão de tópicos essenciais dessa linguística, o que pode fornecer uma visão geral de seus termos, conceitos e ideias principais a eles relacionadas.

Nesse sentido, procuramos mapear – com base na terminologia já estabelecida de Benveniste – os termos por nós considerados essenciais para a compreensão de sua teoria linguística. Para tanto, procedemos da seguinte maneira: reunimos os termos presentes no *Le lexique* (Coquet; Derycke, 1971, 1972), nos índices remissivos de *Problemas de linguística geral I e II* e no *Dicionário de linguística da enunciação* (Flores et al., 2009). Desse conjunto, derivamos a lista de termos que constitui este *Guia conceitual*. Em seguida, estabelecemos um roteiro que estrutura de maneira idêntica a organização de cada capítulo. Observe-se, no quadro a seguir, um exemplo com "Instância de discurso":

INSTÂNCIA DE DISCURSO

(1) O que é *instância de discurso*?

(2) Guia para compreensão de *instância de discurso*

(3) Exemplo de abordagem de *instância de discurso*

(4) Leituras complementares

(5) Capítulos relacionados

Em (1), incluíram-se definições conceituais coletadas na obra do linguista ou, na ausência delas, definições construídas pelos autores dos capítulos; em (2), buscou-se apresentar um mapa, o mais detalhado possível, para a compreensão do surgimento e do desenvolvimento do conceito/termo no interior da obra de Benveniste (fez-se uso, aqui, apenas de fontes primárias; o uso de literatura secundária ficou restrito ao item (4)); em (3), apresentou-se um exemplo de estudo de Benveniste sobre o assunto em tela; em (4) indicou-se, com breves comentários, um conjunto de leituras que podem auxiliar no aprofundamento do assunto tratado no capítulo; em (5), por fim, apresentou-se uma espécie de mapa de inter-relações possíveis entre termos e noções da linguística de Benveniste.

A lista de termos, como o leitor verá, abrange várias faces da linguística benvenistiana: a linguística geral, os estudos comparados, os estudos de interface com as ciências humanas e sociais, os estudos enunciativos, os estudos voltados à poesia e à escrita. Foram utilizadas como fontes as seguintes obras:

a. *Baudelaire;*

b. *La traduction, la langue et l'intteligence;*

c. *Noms d'agent et noms d'action en indo-européen;*

d. *O vocabulário das instituições indo-europeias I e II;*

e. *Origines de la formation des noms en indo-européen;*

f. *Problemas de linguística geral I e II;*

g. *Últimas aulas no Collège de France (1968 e 1969).*

O conjunto de textos que apresentamos ao leitor brasileiro não esgota as possibilidades de leitura da linguística de Benveniste; isso seria impossível frente à dimensão de uma tal obra: 18 livros, 291 artigos, 300 resenhas, 34 comunicações – cf. Moïnfar (1975). Essa extensa obra de Benveniste permite-nos afirmar que este *Guia* oferece uma reflexão adicional: frequentemente, os leitores de

Benveniste começam seus estudos vendo-o apenas como o linguista da enunciação, por ter explorado a relação entre o falante, o ouvinte, a linguagem, destacando a enunciação como um ato individual de uso da linguagem, por exemplo. Se considerarmos apenas essa verdade, estaremos reduzindo a obra de Benveniste a um único aspecto, ao da enunciação. Ele, porém, trouxe contribuições fundamentais aos estudos da linguística e da teoria da linguagem. Podemos afirmar com segurança que Benveniste é um linguista que investiga as línguas e temas relacionados à linguagem, com um rigor teórico que lhe é singular, o que lhe confere o mérito de ser um teórico da linguagem.

Independentemente de qual abordagem nos debruçamos, estaremos diante de um grande teórico que inspirou muitos pesquisadores a explorarem a linguagem além das estruturas formais, considerando questões outras importantes a uma linguística geral. Émile Benveniste é um dos grandes teóricos da linguagem do século XX, cujas ideias continuam a influenciar e instigar a pesquisa linguística contemporânea. Além de linguista, Benveniste tinha interesses peculiares, o que lhe permitiu abordar a linguagem de uma perspectiva interdisciplinar.

Este *Guia* intenta orientar o leitor na iniciação de estudo dessa obra; se fomos, ao menos parcialmente, bem-sucedidos nessa empreitada, já nos consideramos vitoriosos na intenção de tornar cada vez mais acessível o pensamento de um autor cuja envergadura da obra e alcance das reflexões fazem falta no cenário da linguística atual.

Notas

[1] Republicado no *PLG II*, em 1974 (cf. Capítulo 13: "Estrutura das relações de auxiliaridade").

[2] Republicado em *Langues, cultures, religions* (2015).

[3] Republicado no *PLG II*, em 1974 (cf. Capítulo 12: "Formas novas da composição nominal").

[4] Republicado no *PLG II*, em 1974 (cf. Capítulo 15: "A forma e o sentido na linguagem").

[5] A primeira edição brasileira é de 1976 (cf. "Referências").

[6] Nesse artigo, D'Ottavi e Frigeni explicam que está em andamento um projeto de reedição do *Le lexique*, sob a forma de uma nova versão, revista e aumentada.

[7] Publicado no Brasil em 1996, com o título "Os termos da enunciação em Benveniste" (cf. "Referências").

[8] Publicado no Brasil em Normand (2009), com o título "Émile Benveniste: qual semântica?" (cf. "Referências").

[9] Publicado no Brasil em Normand (2009), com o título "Semiologia, semiótica, semântica: observações sobre o emprego desses termos por Émile Benveniste" (cf. "Referências").

ANTROPOLÓGICO

Gabriela Barboza

O QUE É *ANTROPOLÓGICO* PARA BENVENISTE?

Princípio que orienta o programa de pesquisa benvenistiano, cuja verificação se dá com base nas preocupações do linguista em torno da relação homem/linguagem/sociedade. Tal pressuposto antropológico se constitui na medida em que Benveniste compreende que a linguística não apenas integra "uma grande antropologia (no sentido de 'ciência geral do homem')" (*PLG II*: 38), como é a principal das disciplinas, já que "o nível significante uniu o conjunto das ciências do homem" (*PLG II*: 38) e que a significação precisa, irremediavelmente, do intermédio da língua para existir.

GUIA PARA COMPREENSÃO DE *ANTROPOLÓGICO*

A tematização do aspecto antropológico na obra de Benveniste é um assunto relativamente recente, pelo menos no Brasil. Com ela, foi possível uma expansão ainda maior do já amplo universo de possibilidades de pesquisa para os estudos da linguagem, cujas repercussões seguem reverberando e ainda estão por ser avaliadas. Os principais intérpretes do linguista são unânimes em afirmar preocupação constante com as relações entre homem/ língua/sociedade. Disso decorre o entendimento de que há, em Benveniste, uma espécie de antropologia ligada à linguagem que se sustenta sobretudo na capacidade de significação da língua. Antes de nos dedicarmos ao antropológico, porém, consideramos pertinente esclarecer ao leitor o contexto e as condições em que ele se consolida como conceito fundamental da(s) linguística(s) benvenistiana(s).

Por se tratar de um dos princípios de base que orienta o programa de pesquisa de Benveniste, o antropológico tem capilaridade em grande número de textos das mais diferentes temáticas e abordagens. É possível encontrar uma visada antropológica desde as primeiras produções até as obras mais conhecidas pelo público brasileiro, como *PLG I e II*, *VOC I e II* e *Últimas aulas no Collège de France*. Apesar de o viés antropológico ser reconhecido nas pesquisas de Benveniste, não é possível encontrar um só texto em que a temática seja abordada frontalmente – até mesmo as palavras "antropológico", "antropologia" e seus derivados têm poucas ocorrências (menos de 10) em suas principais produções. Como é possível, então, que se fale do antropológico como um princípio do programa de Benveniste? A proposição do antropológico como um pressuposto é comprovada principalmente pela articulação – ou pela indissociabilidade fundante – entre o que é do humano, o que é da linguagem e o que é da sociedade.

Ainda que a questão do antropológico não seja diretamente tratada em nenhum dos textos, ela está, devido aos elementos que a suscitam, presente em praticamente toda a obra conhecida do autor. Dada a amplitude, a complexidade da presença do antropológico como pressuposto na obra de Benveniste e a natureza deste guia, examinaremos o tópico a partir de pontos de ancoragem localizados em textos de duas obras traduzidas ao português: *PLG I e II* e *VOC I e II*. Certamente, há outras perspectivas desde as quais se poderia estabelecer a abordagem do antropológico. Apresentamos, aqui, aquela que nos parece oferecer um cenário, ao mesmo tempo, mais geral e evidente em torno da temática.

O primeiro ponto de ancoragem sobre o qual nos deteremos está ligado aos textos que tematizam, em maior ou menor grau, o papel da linguística em relação a outras ciências humanas. Em "Tendências recentes em linguística geral" (doravante "Tendências"), Benveniste procede à descrição do desenvolvimento das diferentes perspectivas linguísticas e dos desdobramentos que tais pontos de vista promoveram no campo no início do século XX. Sua argumentação incide sobre o fato de que os métodos da linguística são excessivamente rigorosos a ponto de descaracterizar a linguística – e, por consequência, a língua – como um elemento constitutivo do homem. Esse tipo de postura metodológica, que se vale de definições minuciosas em demasia, afasta, em alguma medida, a) a compreensão de que a língua é um sistema significante, produtor de sentidos; b) as demais ciências humanas. Ao apresentar as diferentes linguísticas e suas considerações a respeito de cada uma delas, Benveniste pondera a importância, o risco e as consequências que tais debates sobre os distintos métodos linguísticos poderiam ter nas ciências humanas, de modo que a revisão dos métodos seria "apenas o prelúdio de uma revisão que englobaria, finalmente, todas as ciências do homem" (*PLG I*: 4).

Por compreender, assim como Saussure, a linguística como a "ciência piloto" das demais ciências humanas devido à capacidade significante da língua, Benveniste intensifica suas críticas principalmente ao método distribucionalista da linguística americana, uma vez que suas operações preconizam que, para que seja científica, a linguística deveria abster-se da significação. A principal preocupação do linguista incide sobre o fato de que, além de o distribucionalismo não comportar uma análise suficiente da língua, se tal método tivesse adesão de muitos linguistas, a linguística não poderia "jamais reunir-se a nenhuma das outras ciências do homem nem da cultura" (*PLG I*: 13). Há, novamente, aqui, uma discussão em torno do objeto da linguística que se estende aos outros campos das ciências humanas: sua apreensão – em vista da desconsideração da complexidade dos dados linguísticos ao segmentar-se enunciados – aponta para a constatação de que a soma das partes segmentadas é menor do que o todo (a língua), já que, desse modo, ao ignorar a significação da língua, ignora-se que ela é "um fato humano; é, no homem, o ponto de interação da vida mental e da vida cultural e ao mesmo tempo o instrumento dessa interação. Uma outra linguística poderia estabelecer-se sobre os termos deste trinômio: língua, cultura, personalidade" (*PLG I*: 17). Essa outra linguística teria, como uma de suas tarefas e alinhada às outras ciências que "operam com formas simbólicas" (ou seja, as demais ciências humanas), "uma investigação das propriedades do símbolo" cujas "relações é necessário definir" (*PLG I*:13).

Sua apreensão com o distanciamento dos métodos da linguística dos das outras ciências humanas se manifesta também em "Vista d'olhos sobre o desenvolvimento da linguística", porém de uma perspectiva relativamente diferente da que estava presente em "Tendências". Passados quase 10 anos entre uma publicação e outra, Benveniste manifesta uma mudança de postura da linguística em relação às ciências do homem: diferentemente de como os percebia anteriormente, o linguista considera que os novos métodos da linguística servem de modelo às outras disciplinas e que "os problemas da linguagem interessam agora a especialidades muito diversas e cada vez mais numerosas e que uma corrente de pesquisas leva as ciências do homem a trabalhar dentro do mesmo espírito que anima os linguistas" (*PLG I*: 20). Nesse mesmo texto, estabelece que a linguística tem um objeto duplo, que só se torna ciência da linguagem por ser, antes de tudo, ciência das línguas. A partir da definição desse duplo objeto entre universal (linguagem) e particular (línguas), Benveniste alcança o cerne da reflexão sobre homem, língua e sociedade e declara que são termos complementares, a despeito do que algumas linguísticas fazem supor.

> [É] dentro da, e pela, língua que indivíduo e sociedade se determinam mutuamente. O homem sentiu sempre – e os poetas frequentemente cantaram – o poder fundador da linguagem, que instaura uma realidade imaginária, anima as coisas inertes, faz ver o que ainda não existe, traz de volta o que desapareceu. [...] A sociedade não é possível a não ser pela língua; e, pela língua, também o indivíduo. [...].
>
> Qual é então a fonte desse poder misterioso que reside na língua? Por que o indivíduo e a sociedade, juntos e por igual necessidade, se fundam na língua?
>
> Porque a linguagem representa a mais alta forma de uma faculdade que é inerente à condição humana, a faculdade de *simbolizar* (*PLG I*: 27, itálico do autor).

De fato, a faculdade (ou capacidade) de simbolizar é o elemento principal a partir do qual se pode projetar uma teoria de conjunto, uma "ciência geral do homem" (uma antropologia) para a qual convergem todas as disciplinas que se ocupam dos saberes gerais de "que o homem é sede" (*PLG I*: 38). Com base nessa capacidade simbólica – a mais intrínseca ao ser humano –, Benveniste anuncia a proposição de que "não há relação natural, imediata e direta entre o homem e o mundo, nem entre o homem e o homem. É preciso haver um intermediário, esse aparato simbólico, que tornou possíveis o pensamento e a linguagem" (*PLG I*: 31). A partir dela, Benveniste dirige a reflexão no sentido de que tal intermediário – a linguagem – estabelece "o homem na sua relação com a natureza ou na sua relação com o homem" (*PLG I*: 31), e, assim, estabelece-se a sociedade. Ao finalizar a discussão do texto, o linguista sintetiza a argumentação nele desenvolvida de forma que o pressuposto antropológico fica bastante evidenciado. Afirma ele que a linguagem se realiza sempre "dentro de uma língua, de uma estrutura linguística definida e particular, inseparável de uma sociedade definida e particular. Língua e sociedade não se concebem uma sem a outra" (*PLG I*: 31). Essa inseparabilidade entre língua e sociedade não é mera coincidência, mas condição necessária para a existência de ambas e, por conseguinte, para a existência do homem.

O segundo ponto de ancoragem desde o qual é possível demonstrar o antropológico na linguística benvenistiana está ligado às suas análises de léxico, que o conduzem à elaboração teórica de que "a língua contém a sociedade" (*PLG II*: 97), manifestada "principalmente mas não exclusivamente, em designações, em fatos de vocabulário" (*PLG II*: 100). A proposição de que a língua contém a sociedade significa, de modo geral, que ela a engloba, a comporta, a configura, "instaurando aquilo que se poderia chamar o **semantismo social**" (*PLG II*: 100, negritos nossos). A expressão "semantismo social" revela-se como uma excelente síntese do antropológico como princípio, uma vez que vemos nela a união de homem/língua/sociedade. Para Benveniste, os fatos de vocabulário – examinados a partir dos operadores designar-significar – funcionam como testemunhos imprescindíveis "sobre as formas e as fases da organização social, sobre os regimes políticos, sobre os modos de produção que foram sucessiva ou simultaneamente empregados, etc." (*PLG II*: 100), na medida em que não se pode "descrever a sociedade, descrever a cultura, fora de suas expressões linguísticas" (*PLG II*: 98).

É importante que não se confunda as análises de fatos de vocabulário feitas por Benveniste como sendo uma teoria lexical clássica – longe disso. O que o linguista propõe é que se observem os empregos da língua (as designações) e os diferentes sentidos advindos desses usos (as significações). Trata-se, melhor dito, da língua em pleno funcionamento testemunhando as diferentes relações de uma dada sociedade. Exemplos de análises desse tipo estão fartamente presentes na seção "Léxico e cultura" de *PLG I* e *II* e nos dois volumes do *VOC* – entretanto, por serem relativamente longas e complexas, limitar-nos-emos a enumerar algumas delas: em "Dom e troca no vocabulário indo-europeu", Benveniste analisa as noções de "dom" e "troca" a partir dos testemunhos fornecidos por diferentes práticas das línguas indo-europeias; em "Dois modelos linguísticos da cidade", realiza uma análise intralinguística pelo processo de derivação de "cidade", considerada a partir de sua expressão latina "*civitas*" e de sua expressão grega "*pólis*"; em "O homem livre", sistematiza uma análise do léxico de uma distinção crucial nas sociedades indo-europeias – a oposição entre "homem livre" e "escravo"; em "*Thémis*", observa os vocábulos que instituem as ideias de "lei" e "ordem" em diferentes sociedades indo-europeias.

Ainda que não se tenha muita familiaridade com o método de reconstrução empregado por Benveniste em análises de fatos de vocabulário de diferentes línguas, é importante que se observe em que medida o pressuposto antropológico comparece no escopo dessa reflexão: sua contribuição ao conjunto das ciências do homem é linguística; apesar de reiterar que a língua funciona como uma espécie de testemunho da sociedade, ela não o é em forma de espelhamento entre uma e outra. Além disso, embora reconheça os desdobramentos possíveis decorrentes de suas análises, o linguista circunscreve os limites de sua atuação com os fatos linguísticos relatados: "de forma alguma tentamos refazer um inventário das realidades indo-europeias, enquanto definidas por grandes correspondências lexicais. [...] O aspecto histórico e sociológico desses processos fica a cargo de terceiros" (*VOC I*: 9).

O terceiro e último ancoradouro refere-se àquele que é considerado o axioma principal da linguística benvenistiana e que engloba todo seu pressuposto antropológico: o homem (está) na língua/linguagem. De fato, "o homem na língua/na linguagem" é uma espécie de síntese do viés antropológico que atravessa todo seu programa de pesquisa, na medida em que demonstra que, pela faculdade de simbolizar, homem e linguagem se constituem mútua e concomitantemente. Ao mesmo tempo, essa proposição pode servir como um lembrete àqueles que se aventuram na linguística benvenistiana, independentemente do tipo de análise: lembre-se disto, o homem está na língua/linguagem.

O texto selecionado para tratar da perspectiva antropológica do homem na língua/linguagem é "Da subjetividade na linguagem", artigo em que Benveniste refuta uma visão instrumentalista da linguagem e propõe os fundamentos da subjetividade – objeto de diferentes disciplinas – desde sua perspectiva linguística. Mesmo que seu ponto de vista seja o do linguista, e que o texto seja comumente ligado à abordagem enunciativa, a argumentação realizada por Benveniste nos conduz, novamente, a um debate mais amplo do que o das marcas formais da enunciação: acompanhamos, nele, a proposição de que o homem é um ser de linguagem, que se constrói pela distinção linguística entre as pessoas *eu* e *tu* – necessariamente únicas e reversíveis – como constitutivas do diálogo. Essa possibilidade de que *eu* me torne *tu* daquele que, em outra alocução, será *eu* demonstra que "única é a condição do homem na linguagem" (*PLG I*: 287). Isso coloca em jogo a relação entre homem e sociedade, não em termos de separação, mas de complementaridade: "caem assim as velhas antinomias do 'eu' e do 'outro', do indivíduo e da sociedade" (*PLG I*: 287). O estatuto linguístico da subjetividade e da intersubjetividade, formulado, aqui, a partir das formas pronominais, transborda a descrição linguística e tem, em Benveniste, um alcance que está por ser avaliado, mas que, certamente, é capaz de alterar o cenário das ciências humanas de modo geral – mas principalmente a linguística –, na medida em que chegamos à conclusão de que não é possível uma linguística que não seja também antropológica, já que aquilo que se sabe sobre o homem não está dissociado do que se sabe sobre a linguagem.

EXEMPLO DE ABORDAGEM DE *ANTROPOLÓGICO*

A partir do que foi discutido no item anterior, destacamos um exemplo de abordagem do antropológico, retirado de "Da subjetividade na linguagem". Consideramos que o percurso feito por Benveniste nesse texto é digno de nota por ser capaz de promover uma reflexão que parte de constatações eminentemente antropológicas a respeito da linguagem para, a partir disso, conduzir o debate aos caracteres linguísticos da subjetividade sem que, com isso, deixe de ser antropológico.

Benveniste inicia o debate proposto no artigo rejeitando a concepção instrumentalista da linguagem: "Falar de instrumento é pôr em oposição o homem e a natureza. A picareta, a flecha, a roda não estão na natureza. São fabricações. A linguagem está na natureza do homem, que não a fabricou" (*PLG I*: 285). Ao refutar a ideia de que a linguagem seria instrumento de comunicação, ele retoma o debate entre natureza e cultura, porém com a abertura de uma nova via: a linguagem não está nem na natureza nem na cultura, mas na "natureza do homem", ou seja, é própria do humano. O linguista, em seguida, reconhece que a subjetividade é matéria de múltiplas áreas das ciências humanas; trata-se, portanto, de um tema ligado ao antropológico. Entretanto, o ponto de vista de Benveniste é o de que, uma vez que a língua é o interpretante dos demais sistemas significantes, todas as outras disciplinas estão submetidas a ela. Ele assevera que, independentemente da disciplina pela qual se observe a subjetividade, ela "não é mais que a emergência no ser de uma propriedade fundamental da linguagem. É 'ego' que diz ego. Encontramos aí o fundamento da 'subjetividade' que se determina pelo *status* linguístico da 'pessoa'" (*PLG I*: 286). Como era de se esperar, para uma problemática humana, uma perspectiva linguística. Benveniste segue o texto e pergunta: "terá de ser linguístico esse fundamento?" (*PLG I*: 287); a resposta, evidentemente, é sim. A partir disso, direciona-se a demonstrar de que modos a subjetividade pode ser observada na língua, ao tratar da categoria de pessoa pelos pronomes pessoais (*eu* e *tu*) e das demais formas linguísticas que estão na dependência do *eu* que se enuncia no ato de discurso (verbos, advérbios, adjetivos etc.). Em síntese, Benveniste demonstra, nesse artigo, uma das formas de se observar o princípio antropológico em sua linguística, reafirmando aquilo que está presente no decurso de todo o seu programa de pesquisa: "A linguagem é para o homem um meio, na verdade, o único meio de atingir o outro homem, de lhe transmitir e de receber dele uma mensagem. Consequentemente, a linguagem exige e pressupõe o outro" (PLG II: 93).

Leituras complementares: Aresi (2020); Coquet e Fenoglio (2014); Dessons (2006); Flores (2013a, 2017b, 2019); Laplantine (2011); Laplantine e Pinault (2015); Malamoud (2016).

Capítulos relacionados: Instituição; Cultura; Língua(gem) e sociedade; Línguas; Subjetividade.

APARELHO FORMAL DA ENUNCIAÇÃO

Fábio Aresi

O QUE É *APARELHO FORMAL DA ENUNCIAÇÃO*?

Em seu único texto voltado explicitamente para o estudo da enunciação, o artigo de 1970 intitulado "O aparelho formal da enunciação", Benveniste apresenta a enunciação como "este colocar em funcionamento a língua por um ato individual de utilização" (*PLG II*: 82). Entre os diversos aspectos sob os quais esse fenômeno pode ser estudado, o linguista toma como objetivo do artigo em questão a tarefa de "definir a enunciação no quadro formal de sua realização" (*PLG II*: 83), tratando de "esboçar, no interior da língua, os caracteres formais da enunciação a partir da manifestação individual que ela atualiza" (*PLG II*: 83).

Ou seja, o que Benveniste busca, nesse texto, é descrever o *aparelho formal da enunciação*, entendido como esse conjunto de formas e funções linguísticas que marcam a relação do locutor com a língua no processo de apropriação e atualização desta em discurso, levando em conta, nesse esforço descritivo, "o próprio ato [da enunciação], as situações em que ele se realiza, os instrumentos de sua realização" (*PLG II*: 83).

GUIA PARA A COMPREENSÃO DE *APARELHO FORMAL DA ENUNCIAÇÃO*

Para se compreender o conceito de *aparelho formal da enunciação*, é necessário ao leitor certa clareza acerca das condições de produção e da posição do artigo

"O aparelho formal da enunciação" no conjunto do pensamento benvenistiano relativo à enunciação.

Embora seja mais conhecido por sua publicação no *PLG II*, em 1974, esse artigo foi publicado originalmente em 1970, na revista francesa de linguística *Langages*, a pedido especial do filósofo e linguista Tzvetan Todorov, o qual havia sido encarregado de editar o número 17, cujo tema era "a enunciação". Esse fato é particularmente importante por, pelo menos, dois motivos: primeiro, porque evidencia o reconhecimento de Benveniste como aquele que literalmente introduz o tema da enunciação no horizonte de estudos da linguística; segundo, porque Benveniste é convocado a colaborar com um texto que apresente a enunciação para um público de leitores linguistas, o que, sabemos, nem sempre é o caso nos demais textos do autor.

Assim, coube a Benveniste a tarefa de realizar, em seu texto, um apanhado de suas principais ideias relativas à enunciação tendo linguistas como seus leitores-alvo. O resultado disso é "O aparelho formal da enunciação", um texto que reúne e organiza as reflexões linguísticas sobre a enunciação, realizadas por Benveniste ao longo de décadas, constituindo-se, desse modo, ao mesmo tempo como um texto de síntese de sua reflexão enunciativa e como um texto operacionalizador dessa reflexão; portanto, fundador de um discurso teórico.

Tais informações são de extrema relevância à definição do conceito de *aparelho formal da enunciação*, pois permitem entender que, nele, estão condensados diversos outros conceitos e noções teóricas desenvolvidas em momentos anteriores do pensamento de Benveniste, condensados à moda de um quadro linguístico, de um mecanismo de caracteres formais que estão na base da conversão individual da língua em discurso.

Se, na enunciação, "consideraremos, sucessivamente, o próprio ato, as situações em que ele se realiza, os instrumentos de sua realização" (*PLG II*: 83), o primeiro desses aspectos, a saber, "o ato individual pelo qual se utiliza a língua" (*PLG II*: 83), introduz, como elemento fundamental nas condições da enunciação, o *locutor*. A relação que o locutor estabelece com a língua ao realizá-la em discurso é definida por Benveniste como um processo de *apropriação*: "O locutor se apropria do aparelho formal da língua e enuncia sua posição de locutor por meio de índices específicos, de um lado, e por meio de procedimentos acessórios, de outro" (*PLG II*: 84).

Por *índices específicos*, Benveniste entende um conjunto de "formas específicas cuja função é de colocar o locutor em relação constante e necessária com sua enunciação" (*PLG II*: 84). Desse conjunto, o linguista cita três séries de termos: a) "a emergência dos índices de pessoa (a relação *eu-tu*) que não se produz senão na e pela enunciação" (*PLG II*: 84, destaque do autor); b) "os numerosos índices de *ostensão* (tipo *este*, *aqui*, etc.), termos que implicam um gesto que designa o objeto ao mesmo tempo que é pronunciada a instância do termo" (*PLG II*: 84-85, destaques do autor); c) o "paradigma inteiro – frequentemente vasto e complexo – das formas temporais, que se determinam em relação a *EGO*, centro da enunciação" (*PLG II*: 85, destaque do autor). Aqui, percebemos o quanto a noção de *aparelho formal da enunciação* é sintetizadora da teorização enunciativa de Benveniste, uma vez que um de seus elementos constitutivos (os *índices específicos*) reúne todos os estudos realizados pelo linguista acerca das categorias linguísticas de *pessoa, tempo* e *espaço*, publicados em textos como "Estrutura das relações de pessoa no verbo", "A natureza dos pronomes", "Da subjetividade na linguagem" e "As relações de tempo no verbo francês".

Segundo Benveniste, "além das formas que comanda, a enunciação fornece as condições necessárias às grandes funções sintáticas" (*PLG II*: 86). Trata-se de um "aparelho de funções" do qual o enunciador se serve "para influenciar de algum modo o comportamento do alocutário" (*PLG II*: 86). O linguista elenca, como partes integrantes desse aparelho, as formas sintáticas da *interrogação*, da *intimação*, da *asserção* e "todos os tipos de modalidades formais [...] que enunciam atitudes do enunciador do ângulo daquilo que enuncia" (*PLG II*: 87). Encontram-se, aqui, os elementos aos quais Benveniste se refere como "procedimentos acessórios".

Percebe-se, nesse último aspecto, o caráter amplo do conceito de *aparelho formal da enunciação*, uma vez que Benveniste, nele, estende o escopo da enunciação para além das classes de signos relativas às categorias de *pessoa, tempo* e *espaço*. Ora, reconhecer que o *aparelho formal da enunciação* é composto não apenas por formas específicas responsáveis por introduzir aquele que fala em sua fala, mas também pelos modos de organização das unidades linguísticas, pelos procedimentos de escolha e agenciamento das formas da língua realizados pelo falante para influenciar o alocutário, significa estender a amplitude teórica da enunciação a toda a língua, concedendo à teoria um aspecto global.

EXEMPLO DE ABORDAGEM DE *APARELHO FORMAL DA ENUNCIAÇÃO*

No próprio texto "O aparelho formal da enunciação", Benveniste esboça uma análise sumária do que ele denomina as "formas específicas cuja função é de colocar o locutor em relação constante e necessária com sua enunciação" (*PLG II*: 84). Entre os elementos aí abordados, destaca-se o paradigma das formas verbais, pois é aquele sobre o qual Benveniste mais se detém, após ter apresentado – em pouquíssimas linhas – os índices de pessoa e os índices de ostensão.

Para Benveniste, a nossa experiência do tempo, a nossa noção de temporalidade, está necessariamente ligada ao exercício da língua, pois é na e pela enunciação que encontramos o seu modo de organização e o seu fundamento, através de formas "que se determinam em relação a *EGO*, centro da enunciação" (*PLG II*: 85), e "cuja forma axial, o 'presente', coincide com o momento da enunciação" (*PLG II*: 85). O linguista explica:

> Poder-se-ia supor que a temporalidade é um quadro inato do pensamento. Ela é produzida, na verdade, na e pela enunciação. Da enunciação procede a instauração da categoria do presente, e da categoria do presente nasce a categoria do tempo. O presente é propriamente a origem do tempo. Ele é esta presença no mundo que somente o ato de enunciação torna possível, porque, é necessário refletir bem sobre isso, o homem não dispõe de nenhum outro meio de viver o "agora" e de torná-lo atual senão realizando-o pela inserção do discurso no mundo. Poder-se-ia mostrar pelas análises de sistemas temporais em diversas línguas a posição central do presente. O presente formal não faz senão explicitar o presente inerente à enunciação, que se renova a cada produção de discurso, e a partir deste presente contínuo, coextensivo à nossa própria presença, imprime na consciência o sentimento de uma continuidade que denominamos "tempo"; continuidade e temporalidade que se engendram no presente incessante da enunciação (*PLG II*: 85-86).

Nessa explicação, percebe-se o quanto o estabelecimento de uma relação entre o locutor e seu discurso na enunciação é, na realidade, a própria origem e a condição da experiência humana no mundo. Para além de uma mera constatação linguística acerca da organização das formas temporais na língua, Benveniste eleva o estudo da enunciação a uma verdadeira "antropologia da linguagem", vendo na enunciação a condição mesma da experiência. Essa descrição sobre as formas temporais do texto "O aparelho formal da enunciação" faz eco aos trabalhos nos quais Benveniste se dedica mais detidamente ao estudo dos verbos, como "A natureza dos pronomes", "Da subjetividade na linguagem", "As relações de tempo no verbo francês" e "A linguagem e a experiência humana".

Leituras complementares: Aresi (2011, 2012); Flores et al. (2009); Flores (2013a).

Capítulos relacionados: Discurso; Enunciação; Língua; Subjetividade.

CLASSIFICAÇÃO DAS LÍNGUAS

Valdir do Nascimento Flores

O QUE É *CLASSIFICAÇÃO DAS LÍNGUAS*?

A *classificação das línguas* é um tema de linguística geral de grande importância para Benveniste e ao qual ele dedicou um texto bastante complexo, intitulado "A classificação das línguas". Segundo Benveniste, "o problema geral da classificação das línguas decompõe-se em certo número de problemas particulares que variam em natureza segundo o tipo de classificação visado" (*PLG I*: 105). Porém, esses "problemas particulares" não excluem um traço comum, ligado ao "fato de que, formulados com rigor, cada um deles põe em questão ao mesmo tempo a totalidade da classificação e a totalidade da língua que se deve classificar" (*PLG I*: 105).

Benveniste, nesse estudo, apresenta (criticamente) duas classificações: a *classificação genética* e a *classificação tipológica*. A primeira busca ver a genealogia entre as línguas; a segunda, agrupar as línguas com características semelhantes. É desse ponto de vista crítico que ele trata as duas classificações das línguas. Trataremos de cada uma a seguir.

GUIA PARA COMPREENSÃO DA *CLASSIFICAÇÃO DAS LÍNGUAS*

O tema da classificação das línguas está ligado em Benveniste à sua prática de linguista comparativista. Nesse sentido, é fundamental ter em mente que Benveniste sempre operou com línguas antigas e modernas em sua reflexão, e isso de um ponto de vista que não se limita aos estudos sincrônicos.

Segundo ele (*PLG I*: 105, negrito nosso), "a primeira classificação com que os linguistas se preocuparam é a que distribui as línguas em supostas famílias oriundas de um protótipo comum. **É a classificação genética**". Iniciada já no Renascimento, decorre da observação sobre semelhanças entre línguas, o que conduziu a reuni-las em famílias. Essa abordagem está ligada à descoberta do sânscrito e ao estabelecimento da gramática comparada no século XIX. Trata-se de um método que mantém a ideia de monogênese das línguas e busca definir as condições que devem ser satisfeitas para o estabelecimento de uma relação genética, de filiação (entre as línguas-mães e as línguas-filhas). Além disso, incluem-se aí não apenas as línguas do grupo indo-europeu, mas todas as línguas conhecidas – antigas e modernas. Essa realidade faz Benveniste (*PLG I*: 106) considerar que

> Não foi, portanto, a ciência das línguas que permitiu propor as bases de uma classificação, mas, ao contrário, foi a partir de uma classificação, por mais ingênua e confusa que fosse, que a ciência das línguas se elaborou progressivamente. As semelhanças comprovadas entre as línguas antigas ou modernas da Europa foram o dado primário que levou a uma teoria dessas semelhanças.

Em outras palavras: os dados (semelhanças entre as línguas) levaram à generalização sintética, indutivamente. E quais são os critérios de uma classificação genética das línguas? Eles são de natureza histórica, quer dizer, "visam a explicar as similitudes e as diferenças que se comprovam – e outras menos aparentes – entre as línguas de uma determinada área, pela demonstração da sua origem comum" (*PLG I*: 106). Parte-se do dado e, por indução e comparação, chega-se à classificação. A partir desses dados (testemunhos), é possível "restaurar uma continuidade entre os estados sucessivos de uma língua ou de um conjunto de línguas" (*PLG I*: 107); trata-se de uma continuidade que permite inferir origens comuns, o que se comprova via correspondências formais (entre morfemas e fonemas, por exemplo): "para que essas correspondências sejam comprovantes, é preciso poder estabelecer que não se devem nem a coincidências de acaso, nem a empréstimos de uma a outra das línguas consideradas ou de ambas as línguas a uma fonte comum, nem ao efeito de convergências. As provas serão decisivas se puderem agrupar-se em feixes" (*PLG I*: 107).

Para se demonstrar um parentesco entre línguas é necessário, conforme o autor, um trabalho analítico de comparação entre fonemas (isolados e ligados), morfemas, construções mais complexas etc. Essa é uma condição do trabalho de demonstração de parentescos entre línguas. Nesse ponto, Benveniste faz uma crítica importante: embora o modelo do indo-europeu seja o mais bem estabelecido na classificação genética e, por isso, seja tomado como modelo geral de classificação, ele não passa de um caso particular, e é de se considerar que não possa ser transposto *ipsis litteris* a uma classificação de línguas menos conhecidas. Isso posto, Benveniste explica que

> toda classificação genética, ao mesmo tempo em que propõe e gradua o parentesco entre certas línguas, determina um certo *tipo* que lhes é comum. As identificações materiais entre as formas e os elementos das formas acabam por destacar uma estrutura formal e gramatical própria da família definida. Daí se segue que uma classificação genética é também **tipológica**. As semelhanças do tipo podem mesmo ser mais aparentes que as das formas (*PLG I*: 114, itálico do autor, negrito nosso).

Chegamos, então, ao segundo tipo de classificação das línguas: a *classificação tipológica*.

Há alguma afinidade, sem dúvida, entre a classificação genética e a tipológica, afinal "termos como *indo-europeu, semítico* etc. denotam ao mesmo tempo a filiação histórica de determinadas línguas e o seu parentesco tipológico" (*PLG I*: 116-117), isto é, "línguas caracterizadas historicamente como indo-europeias têm, realmente, a mais, certos traços de estrutura em comum" (*PLG I*: 117). Entre ambas as classificações não há propriamente oposição estanque, mas sim diferença de método.

O *parentesco* de estrutura (tipológico) pode se dar entre línguas que têm origem genética comum ou não. Assim, o *parentesco genético* pode dar origem a um determinado grupo de línguas afins e o *parentesco tipológico* pode dar origem a outro, embora esse não exclua o *parentesco genético*. Assim, podemos falar em *parentesco* em dois sentidos: de um lado, o parentesco de origem genética comum; de outro lado, o parentesco de estrutura, tipológico.

Isso posto, é importante lembrar que Benveniste finaliza seu artigo de maneira crítica quanto aos métodos utilizados nessas duas formas de classificar as línguas. Ele vê problemas até mesmo na classificação elaborada por Sapir, considerada por Benveniste a melhor: "Se mesmo essa classificação, a mais compreensiva e a mais refinada de todas, só imperfeitamente satisfaz às exigências de um método exaustivo, devemos abandonar a esperança de forjar uma que corresponda?" (*PLG I*: 119). Assim, para compreender a ideia de *classificação das línguas* em Benveniste, é importante entender essa crítica. Ele defende que se crie uma "teoria geral da estrutura linguística" (*PLG I*: 122), a partir da qual se pode abordar as línguas. Essa teoria levaria em conta, de um lado, os elementos estruturais e, de outro, as suas relações. Afirmar algo invariante sobre a *natureza*, o *número* e *os encadeamentos dos elementos constitutivos* de uma dada estrutura linguística é um meio de organizar "em esquemas uniformes as línguas reais" (*PLG I*: 122). Quer dizer, a classificação das línguas seria feita sempre a partir dos mesmos termos.

Exige-se para tanto duas condições: de *método de abordagem* e de *quadro de exposição*.

Quanto ao método: Benveniste recorre a processos lógicos para definir alguns princípios. O primeiro: a ordenação é comandada pela extensão e compreensão. Dele decorrem alguns caracteres lógicos:

a. "cada membro individual (idioma) faz parte do conjunto das classes hierárquicas e pertence a cada uma delas em nível diferente" (*PLG I*: 123);

b. "cada uma dessas classes sucessivas é ao mesmo tempo inclusiva e inclusa. Inclui a que a segue e está inclusa na que a precede, entre os dois termos extremos da classe última e da língua individual que se classifica" (*PLG I*: 123);

c. "entre as classes definidas por um mesmo grau hierárquico, não existe nenhuma relação tal que o conhecimento de uma permita o conhecimento da outra" (*PLG I*: 123);

d. "as classes de um conjunto do mesmo nível não podem jamais ser exatamente complementares, uma vez que nenhuma delas esclarece sobre a totalidade da qual faz parte" (*PLG I*: 124);

e. "assim como cada língua não emprega senão uma parte das combinações que permitiria o seu sistema fonemático e morfemático, assim cada classe, mesmo supondo-se que seja integralmente conhecida, não contém mais que uma parte das línguas que poderiam haver sido realizadas" (*PLG I*: 124).

Essa seria uma classificação de famílias linguísticas obtida a partir de um modelo lógico – mesmo que de base empírica – que se assemelharia (quanto ao quadro de exposição) a uma formalização como a das espécies zoológicas e botânicas.

Vejamos, agora, uma classificação da estrutura linguística. Em primeiro lugar, Benveniste recomenda abandonar a ideia de que toda a linguística é linguística do dado, o que equivaleria pensar que "a linguagem está contida integralmente nas suas manifestações efetuadas" (*PLG I*: 124). Ora, para ele, "o dado linguístico é um resultado e é preciso procurar-lhe a origem. Uma reflexão algo atenta sobre a maneira pela qual uma língua – pela qual toda língua – se constrói ensina que cada língua tem para resolver um certo número de problemas, que se reduzem todos à questão central da 'significação'".

As formas trazem à tona esses problemas, quer dizer, se nos detemos em examinar essas formas (seleção, agrupamento, organização), chegamos à configuração linguística que diz respeito a esse ou aquele problema, ou seja, trata-se de saber qual a *função* dessa ou daquela estrutura. Dessa maneira, formas dessemelhantes podem ter a mesma classificação, considerada a *função*.

Assim, quanto ao método de abordagem, teríamos que, no caso da classificação da estrutura linguística, ir além da forma gramatical, pois essa apenas *traduz* como a língua resolveu o problema central da "significação"; trata-se da *função* dessa estrutura. Ou seja, seria um quadro de exposição do que é funcionalmente análogo. Nesse sentido,

> Se as organizações materiais que a linguística descritiva comprova e analisa puderem ser progressivamente reduzidas às diversas figuras de um mesmo jogo e explicadas por referência a um certo número de princípios definidos, teremos ganho uma base para uma classificação racional dos elementos, das formas, e finalmente dos conjuntos linguísticos (*PLG I*: 125).

Vejamos alguns exemplos.

EXEMPLO DE ABORDAGEM
DE *CLASSIFICAÇÃO DAS LÍNGUAS*

Benveniste exemplifica, quanto à classificação de famílias linguísticas, da seguinte maneira. Considere-se a relação (i), seguinte:

i.   provençal < galo-romance < romance comum < itálico < indo-europeu.

Há uma relação de encaixamento sucessivo entre elas (extensão e compreensão): cada termo mencionado refere-se a uma classe de línguas, transcendendo a língua individual que está sujeita à classificação. Essas classes organizam-se em uma hierarquia, na qual unidades superiores abrangem unidades inferiores, e cada unidade inferior está contida na unidade superior correspondente. Em (i), o provençal tem fraca extensão e máxima compreensão; o indo-europeu tem máxima extensão e mais fraca compreensão. Daí decorrem os seguintes caracteres lógicos:

a. cada idioma faz parte do conjunto das classes hierárquicas (e dentro dessas classes está em um nível diferente): se o provençal está em relação com o galo-romance, ele está aí como romance, como latim;
b. cada classe sucessiva é ao mesmo tempo inclusiva e inclusa: o romance inclui o galo-romance e está incluído no itálico;
c. não há relação entre classes definidas por um mesmo grau hierárquico: as línguas itálicas nada dizem sobre a existência das línguas eslavas;
d. as classes de um conjunto do mesmo nível não são complementares: as línguas românicas não são, juntas, complementares do latim.
e. cada classe contém apenas uma parte das línguas que poderiam haver sido realizadas: o itálico e o céltico pela presença em um e ausência em outro de um determinado traço.

Quanto à classificação da estrutura linguística, Benveniste exemplifica com o traço "classes nominais" das línguas bantas (presente também em outras línguas). A classificação deveria mostrar a função que tal traço tem nesse conjunto de línguas: "podemos mostrar, e tentaremos fazê-lo, que todos os sistemas variados de 'classes nominais' são funcionalmente análogos aos diversos modos de expressão do 'número gramatical' em outros tipos de línguas" (*PLG I*: 125). Logo, processos linguísticos de formas dessemelhantes devem classificar-se juntos quanto a sua *função*.

Leituras complementares: Benveniste (*VOC II*).

Capítulos relacionados: Função; Línguas; Linguagem; Nomes de ação; Nomes de agente.

CULTURA

Renata Trindade Severo

O QUE É *CULTURA*?

Em "Vista d'olhos sobre o desenvolvimento da Linguística", Benveniste compartilha sua compreensão do termo *cultura*:

> Chamo **cultura** ao meio humano, tudo o que, do outro lado do cumprimento das funções biológicas, dá à vida e à atividade humana forma, sentido e conteúdo. A **cultura** é inerente à sociedade dos homens, qualquer que seja o nível de civilização. Consiste numa multidão de noções e de prescrições, e também em interdições específicas; o que uma <u>cultura</u> proíbe a caracteriza ao menos tanto quanto aquilo que prescreve. O mundo animal não conhece proibição. Ora, esse fenômeno humano, a **cultura**, é um fenômeno inteiramente simbólico. A **cultura** define-se como um conjunto muito complexo de representações, organizadas por um código de relações e de valores: tradições, religião, leis, política, ética, artes, tudo isso de que o homem, onde quer que nasça, será impregnado no mais profundo da sua consciência, e que dirigirá o seu comportamento em todas as formas da sua atividade, o que é senão um universo de símbolos integrados numa estrutura específica e que a linguagem manifesta e transmite? Pela língua, o homem assimila a <u>cultura</u>, a perpetua ou a transforma. Ora, assim como cada língua, cada <u>cultura</u> emprega um aparato específico de símbolos pelo qual cada sociedade se identifica. A diversidade das línguas, a diversidade das <u>culturas</u>, as

suas mudanças mostram a natureza convencional do simbolismo que as articula. É definitivamente o símbolo que prende esse elo vivo entre o homem, a língua e a **cultura** (*PLG I*: 31-32, destaques nossos).

Dessa explicação, podemos derivar duas abordagens para o termo "cultura". A inspiração dessa dupla abordagem vem de "Estrutura da língua e estrutura da sociedade". No artigo, o autor apresenta a ideia de que "língua" e "sociedade" podem ser percebidas tanto como conceito histórico (sociedade francesa/idioma francês) quanto em seu nível fundamental. No trecho citado anteriormente, as ocorrências grifadas de "cultura" assinalam os momentos em que o termo faz referência à noção fundamental de cultura; já as ocorrências sublinhadas referem-se à "cultura" como conceito histórico. Dito de uma forma mais simples, trata-se, no primeiro caso, de "uma cultura/a cultura tal" e, no segundo, de "cultura".

Se, por um lado, o autor oferece aqui seu próprio conceito de cultura, por outro, não é possível afirmar que esse trecho dá conta de explorar todo o escopo da influência da ideia de cultura no trabalho de Benveniste. A seguir, serão apresentadas algumas pistas para que se possa aprofundar a investigação acerca da maneira como cultura opera.

GUIA PARA COMPREENSÃO DE *CULTURA*

Além do momento, mencionado anteriormente, em que Benveniste apresenta explicitamente sua concepção de cultura, esse termo comparece em outras ocasiões no trabalho do autor. De fato, o aspecto cultural adjacente às línguas é componente imprescindível do trabalho de Benveniste no campo da linguística comparada – como pode ser verificado tanto em textos que compõem os *PLG I* e *II* quanto na análise dos termos que compõem *VOC I* e *II*. As análises linguísticas realizadas pelo autor se valem de aspectos culturais para depreender significado.

O grande diferencial do trabalho de Benveniste é justamente sua busca pelo sentido em todas as categorias da língua. Segundo o linguista, "[t]emos que elaborar pouco a pouco todo um corpo de definições neste imenso domínio, que não compreende somente a língua. E isto me leva à cultura. A cultura é também um sistema que distingue o que tem sentido do que não tem" (*PLG II*: 22). Em outras palavras, a fim de determinar os sentidos linguísticos, a cultura é um operador fundamental no trabalho do linguista.

Se a linguística benvenistiana é a linguística do homem na língua, consequentemente, ela é a linguística da cultura na língua, uma vez que, para o autor, "o homem não nasce na natureza, mas na cultura" (*PLG II*: 23). Ao explorarmos as ocorrências da palavra cultura e de seus derivados nos textos dos dois tomos dos *PLGs*, descobriremos que, no *PLG I*, a palavra cultura aparece em 9 textos, ao longo de 19 páginas. No *PLG II*, outros 9 textos, contabilizando 26 páginas, apresentam a palavra ou uma variação; temos, portanto, 18 textos que nos oferecem 45 páginas de ocorrências. Não se trata, de forma alguma, de ocorrências de um mesmo termo, com significado constante, tampouco a polissemia da palavra está sempre evidente. Como quase tudo em Benveniste, a primeira leitura pode sugerir uma interpretação superficial. Quando, no entanto, nos debruçamos sobre as ocorrências, as diferenças aparecem, como vimos, com a própria definição de cultura (seção anterior) pelo autor.

O maior número de ocorrências da palavra "cultura" e suas derivadas encontra-se nos textos organizados na primeira parte dos *PLGs* cujo título é "Transformações da linguística": 4 textos que somam 22 páginas com 63 ocorrências. Como se sabe, os *PLGs* dividem-se em seis partes que, por sua vez, agrupam capítulos — na realidade artigos publicados em diferentes momentos e meios. Na parte "A comunicação" — a segunda em número de páginas com ocorrências —, há 4 textos em que cultura ocorre em 7 páginas. A parte dos *PLGs* que contém mais textos com ocorrências da palavra cultura, 5, é "O homem na língua". Aqui, somam-se 7 páginas em que a palavra cultura ocorre.

A seguir, apresentamos um quadro que mostra apenas os textos com maior número de ocorrências e indica em qual dos *PLGs* elas aparecem:

Quadro 1 – Textos com maior número de ocorrências

TEXTO	Ano	OCORRÊNCIAS		*PLG*
		Páginas	Palavras	
"Estruturalismo e linguística"	1968	11	31	II
"Tendências recentes"	1954	5	14	I
"Vista d'olhos sobre o desenvolvimento da linguística"	1963	3	13	I
"Estrutura da língua e estrutura da sociedade"	1968	6	6	II
"Saussure após meio século"	1963	3	5	I

Fonte: adaptado de Severo (2016: 47).

Se, na maior parte das ocorrências, a palavra "cultura" é um tópico sobre o qual Benveniste discorre – como nos textos listados no quadro apresentado –, em outros capítulos dos *PLGs* ou nas entradas dos *VOC I* e *II* em que não há ocorrência do termo, a cultura opera como tecido que dá significado aos elementos linguísticos. A seguir, veremos com mais detalhes algumas maneiras como podemos abordar cultura em Benveniste.

EXEMPLO DE ABORDAGEM DE *CULTURA*

Ao analisarmos as diversas formas como cultura aparece na obra de Benveniste – seja explicitamente, pelo emprego do termo, seja valendo-se da cultura como tecido significativo que dá suporte a análises linguísticas –, chegamos a algumas constatações, quais sejam:

    a.   cultura, assim como língua e sociedade, pode ser aprendida em seus níveis fundamental e histórico;

    b.   cultura é um sistema de valores;

    c.   cultura e língua têm entre si uma relação de homologia;

    d.   cultura e língua relacionam-se a um sistema de significação maior (a linguagem), do qual são a expressão.

A concepção (a) já foi apresentada quando discutimos, nas páginas anteriores, a concepção benvenistiana de cultura. Quanto às demais afirmações – de (b) a (d) –, a fim de que seja possível compreender nossa abordagem, é importante termos em mente o texto "Semiologia da língua", uma vez que é nesse artigo que Benveniste aprofunda a noção de sistemas de significação e explora as relações semióticas que os sistemas têm entre si.

A ideia de que cultura é um sistema é proposta pelo próprio Benveniste: "A cultura é também um sistema que distingue o que tem valor, e o que não tem" (*PLG II*: 22). Os fatos humanos, ainda segundo o linguista, "devem ser concebidos como duplos, pelo fato de que se ligam a outra coisa, qualquer que seja o seu referente. Um fato de cultura não o é a não ser na medida em que remete a algo diferente" (*PLG I*: 47). Tal relação só faz sentido se acreditarmos que, assim como a língua, cultura é um sistema de signos que remete a algo, "qualquer que seja o seu referente".

Em "Semiologia da língua", são apresentadas as três relações que os sistemas podem ter entre si: engendramento, homologia e interpretância. Quanto à última, a língua é o sistema que interpreta todos os outros devido à sua natureza de significação dupla – semiótico e semântico. Olhemos para os outros dois tipos de relação que poderiam ser estabelecidos entre língua e cultura. Não há uma relação de engendramento: não se poderia dizer que a língua engendra a cultura ou vice-versa – como ocorre entre o braile e a escrita, para citar exemplos saussurianos que Benveniste retoma. Assim, nos resta a homologia. Segundo Benveniste, ela pode ser de natureza "intuitiva ou racional, substancial ou estrutural, conceptual ou poética" (*PLG II*: 62); ela é sempre percebida e instaurada, isto é, ela não é intrínseca aos sistemas.

Entre cultura e língua, a homologia ocorreria de duas formas: no "funcionamento interno" e no "funcionamento global". A primeira refere-se à dupla articulação da língua em semiótico e semântico, semelhante aos dois níveis de significação da cultura: "um sistema que distingue o que tem sentido do que não tem" (*PLG II*: 22). Assim como no semiótico da língua, trata-se de definir se *x* faz sentido ou não em determinada cultura. Quanto ao nível semântico, "todo mecanismo de cultura é um mecanismo de caráter simbólico" (*PLG II*: 25), e ao examinarmos a cultura, perceberíamos "uma semântica que atravessa todos os mecanismos da cultura e os organiza" (*PLG II*: 25) – um funcionamento análogo ao do semântico da língua, o da significação. Já "funcionamento global" refere-se à cultura e à língua enquanto sistemas de valores em cujo seio o sujeito nasce. Língua e cultura são, portanto, sistemas de significação que organizam, segundo seus funcionamentos próprios, algo maior a que estão subordinados: a linguagem.

Leituras complementares: Araújo (2019); Neumann; Rosário (2016); Severo; Flores (2015); Severo (2016).

Capítulos relacionados: Antropológico; Língua; Linguagem; Semiologia.

DÊIXIS

Alena Ciulla

O QUE É *DÊIXIS*?

Para Benveniste, a principal característica da dêixis é sua função de índice, que estabelece a relação do sujeito que fala com a sua própria instância, a partir de quem fala: "O essencial é, portanto, a relação entre o indicador (de pessoa, de tempo, de objeto mostrado, etc.) e a presente instância de discurso" (*PLG I*: 280).

O fato de remeter à própria instância de discurso configura os dêiticos como elementos autorreferenciais: é a relação entre a instância de *eu* e tempo-espaço-objetos mostrados que a dêixis indica, e não o tempo, espaço ou objeto referido.

Reforça essa definição, ainda, a seguinte passagem:

> Não adianta nada definir esses termos e os demonstrativos em geral pela dêixis, como se costuma fazer, se não se acrescenta que a dêixis é contemporânea da instância de discurso que contém o indicador de pessoa; dessa referência o demonstrativo tira o seu caráter cada vez único e particular, que é a unidade da instância de discurso à qual se refere (*PLG I*: 279-280).

A dêixis se define, portanto, pela exclusiva propriedade de remeter à instância presente de *eu*.

GUIA PARA COMPREENSÃO DA *DÊIXIS*

Para entender a dêixis, é importante compreender a categoria de pessoa em Benveniste. Sabemos que signos como *eu* e *tu* correspondem, nos enunciados, cada vez a um ser único e diferente. Por isso, *eu* e *tu* podem ser vistos, conforme Benveniste (*PLG I*: 280), como signos "vazios", pois são "preenchidos" sempre pela pessoa que fala e pelo seu interlocutor, respectivamente, o que se renova a cada turno de fala e a cada diferente situação enunciativa. Isso permite que todo e qualquer falante possa assumir a posição *eu* e, compulsoriamente, instaurar um "tu" como seu alocutário.

Nas palavras do autor:

> Estamos na presença de uma classe de palavras, os "pronomes pessoais", que escapam ao *status* de todos os outros signos da linguagem. A que, então se refere o *eu*? A algo de muito singular, que é exclusivamente linguístico: *eu* se refere ao ato de discurso individual no qual é pronunciado, e lhe designa o locutor. É um termo que não pode ser identificado a não ser dentro do que, noutro passo, chamamos uma instância de discurso e que só tem referência atual (*PLG I*: 288).

Se, por um lado, a alternância permite a interlocução, por outro lado, sua característica variável traz uma necessidade constante de organização da referência, conforme o autor: "Essa referência constante e necessária à instância de discurso constitui o traço que une a *eu/tu* uma série de 'indicadores' que pertencem, pela sua forma e pelas aptidões combinatórias, a classes diferentes – uns pronomes, outros advérbios, outros ainda locuções adverbiais" (*PLG I*: 279).

Para Benveniste, então, há uma propriedade fundamental e manifesta de *eu* e *tu* que não se limita apenas aos papéis de interlocução, mas que diz respeito à organização referencial dos signos linguísticos. É aí que a dêixis aparece como um fenômeno fundamental da linguagem humana, que se manifesta nas línguas, associado à possibilidade de distinguir a instância presente de quem enuncia. A "referência constante e necessária à instância de discurso" é o que a dêixis realiza, e os "indicadores" são os dêiticos.

Para o autor, os pronomes pessoais funcionam como centro e ponto de referência, organizando um sistema de coordenadas espaciais e temporais:

> Os pronomes pessoais são o primeiro ponto de apoio para essa revelação da subjetividade na linguagem. Desses pronomes dependem por sua vez outras classes de pronomes, que participam do mesmo *status*. São os indicadores da *dêixis*, demonstrativos,

advérbios, adjetivos, que organizam as relações espaciais e temporais em torno do "sujeito" tomado como ponto de referência: "isto, aqui, agora" e as suas numerosas correlações "isso, ontem, no ano passado, amanhã", etc. Têm em comum o traço de se definirem somente com relação à instância de discurso na qual são produzidos, isto é, sob a dependência do *eu* que aí se enuncia (*PLG I*: 288).

Esses indicadores, ou dêiticos, são formas linguísticas reveladoras da experiência subjetiva. Dessa série de dêiticos, em primeiro lugar, para o autor, estão os demonstrativos, como *este*, que indicam a concomitância do objeto designado com a instância que contém o indicador de pessoa. Em outras palavras, se "o objeto está perto ou longe de mim ou de ti, ele é também orientado (defronte ou detrás de mim, no alto ou embaixo), visível ou invisível, conhecido ou desconhecido, etc." (*PLG I*: 70). Em outra classe de dêiticos, são agrupados advérbios, como *aqui* e *agora*, que "delimitam a instância espacial e temporal coextensiva e contemporânea da presente instância de discurso que contém *eu*" (*PLG I*: 279). A essa classe, acrescentam-se termos que procedem da mesma relação, como *hoje, ontem, amanhã, em três dias* etc.

EXEMPLO DE ABORDAGEM DE *DÊIXIS*

Benveniste (*PLG I*: 280) postula que, quando não se visa mais à relação do indicador à instância única que o manifesta, a língua recorre a uma série de termos distintos que se referem não mais à instância que contém *eu*, mas aos objetos "reais", aos tempos e lugares "históricos". Dessa maneira, é feita uma distinção entre dois planos que, de acordo com o autor, a própria língua revela: um plano, em que se distinguem – pela relação dêitica com a presente instância de discurso – os indicadores de pessoa, tempo, espaço, objeto mostrado etc.; e um outro plano, em que podemos distinguir elementos que referem os objetos da "realidade".

A dêixis se apresenta, então, na reflexão de Benveniste, como um importante elemento, sendo o traço que remete não a uma realidade objetiva, mas à própria enunciação:

> Tratamos muito levemente e como incontestável a referência ao "sujeito que fala" implícita em todo esse grupo de expressões. Despoja-se da sua significação própria essa referência se não se discerne o traço pelo qual se distingue dos outros signos linguísticos. Assim, pois, **é ao mesmo tempo original e fundamental o fato de que essas formas "pronominais" não remetam à "realidade" nem a posições "objetivas" no espaço ou no tempo, mas à enunciação, cada vez única, que as**

contém, e reflitam assim o seu próprio emprego. A importância da sua função se comparará à natureza do problema que servem para resolver, e que não é senão o da comunicação intersubjetiva. A linguagem resolveu esse problema criando um conjunto de signos "vazios", não referenciais com relação à "realidade", sempre disponíveis, e que se tornam "plenos" assim que um locutor os assume em cada instância do seu discurso. Desprovidos de referência material, não podem ser mal empregados; não afirmando nada, não são submetidos à condição de verdade e escapam a toda negação. **O seu papel consiste em fornecer o instrumento de uma conversão, a que se pode chamar a conversão da linguagem em discurso** (*PLG I*: 280, negritos nossos).

Nessa passagem, embora não seja mencionada a palavra *dêixis*, fica claro, acompanhando-se a reflexão de Benveniste, que é a propriedade dêitica que permite a esses signos "vazios" cumprirem com essas funções, quais sejam, a de possibilitar a comunicação intersubjetiva e fornecer o instrumento da conversão da língua em discurso.

Como podemos concluir aqui, a importância da expressão de pessoa está fortemente relacionada, em Benveniste, ao poder único da dêixis de referir ao próprio ato de discurso de quem enuncia.

Leituras complementares: Ciulla (2019, 2020, 2024); Kleiber (2013); Lahud (1979).

Capítulos relacionados: Antropológico; Aparelho formal da enunciação; Pessoa e não pessoa; Referência; Tempo.

DESIGNAÇÃO/SIGNIFICAÇÃO

Gabriela Barboza

O QUE É *DESIGNAÇÃO/SIGNIFICAÇÃO*?

Dispositivo teórico-metodológico que coloca em funcionamento as análises de língua ligadas principalmente aos estudos linguísticos comparatistas. *Designar* pode ser entendido como ter empregos específicos em uma dada realidade. Também pode ser concebido como a denominação de algo no mundo. Já *significar* está vinculado, de modo geral, a ter sentido.

GUIA PARA COMPREENSÃO DE *DESIGNAÇÃO/SIGNIFICAÇÃO*

Diferentemente de alguns conceitos benvenistianos que estão localizados em partes específicas da obra do linguista, o par designação/significação atravessa toda a sua reflexão, tanto em termos temáticos quanto cronológicos. No que diz respeito à temática, a dupla está presente em trabalhos mais ligados aos estudos do indo-europeu, mas também conseguimos observá-la em textos mais ligados à semiologia, ao semantismo social e à enunciação. Em termos cronológicos, designar/ significar estão presentes desde os primeiros textos, menos conhecidos do público brasileiro, como *Origines de la formation des noms en indo-européen* e *Noms d'agent et noms d'action en indo-européen*, passando pelos livros mais célebres – *VOC I e II e PLG I e II* – até publicações póstumas de manuscritos e artigos menos acessíveis, por exemplo, em *Últimas aulas* e *Langues, cultures, réligions*.

Delineado, sumariamente, o cenário e a complexidade em que a discussão sobre designação/significação se insere em Benveniste, e devido ao caráter introdutório deste guia, optamos por apresentar ao leitor um panorama de algumas funções desempenhadas pela dupla conceitual a partir de duas temáticas de trabalho: estudos comparatistas do indo-europeu e estudos enunciativos.

Para nos dedicarmos ao par designação/significação, independentemente da abordagem, é necessário estabelecer o ponto que atravessa toda a linguística de Benveniste: sua constante preocupação com a significação. De fato, ele assenta sua linguística em torno da significação (entendida aqui como sinônimo de sentido) e de todas as suas implicações. Em diferentes momentos de sua teorização, Benveniste reafirma a "questão central da significação" (*VOC II*: 125), a função primordial da língua: "o próprio da linguagem é, antes de tudo, significar. Pela amplitude dessa definição pode-se medir a importância que deve caber à significação" (*PLG II*: 222) e o fato de que, "sem a significação, a língua não é mais nada, nem mesmo uma série de ruídos" (Benveniste, 2014: 188). Ocorre que não há acesso ao cerne da questão do linguista – a significação – que não seja pelas designações (os empregos, as nomeações, as denominações), já que aquela é, por si só, inatingível. Está estabelecida, assim, a relação fundamental e necessária entre a designação e a significação.

De modo geral, não se pode afirmar que Benveniste tenha inaugurado o uso de designação e significação nos estudos linguísticos. Trata-se de uma prática comum na linguística comparada. Entretanto, o foco principal dos comparatistas estava em torno da variedade das designações em diferentes línguas históricas, abordagem considerada insuficiente por Benveniste, já que esta se dedicava eminentemente à forma; para ele, apesar do "esforço considerável e meritório que foi empregado na descrição das formas", tais pesquisas avançaram pouco além da constatação e não foram seguidas "de nenhuma tentativa séria de interpretá-las [as formas]" (Benveniste, 1984: 1). A diferença, então, no tratamento do par designação/significação entre Benveniste e os demais comparatistas reside justamente no fato de que ele se dedica a evidenciar o que "significam os termos empregados, e não o que designam, o que já sabemos" (Benveniste, 2014: 167). Em outras palavras, a originalidade de sua postura está no fato de que, sem ignorar a designação, o linguista considera que sua teorização deve priorizar aquilo que é a "vocação original" (*PLG II*: 222) das línguas: significar.

Trata-se, portanto, de uma mudança de perspectiva nas formulações de Benveniste em torno do léxico: é imprescindível que se examine o maior número de empregos (designações) específicos possíveis para tratar da significação da forma em estudo. É isso que o linguista faz e diz em suas descrições.

Em muitas de suas análises, Benveniste reitera esse ponto. Por exemplo, no capítulo "O gado e o dinheiro: pecū e pecúnia", do *VOC I*, ele reexamina a relação entre os termos em torno de **peku* para demonstrar que as formas estudadas não estão ligadas a "gado", amplamente considerado o sentido original do vocábulo. O autor descreve as designações históricas e as significações em aproximadamente 23 línguas pertencentes aos ramos indo-iraniano, latim e germânico. Na análise em latim, especificamente, dedica-se a tratar daquilo que considera essencial: o sentido de *pecū* e suas derivações, *pecūnia* e *pecūlium*. Para Benveniste, os campos da etimologia e morfologia latina afirmam que as formas que designam *pecū*, *pecūnia* e *pecūlium* significam, respectivamente, "gado", "riqueza em gado" e "parte do gado deixada ao escravo". Ele avalia que, ainda que se comprove a relação formal entre os termos, a "principal questão é como entendê-la. [...]. Não basta ter explicado o laço formal que liga *pecūnia* a *pecū*. É preciso elucidar paralelamente a relação de sentido que resulta da relação de derivação" (*VOC I*: 50). Benveniste discorre, a partir de então, sobre as funções de designar e significar próprias a **peku*. Afirma o autor que

> é em virtude de um processo distinto, inteiramente pragmático e secundário, que **peku*, cujo sentido era "posse móvel", foi aplicado especificamente à realidade dita "gado". Cumpre distinguir nesta análise os dois planos teóricos: o da **significação** e o da **designação**. Cumpre distinguir, por conseguinte, o **sentido próprio** de **peku*, revelado por seus derivados antigos, e o **emprego histórico** da palavra para **designar** o "gado". Uma vez realizada a junção semântica entre este **termo** **peku* e esta **realidade**, o gado, a **designação** se fixa por um certo tempo. Mas a história não pára e novas **especificações** ainda podem surgir [...]. (*VOC I*: 50, itálicos do autor, negritos meus).

Ainda que Benveniste dê continuidade às descrições de formas e realizações ligadas em **peku* também nas línguas germânicas, a análise apresentada já é suficiente para explicitar a imprecisão de correspondência de sentidos entre **peku* e *pecū* e *pecūnia*. Para além da comparação de formas e sentidos de diferentes línguas, convidamos o leitor a acompanhar o modo como Benveniste o faz: demonstra como os planos teórico-analíticos da designação e da significação são colocados em funcionamento e permitem ver a construção dos sentidos a partir da operação desses mecanismos. A designação, nesse caso, está alinhada a "realidade específica", "emprego histórico" e "especificações" e relacionada a "este termo" e "esta realidade"; a significação, por sua vez, a "sentido", "sentido próprio". Ao concluir sua argumentação, o linguista chega à seguinte formulação, que se torna um princípio de análise a respeito do par conceitual: "a significação geral permite designações específicas que, ao longo da história, terminam por se vincular tão estreitamente a seus objetos particulares que o sentido literal fica obliterado" (*VOC I*: 57).

A partir da análise e do princípio elaborado, torna-se relativamente fácil perceber, aqui, como o aparato teórico designação/significação é mobilizado e se transforma em operador analítico com função explicativa. Ao observar a designação e a significação operando, acompanhamos o desenvolvimento e a fixação de sentido de termos ao longo da história. Dito de outro modo, com o funcionamento da dupla teórico-metodológica, vemos as palavras em sua sincronia e em sua diacronia ao mesmo tempo, uma vez que reconstruímos as designações ao longo da história (empregos históricos) que tornaram possível a estabilidade da significação (sentido próprio) – somente apreensível pela designação – de determinado termo. Nas palavras de Benveniste (*VOC I*: 11-12), "trata-se, por meio da comparação e de uma análise diacrônica, de fazer surgir uma significação ali onde, de início, tínhamos apenas uma designação. A dimensão temporal se converte, assim, em dimensão explicativa". Testemunhamos, então, ao ler o que designam e o que significam os termos, o acontecimento da análise de línguas feita pelo linguista, método que terá repercussão em outros contextos de reflexão sobre a linguagem aos quais ele se dedica. É o que ocorre com a teorização sobre a enunciação, que guarda importantes pontos de contato com o funcionamento do par designação/ significação. Passemos a isso.

Quando os encontramos em textos dos estudos enunciativos, vemos os termos designação e significação desempenharem certa relevância na teoria. Valendo-se do método utilizado para analisar vocábulos, Benveniste percebe que há uma discrepância no que diz respeito à relação entre a língua e a realidade quando se trata da referência e do referente: diferentemente do que ocorre nos trabalhos comparatistas, nas pesquisas de enunciação, há determinadas palavras da língua que não "*remetem nem a um conceito nem a um indivíduo*", no que "se distinguem de todas as designações que a língua articula" (*VOC II*: 288). Essas palavras formam o que chamamos de indicadores de subjetividade e/ou formas específicas da enunciação, todas submetidas a *eu*, que, a cada enunciação, constitui "um centro de referência interno" (*PLG II*: 84) à instância de discurso em que é enunciado. O par designação/significação sofre, assim, um deslocamento em relação ao modo como era entendido nas descrições de línguas; é o que se verifica nos pronomes, que "se distinguem de todas as designações que a língua articula", também na diferenciação entre as designações intersubjetivas, ligadas ao "exercício do discurso", e as designações "em estado de dados lexicais" quando se trata de "objetivar os signos" (*PLG II*: 79) dependentes da enunciação.

Ao abordar a noção de pessoa, Benveniste afirma que "*Eu* designa aquele que fala e implica ao mesmo tempo um enunciado sobre o 'eu' [...]. 'Tu' é necessariamente designado por *eu* e não pode ser pensado fora de uma situação proposta a partir do 'eu'[...]" (*VOC II*: 250). Do mesmo modo, ao tratar da subjetividade na linguagem, compreende que "a linguagem está de tal forma organizada que permite a cada locutor *apropriar-se* da língua toda designando-se como *eu*" (*VOC II*: 288). A interpretação que se pode fazer a partir dessas ocorrências é a seguinte: em vez de nomear conceitos ou indivíduos, *eu* e *tu* e seus correlatos espaço-temporais têm um funcionamento que faz com que a designação e a significação operem de maneira singular: a (auto)designação/significação de eu-tu-aqui-agora ocorre sempre e somente na instância de discurso em que é enunciada.

Com a "desestabilização" da referência quando se trata da enunciação, Benveniste problematiza a designação e a significação e as concebe como necessárias ao aparecimento da (inter)subjetividade: pelo mecanismo de designação/significação, *eu* designa a si mesmo e, assim, passa de locutor a sujeito, ao mesmo tempo que designa o outro. Mais do que mero acréscimo da partícula "se" ao termo designar, é condição indispensável para a existência da subjetividade que o locutor assuma a língua para si e se converta em sujeito, designando-se a si como *eu* e designando ao outro como *tu*. Não há modo de subjetividade em que se possa deixar de lado a designação de si. Trata-se, então, de uma relação de imprescindibilidade: sem (auto)designação não há a emergência da subjetividade na linguagem.

EXEMPLO DE ABORDAGEM DE DESIGNAÇÃO/SIGNIFICAÇÃO

A partir do que foi discutido na seção anterior, destacamos um exemplo de abordagem da dupla designação/significação em que essa dupla opera como força estruturante das análises: nos trabalhos de linguística comparada.

Resumidamente, em "Problemas semânticos da reconstrução", Benveniste se dedica a analisar problemas (erros) comuns na tarefa de reconstrução de sentidos de morfemas idênticos na forma. O princípio de que se vale o linguista para realizar a tarefa é que "o 'sentido' de uma forma linguística se define pela totalidade dos seus empregos, pela sua distribuição e pelos tipos de ligações resultantes" (*PLG I*: 320). Em dado momento de sua argumentação, ele busca refutar o princípio da reconstrução que propõe que se recorra à diferenciação entre o caráter concreto e o caráter abstrato do sentido para "comprovar" que sentido "original" gerou os demais. Essa refutação ocorre a partir da família etimológica que se refere à "fidelidade" (*trust*) como supostamente ligada ao sentido de "árvore" (**dreu*).

Após uma longa descrição dos empregos nas mais diversas línguas indo-europeias, Benveniste aponta uma grande falha na reconstrução feita pelo linguista alemão Hermann Osthoff ao colocar o nome do "carvalho" em grego (*drŭ-*) como origem das derivações ligadas à "fidelidade" no indo-europeu. Segundo Benveniste (*PLG I*: 331), "tudo confirma, pois, que **dreu-* designava a árvore em geral, e que o sentido de 'carvalho' foi adquirido somente no grego". O fato de que a forma *drŭ-* tenha esse sentido somente em grego tem um motivo ligado a território, o que é bastante curioso: "o carvalho só cresce numa parte da área indo-europeia, na região média da Europa que vai da Gália à Grécia setentrional, e não além para o leste; na verdade, não há um nome indo-irânico do 'carvalho'" (*PLG I*: 331). Seria, então, paradoxal que um termo específico a uma só região fosse difundido e empregado em locais onde a árvore não existe, mas onde as formas aparentadas (como *dhrwa-* em sânscrito, *zdóróv* em russo etc.) marcam presença. Benveniste demonstra, assim, que a reconstrução proposta por Osthoff é falsa na medida em que a significação não se sustenta devido a um problema de designação. É a partir das designações, nesse caso, que se pode propor uma nova hipótese de significação.

Leituras complementares: Barboza (2018, 2022); Hoff (2018).

Capítulos relacionados: Antropológico; Forma e sentido; Instância de discurso; Instituição; Semiótico/semântico.

DIÁLOGO

Claudia Toldo

O QUE É *DIÁLOGO*?

Benveniste mobiliza a noção de *diálogo* em textos nos quais discute questões como enunciação, subjetividade e pessoa. Isso se dá, por exemplo, nos artigos "Da subjetividade na linguagem", publicado no *PLG I*, e "O aparelho formal da enunciação", publicado no *PLG II*.

No primeiro, Benveniste afirma:

> A consciência de si mesmo só é possível se experimentada por contraste. Eu não emprego *eu* a não ser dirigindo-me a alguém, que será na minha alocução um *tu*. Essa condição de **diálogo** é que é constitutiva da *pessoa*, pois implica reciprocidade – que eu me torne *tu* na alocução daquele que por sua vez se designa por *eu* (*PLG I*: 286, itálicos do autor, negrito meu).

No segundo, Benveniste chama a atenção para a caracterização da enunciação quando da relação discursiva com o parceiro, trazendo o *quadro figurativo* da enunciação. Ele afirma:

> Como forma de discurso, a enunciação coloca duas "figuras" igualmente necessárias, uma, origem, a outra, fim da enunciação. É a estrutura do *diálogo*. Duas figuras na posição de parceiros são alternativamente protagonistas da enunciação. Este quadro é dado necessariamente com a definição de enunciação (*PLG II*: 87, grifo meu).

Em ambos, diálogo coloca em implicação o *eu* e o outro, ou, como diz Benveniste (*PLG II*: 87), "a acentuação da relação discursiva com o parceiro, seja este real ou imaginado, individual ou coletivo".

GUIA PARA COMPREENSÃO DE *DIÁLOGO*

Tomando por base os dois textos anunciados anteriormente, buscamos, a seguir, construir um percurso para a compreensão do conceito de diálogo em Benveniste.

Em "Da subjetividade da linguagem", Benveniste inicia sua reflexão recusando uma ideia instrumental de linguagem. Para ele, "falar de instrumento é pôr em oposição o homem e a natureza. A picareta, a flecha, a roda não estão na natureza. São fabricações. A linguagem está na natureza do homem, que não a fabricou" (*PLG I*: 285). Isso mostra que o homem, para se comunicar, necessita da linguagem pela qual é constituído, quer dizer, é "a linguagem [que] ensina a própria definição de homem" (*PLG I*: 285), uma vez que sempre atingimos um ser humano falando do/sobre o mundo, com outro ser humano.

Essa reflexão é importante para a definição de diálogo, pois, para ele, "é na linguagem e pela linguagem que o homem se constitui como *sujeito*; porque só a linguagem fundamenta na realidade, na *sua* realidade que é a do ser, o conceito de 'ego' (*PLG I*: 286), propondo-se como sujeito ao outro. Assim, institui-se a subjetividade que, para Benveniste, é "a capacidade do locutor para se propor como 'sujeito'. Define-se não pelo sentimento que cada um experimenta de ser ele mesmo [...], mas como a unidade psíquica que transcende a totalidade das experiências vividas que reúne, e que assegura a permanência da consciência" (*PLG I*: 286).

Essa subjetividade diz respeito ao emprego do *eu,* quando se dirigindo a alguém. Esse alguém que será, na alocução, o *tu*. É nessa condição constitutiva de pessoa que se encontra o diálogo, o qual implica reciprocidade: ora sou *eu,* ora sou *tu*. Assim, a linguagem só é possível porque cada locutor se apresenta como *sujeito*, remetendo a ele mesmo como *eu* no seu discurso. Por isso, *eu* propõe outra pessoa, aquela que, embora seja exterior a "mim", torna-se meu eco – ao qual digo *tu* e que me diz *tu*. A polaridade das pessoas é na linguagem a condição fundamental (*PLG I*: 286).

Isso evidencia uma condição única do homem: somente na e pela linguagem cria-se essa reversibilidade, ora *eu,* ora *tu*. Aqui encontramos o diálogo.

Conforme Benveniste, o *eu* é o indivíduo que enuncia a instância de discurso que contém a instância linguística *eu*; o *tu* é o indivíduo alocutado na instância de discurso, que contém a instância linguística *tu*. Essas noções constroem uma constituição recíproca: todo *eu* pressupõe um *tu*, e vice-versa. Ambos pertencem ao que Benveniste denomina *categoria de pessoa*.

A categoria de pessoa tem caráter dual: um par linguístico que depende de ambas as partes. Um *eu* que institui um *tu* no momento que se enuncia a alguém. Então, a que se refere o *eu*?

> a algo muito singular, que é exclusivamente linguístico: *eu* se refere ao ato de discurso individual no qual é pronunciado, e lhe designa o locutor. [...]. É na instância de discurso na qual *eu* designa o locutor que este se enuncia como "sujeito". É portanto verdade ao pé da letra que o fundamento da subjetividade está no exercício da língua (*PLG I*: 288).

Esse *eu* que pressupõe um *tu* é essencial para a compreensão do sujeito e se aplica à subjetividade da linguagem, a qual pressupõe uma intersubjetividade, na medida em que empregamos *eu* dirigindo-nos a alguém, *tu*. Somente o homem na linguagem pode construir essa reversibilidade: ora *eu*, ora *tu*. A intersubjetividade é entendida como essa inter-relação constitutiva que pressupõe o *eu* e o *tu* mutuamente implicados. Assim, a intersubjetividade é a condição de o homem se constituir como sujeito *na* e *pela* linguagem, sendo que essa condição só se concretiza pela existência do outro. Então, é no exercício de linguagem que o diálogo – de um *eu* e um *tu* – se organiza.

Em "O Aparelho formal da enunciação", Benveniste preocupa-se em trazer o conceito de enunciação e o que a caracteriza: a relação discursiva entre parceiros, presentes no ato enunciativo.

O conceito de enunciação está implicado no quadro figurativo da enunciação que, por sua vez, integra o conceito de diálogo, no qual há duas figuras na posição de parceiros, alternadamente protagonistas da enunciação, que estão em jogo na relação discursiva. Para Benveniste, "a enunciação é este colocar em funcionamento a língua por um ato individual de utilização" (*PLG II*: 82) Utilização de quê? Do aparelho. Do aparelho da língua que, mobilizado pelo locutor, constrói o aparelho da enunciação no quadro formal de realização.

Esse quadro formal é constituído, segundo Benveniste (*PLG II*: 83), pelo ato de enunciar, pelas situações em que o ato se realiza e pelos instrumentos linguísticos que o tornam possível. O ato, que é individual, introduz o locutor e o alocutário como condições necessárias para enunciação: "toda a enunciação é, explícita ou implicitamente, uma alocução, ela postula um alocutário" (*PLG II*: 84). O locutor na enunciação implanta o outro diante de si. Estabelece-se o diálogo.

O locutor refere e o alocutário correfere pelo discurso. A *referência é parte integrante da enunciação*. Isso traz algo muito particular: a cada mobilização do aparelho formal da língua, locutor e alocutário referem e correferem na construção de sentido na enunciação. Essa relação "necessária" acentua a relação discursiva de um locutor com seu parceiro/alocutário, o que caracteriza a enunciação como diálogo.

Percebemos, na reflexão de Benveniste, que enunciação e diálogo são conceitos inseparáveis, uma vez que não se pode pensar um, sem pensar o outro. Podemos identificar isso na medida em que dada enunciação sempre terá um locutor para um ouvinte, intercambiando essas figuras discursivas, fazendo-se atores singulares da enunciação. Assim, enunciação e diálogo constituem-se mutuamente na relação discursiva entre os parceiros que, por um ato, colocam a língua em funcionamento.

EXEMPLO DE ABORDAGEM DE *DIÁLOGO*

Como dissemos anteriormente, para Benveniste (*PLG II*: 87), "a enunciação coloca duas 'figuras' igualmente necessárias, uma origem, a outra, fim da enunciação. É a estrutura do *diálogo*. Duas figuras na posição de parceiros são alternativamente protagonistas da enunciação". Benveniste ilustra isso com uma análise do monólogo que, claramente, procede da enunciação, enquanto uma variedade do diálogo e um diálogo interiorizado, construído em "linguagem interior", entre um *eu* locutor e um *eu* ouvinte.

Segundo Benveniste, mesmo que o *eu* locutor seja o único a falar, o *eu* ouvinte está presente, garantindo que a enunciação do *eu* locutor seja significativa. Há situações em que o *eu* ouvinte intervém com uma objeção, expressa em dúvida, pergunta ou insulto. Benveniste destaca que essa situação traz a presença de diferentes formas linguísticas, que diferem segundo o idioma, mas sempre são formas pessoais. Diz Benveniste:

> Ora o eu ouvinte substitui o eu locutor e se enuncia então como "primeira pessoa"; é assim em francês [*português*], onde o "monólogo" será cortado por observações ou injunções, tais como: "Non, je suis idiot., j'ai oublié de lui dire que ..." ["*Não, eu sou um idiota, esqueci de te dizer que...*]." Ora o eu ouvinte interpela na "segunda pessoa" o eu locutor: "Non, tu n'aurais pas dû lui dire que..." ["*Não, tu (você) não deverias (ria) lhe ter dito que...*"]. (*PLG II*: 88).

Poderíamos identificar uma possível classificação dessas relações, ou seja: em certas línguas, observa-se uma predominância do uso do *eu* ouvinte como substituto do locutor, que, por sua vez, assume o papel de *eu* (como no francês e inglês); enquanto em outras línguas, o *eu* locutor se posiciona como parceiro de diálogo e utiliza o *tu* (como no alemão e russo). Esse diálogo transposto em "monólogo", no qual o *eu* se divide em dois, ou assume dois papéis, pode ser considerado para figurações ou projeções psicodramáticas. Diz Benveniste: "Conflitos do '*eu* [*moi*] profundo' e da 'consciência', desdobramentos provocados pela 'inspiração' etc. Essa possibilidade é facultada pelo aparelho linguístico da enunciação, sui-reflexivo, que compreende um jogo de oposições do pronome e do antônimo (*eu/me/mim* [*Je/me/moi*]" (*PLG II*: 88).

Esse cenário demandaria um duplo olhar descritivo: um da forma linguística e outro da condição figurativa.

Um segundo exemplo trazido por Benveniste diz respeito à *comunhão fática*. A situação que Benveniste reporta para ilustrar isso advém de uma narrativa do antropólogo Malinowski: vê-se a *comunhão fática* "quando várias pessoas sentam-se juntas em torno da fogueira da aldeia, depois de terminadas as tarefas cotidianas, ou quando batem papo, descansando do trabalho, ou quando acompanham algum simples trabalho manual como um tagarelar que nada tem a ver com o que estão fazendo" (Malinowski apud *PLG II*: 89).

Muitas vezes, recorre-se facilmente à frequência e à utilidade prática da comunicação entre indivíduos, a fim de ver o diálogo como uma necessidade, evitando assim a análise das diversas variações possíveis. É o caso da *comunhão fática*, entendida como fenômeno psicossocial com função linguística, na medida em que se observa o papel que a linguagem desempenha: "é um processo em que o discurso, sob a forma de um diálogo, estabelece uma colaboração entre os indivíduos" (*PLG II*: 88-89).

Esse exemplo de Benveniste permite perceber um certo "limite do diálogo", uma vez que apresenta uma relação pessoal criada e mantida por uma forma convencional de enunciação que se percebe em si mesma, que encontra satisfação em sua própria realização, sem incluir objeto, finalidade, mensagem, sendo apenas a articulação de palavras combinadas, repetidas pelos enunciadores. Benveniste destaca que a análise dessa forma de intercâmbio linguístico ainda não foi realizada e que muitos outros desdobramentos deveriam ser estudados na situação de enunciação, por exemplo distinguir a enunciação falada da enunciação escrita.

Esses exemplos são considerados por Benveniste como formas complexas do discurso que aguardam um tratamento minucioso de sua realização.

Leituras complementares: Martins (1990); Aresi (2012); Flores et al. (2009).

Capítulos relacionados: Aparelho formal da enunciação; Enunciação; Subjetividade; Sujeito.

DISCURSO

Daniel Costa da Silva

O QUE É *DISCURSO*?

Atualização da língua por parte de um sujeito falante.

GUIA PARA COMPREENSÃO DE *DISCURSO*

É difícil e, até certo ponto, incorreto falar que Émile Benveniste tenha introduzido o conceito de "discurso" em sua obra em um determinado momento ou em um texto específico. A noção de "discurso" não passa propriamente por um desenvolvimento ao longo dos textos de Benveniste, nem é possível apontar um artigo em que essa noção é discutida de modo mais demorado pelo autor.

A característica principal de "discurso" é a de não ser um termo estabilizado dentro da linguística de Benveniste. Logo, "discurso" em Benveniste terá vários sentidos e, por isso mesmo, será também, em alguns contextos, aproximado de termos que – de tão próximos – podem ser chamados de sinônimos; por exemplo: fala, frase, enunciação, semântico, entre outros. O importante, então, em relação à noção de "discurso" é perceber que esse termo basicamente será definido de uma forma mais geral ou de uma forma mais pontual. É, antes de tudo, um conceito que se apresenta em cada texto de modo particular. Mas o que minimamente é possível destacar como recorrente quanto ao entendimento em relação à noção de discurso em Benveniste?

O conceito de discurso, que podemos caracterizar como sendo o conceito próprio a Benveniste, marca sempre uma distinção entre algo que ainda não foi colocado em palavras (algo ainda não atualizado na língua) e o discurso, que seria, então, a "linguagem posta em ação", a "atualização da língua" por parte de um sujeito. Esse entendimento é recorrente, embora, como dissemos, o que caracteriza realmente o termo "discurso" em Benveniste é sua diversidade de sentidos.

Tentando agrupar os vários sentidos de discurso, podemos dizer que o termo terá, em Benveniste, três possíveis entendimentos básicos. O primeiro como um entendimento mais geral e comum, que não se configura propriamente como um termo dentro da teoria de Benveniste. É discurso como uma porção de língua. Isso recobre também, por exemplo, noções como a de "discurso relatado", que é um termo da linguística em geral, mas que não chega a configurar propriamente um termo em Benveniste, pois ele trabalha com essa noção sem qualquer maior ponderação. Há ainda os possíveis usos claramente metafóricos de "discurso", como no artigo "Semiologia da língua", de 1969, em que discurso, em sua acepção mais geral (de "produção de um enunciado de língua") está relacionado com um "'discurso' musical", devidamente grafado entre aspas: "Permanece ainda possível, por meio de algumas metáforas, assimilar a execução de uma composição musical à produção de um enunciado de língua; poder-se-á falar de um 'discurso' musical" (*PLG II*: 61).

A segunda maneira de entender discurso em Benveniste é perceber "discurso" como uma atividade que envolve, principalmente, a atualização da língua por parte de um sujeito falante. Por sua recorrência ao longo dos textos, é possível dizer que esse é o sentido que Benveniste dá para o termo. Cabe, a título de exemplo, citar dois textos importantes. Em "Da subjetividade da linguagem", Benveniste contrapõe "discurso" à "linguagem":

> A linguagem é, pois, a possibilidade da subjetividade, pelo fato de conter sempre as formas linguísticas apropriadas à sua expressão; e o discurso provoca a emergência da subjetividade, pelo fato de consistir de instâncias discretas. A linguagem de algum modo propõe formas "vazias" das quais cada locutor em exercício de discurso se apropria e as quais refere à sua "pessoa", definindo-se ao mesmo tempo a si mesmo como *eu* e a um parceiro como *tu* (*PLG I*: 289).

Em "O aparelho formal da enunciação", há um entendimento semelhante ao anterior:

> Antes da enunciação, a língua não é senão possibilidade da língua. Depois da enunciação, a língua é efetuada em uma instância de discurso, que emana de um locutor, forma sonora que atinge um ouvinte e que suscita uma outra enunciação de retorno (*PLG II*: 83-84).

Em ambas as passagens, vemos que "discurso" sempre é entendido como sendo a língua atualizada, efetivada; a língua colocada em exercício por um locutor.

A terceira maneira de se entender "discurso" é, em uma acepção ainda mais pontual, geralmente limitada a um aspecto da teoria de Benveniste, isto é, a um momento de suas formulações teóricas, desenvolvida em um ou mais de seus textos. Isso significa dizer que, por vezes, "discurso" terá um sentido até mais destacado do que esta definição que, aqui, estamos colocando como recorrente em Benveniste – a de discurso como a "atualização da língua"; e isso depende de como se entra na teoria de Benveniste, ou seja, depende do ponto de partida que se adote. Em uma rápida análise, podemos ver, por exemplo, que a primeira ocorrência de "discurso" no artigo "Semiologia da língua", de 1969, tem um sentido mais geral e básico: "A língua se apresenta sob todos seus aspectos como uma dualidade: instituição social, ela é produzida pelo indivíduo; discurso contínuo, ela se compõe de unidades fixas" (*PLG II*: 49). Aqui, não há qualquer dicotomia ou dualidade entre "língua" e "discurso": a língua *é* um discurso contínuo. Já no final desse artigo – "Semiologia da língua" –, "discurso" ganha um contorno especial, sendo grafado até mesmo com letras maiúsculas:

> Com o semântico entramos no modo específico de significância que é engendrado pelo DISCURSO. Os problemas que aqui se colocam são função da língua como produtora de mensagens. Ora, a mensagem não se reduz a uma sucessão de unidades que devem ser identificadas separadamente; não é uma adição de signos que produz o sentido, é, ao contrário, o sentido (o "intencionado"), concebido globalmente, que se realiza e se divide em "signos" particulares, que são as PALAVRAS (*PLG II*: 65-66).

Aqui, "discurso" entra em jogo para fazer o contraponto entre algo que pode ser tomado separadamente (as palavras, os signos) e algo que deve ser tomado em sua globalidade (no caso, o discurso). E na última página do texto "Semiologia da língua", lemos que a ultrapassagem da noção saussuriana de signo como princípio único se dará por duas vias, sendo uma dessas vias: "na análise intralinguística, pela abertura de uma nova dimensão de significância, a do discurso, que denominamos semântica, de hoje em diante distinta da que está ligada ao signo, e que será semiótica" (*PLG II*: 67). Por seu caráter prescritivo, estabelecendo a maneira como se dará a ultrapassagem da noção saussuriana de signo, esse entendimento de "discurso" como uma "nova dimensão de significância" – assimilada com a noção de *semântico* – é o que se destaca na leitura do artigo. Portanto, quando se estiver levando em conta a distinção entre *semiótico* e *semântico*, o sentido de "discurso" que ganha destaque é o que está ligado ao *semântico*.

Outro exemplo de um entendimento pontual em relação à noção de "discurso", vemos no artigo "As relações de tempo no verbo francês", em que Benveniste apresenta a distinção entre *discurso* e *história*. Aqui, fazemos referência a isso apenas dizendo que se trata de um sentido muito particular de "discurso", válido quase que exclusivamente para este artigo. Exclusividade, aqui, não significa que essa noção não poderá ser *comparada* com a de outros textos; significa apenas que ela não poderá ser *equiparada*. Em suma, o termo "discurso" na obra de Benveniste abrange diversos entendimentos – desde uma perspectiva mais geral até uma abordagem mais específica – que devem ser contextualizados em um ou mais de seus textos.

EXEMPLO DE ABORDAGEM DE *DISCURSO*

É difícil, tendo como base as formulações teóricas de Benveniste – e, em particular, o entendimento de que discurso é a atualização da língua –, citar apenas um exemplo de análise ou apenas um tipo de abordagem. "Discurso", nesse sentido, é muito abrangente, visto que uma abordagem linguística benvenistiana é uma abordagem discursiva por natureza. Segundo Benveniste, "é no discurso atualizado em frases que a língua se forma e se configura. Aí começa a linguagem" (*PLG I*: 140).

Vimos que é possível dizer também, em certa medida, que Benveniste se propôs a explorar uma nova dimensão de análise, que acabou por colocar o "discurso" no centro da investigação linguística. E essa nova dimensão de análise já estava posta também, por exemplo, no final do artigo "Da subjetividade na linguagem":

> Muitas noções na linguística, e talvez mesmo na psicologia, aparecerão sob uma luz diferente se as restabelecermos no quadro do discurso, que é a língua enquanto assumida pelo homem que fala, e sob a condição de intersubjetividade, única que torna possível a comunicação linguística (*PLG I*: 293).

Uma nova dimensão de análise, a do discurso, portanto, significa tomar a língua em ação; além disso, pressupõe a existência de um sujeito que assume a língua. Tendo em mente que "discurso", em Benveniste, pode ser definido ora de uma forma mais geral, ora de uma forma mais pontual, é possível dizer, também, que, em suas análises, Benveniste vislumbra basicamente duas maneiras de se abordar o discurso. Para perceber essas duas maneiras de se fazer uma análise linguística, podemos lembrar o que Benveniste diz no artigo "Os níveis da análise linguística", quando chega a falar em "duas linguísticas diferentes":

> Eis aí verdadeiramente dois universos diferentes, embora abarque a mesma realidade, e possibilitem duas linguísticas diferentes, embora seus caminhos se cruzem a todo instante. Há de um lado a língua, conjunto de signos formais, destacados pelos procedimentos rigorosos, escalonados por classes, combinados em estruturas e em sistemas; de outro, a manifestação da língua na comunicação viva (*PLG I*: 139).

Pensando no sentido mais geral de "discurso", qualquer análise da língua, *grosso modo*, é também uma análise de determinado discurso; porém, é possível dizer que uma análise do discurso – em termos propriamente benvenistianos – é aquela que toma o discurso como uma entidade em que está envolvida a língua assumida pelo falante.

Como exemplo, é possível citar a análise que Benveniste faz dos verbos no artigo "Da subjetividade na linguagem", quando termina dizendo que a "enunciação identifica-se com o próprio ato. Essa condição, porém, não se dá no sentido do verbo: é a 'subjetividade' do discurso que a torna possível" (*PLG I*: 292). "Subjetividade do discurso", aqui, não somente significa que o discurso parte de um falante, mas também – e principalmente – que o discurso é assumido pelo sujeito.

Leituras complementares: Flores; Endruweit (2012); Flores et al. (2008).

Capítulos relacionados: Enunciação; Enunciação histórica/enunciação de discurso; Instância de discurso; Linguagem.

ENUNCIAÇÃO

Paula Ávila Nunes

O QUE É *ENUNCIAÇÃO*?

Enunciação é o substantivo relacionado ao verbo "enunciar", que se refere a "colocar em funcionamento a língua por um ato individual de utilização" (*PLG II*: 82).

GUIA PARA A COMPREENSÃO DE *ENUNCIAÇÃO*

Benveniste é frequentemente referenciado como o "pai da enunciação", o que torna a compreensão desse conceito de fundamental importância para aqueles que estudam a obra do autor. Apesar da alcunha, é importante salientar que o conceito propriamente dito só é efetivamente definido, de forma predicativa, em um texto relativamente tardio de sua obra, a saber, "O aparelho formal da enunciação", publicado em 1970. Antes disso, o conceito era ora um pressuposto ainda não devidamente teorizado em seus textos, ora empregado de forma adjetivada. Nesse último caso, ressalta-se, por exemplo, a ocorrência de expressões como "enunciação histórica" ou mesmo a aparente tautologia de "enunciação de discurso".

Esses exemplos são suficientes para nos mostrar que, por vezes, o termo é empregado com nuances em relação à definição aqui apresentada, tendo em vista a adjetivação que o sucede. Há também casos em que o autor o emprega como sinônimo de *enunciado* ou *frase*. Com efeito, é interessante notar que, embora "enunciado" possa ser compreendido como o produto oriundo da enunciação, entendida como um ato ou processo, é esta última que recebe maior atenção do linguista, o que nos revela seu interesse maior de pensar sobre esse ato singular de *apropriação* da língua, possibilitado pelo aparelho formal engendrado por cada idioma, em particular, e pela língua, em geral, como sistema abstrato de formas e funções.

Essa particularidade na obra de Benveniste, de colocar acento sobre a enunciação e não sobre o enunciado, é uma contribuição original aos estudos linguísticos de sua época. Trata-se de uma contraposição tanto à linguística de escopo proposicional, objeto de estudo da semântica e da pragmática, bem como da filosofia da linguagem, quanto à própria linguística do texto, que começava a se desenvolver.

O deslocamento realizado por Benveniste consiste em observar o fenômeno linguístico não a partir de enunciados já proferidos, enfocados por seu critério formal, mas pensá-los em um enquadramento específico, que convoca uma *instância de discurso* única, balizada pela tríade *pessoa-tempo-espaço*:

> A segmentação do enunciado em elementos discretos não leva a uma análise da língua, da mesma forma que uma segmentação do universo físico não leva a uma teoria do mundo físico. Essa maneira de formalizar as partes do enunciado arrisca-se a acabar numa nova atomização da língua, pois a língua empírica é o resultado de um processo de simbolização em muitos níveis. [...] Podem-se, pois, conceber muitos tipos de descrição e muitos tipos de formalização, mas todos devem necessariamente supor que o seu objeto, a língua, é dotado de significação, que em vista disso é que é estruturado (*PLG I*: 13).

Mais do que uma crítica à linguística praticada à época, especialmente a de viés estruturalista, Benveniste propõe uma novidade ao retirar a "anonimidade" dos enunciados estudados pela linguística até então, chamando a atenção para o fato de que cada enunciado é sempre uma produção linguística única e irrepetível, mesmo que seu aspecto formal continue o mesmo, já que é fruto de um processo de muitos níveis. Eis aí a importância do texto "Os níveis da análise linguística" para a teoria do autor, pois a noção de irrepetibilidade se dá, justamente, pela ideia de enunciação, que diferencia a "linguagem como sistema de signos" da "linguagem assumida como exercício pelo indivíduo" (*PLG I*: 281).

A partir de uma ideia de enunciação como exercício, isto é, de língua posta em funcionamento, enunciar, para Benveniste, envolve sempre uma tríade de elementos que ele irá denominar de "quadro figurativo". Esse *quadro figurativo*, ou *instância de enunciação* (ou, ainda, *instância de discurso*) implica que há sempre um *eu* (pessoa subjetiva), que se dirige a um *tu* (pessoa não subjetiva) acerca de um *ele* (não pessoa), em um *aqui* (espaço) e *agora* (tempo) específicos. Essas coordenadas são, como se sabe, irrepetíveis, posto que, a cada vez que um enunciado é proferido, ou seja, a cada vez que um sujeito se apropria do *aparelho formal da enunciação* para enunciar sua posição de sujeito, colocando a língua em funcionamento, ele o faz a partir de coordenadas de pessoa-tempo-espaço específicas. Portanto, embora o enunciado – entendido como o conteúdo formal de uma dada enunciação – possa permanecer o mesmo, o ato específico de enunciar será sempre único.

Tal conclusão pode parecer banal, mas apresenta uma importância capital na mudança que Benveniste imprime aos estudos linguísticos da época. Isso se dá por, no mínimo, duas razões. A primeira delas é a proposição que Benveniste faz de que cada língua, em particular, tem seu aparelho formal *da língua* (propriedade universal das línguas), a partir do qual cada falante irá configurar seu aparelho formal *da enunciação*. Dito de outra forma, Benveniste observa que os elementos de que o falante dispõe são os mesmos para todos os falantes, mas a maneira como irá se apropriar desse conjunto de formas será sempre singular e resultará em um aparelho formal da enunciação também particular. A sagacidade de Benveniste estava em demonstrar, portanto, como cada língua já pressupõe um "lugar" para a subjetividade do falante. Isso se mostra, por exemplo, nas análises que faz em "A natureza dos pronomes", texto de 1956, mas que já era gestado uma década antes, como dá testemunho o artigo "Estrutura das relações de pessoa no verbo".

Tais análises são cruciais porque, se a mola propulsora da enunciação é a relação entre *eu* e *tu*, ou seja, uma relação intersubjetiva, cada língua precisa, a seu modo, resguardar essas posições (pessoa que fala – eu; pessoa a quem se fala – tu; e não pessoa sobre a qual se fala – ele) para que a língua possa ser colocada em movimento. É por isso que Benveniste afirma que a subjetividade, essa possibilidade de se colocar como sujeito *na* e *pela* língua, é uma propriedade da linguagem, pois todas as línguas da humanidade funcionam dessa maneira.

Esse entendimento aparece mais formalmente acabado no célebre texto "Da subjetividade na linguagem", de 1958. Nele, Benveniste faz importante contribuição ao entendimento do sistema pronominal, demonstrando que ele não é uma matéria de gramática, mas uma matéria de enunciação: mais do que suas funções gramaticais, descritas nos compêndios de cada língua, o sistema pronominal é universal, embora apresente variações de idioma para idioma, porque não se trata de um recurso meramente gramatical. Na verdade, são um "lugar" na linguagem, ou seja, são os pontos de ancoragem em que o sujeito irá se "agarrar" para poder colocar a língua em funcionamento. A enunciação, assim, só é possível porque a língua dispõe dessas formas "vazias" (*PLG I*: 280) de que o sujeito se apropria.

A segunda razão pela qual tal teorização muda a forma de se fazer linguística até então se dá pelo fato de que essa pressuposição teórica altera a maneira como se olha para a organização entre forma e sentido em uma dada língua. Benveniste mesmo enfatiza que o problema do sentido não era uma matéria de linguística, que se dedicava à questão da forma. Pensar a problemática da enunciação é, portanto, deixar de analisar a língua por seu viés exclusivamente formal e examiná-la na articulação entre forma e sentido. E, ainda aí, Benveniste fará outra importante contribuição: há a forma e o sentido comum a todos os falantes da língua, pois emanam do sistema linguístico (universo semiótico de significação) e há a forma e o sentido particular que um sujeito imprime à sua enunciação pela forma específica como agencia os signos de que faz uso (universo semântico de significação).

EXEMPLO DE ABORDAGEM DE *ENUNCIAÇÃO*

É importante observar que a noção de enunciação é considerada por Benveniste, segundo sua exposição em "O aparelho formal da enunciação", em pelo menos quatro planos: 1) da realização vocal da língua; 2) da conversão da língua em discurso; 3) do quadro formal de sua realização; 4) da enunciação escrita. Esta última, especificamente, tem a particularidade de não ter sido abordada em textos presentes nos *PLGs*, a não ser numa brevíssima passagem, já no final do texto "O aparelho formal da enunciação": "Seria preciso também distinguir a enunciação falada da enunciação escrita. Esta se situa em dois planos: o que escreve se enuncia ao escrever e, no interior de sua escrita, ele faz os indivíduos se enunciarem" (*PLG II*: 90). No entanto, sabemos que a escrita não integra suas reflexões publicadas por ser um tema sobre o qual ele se debruçava ao final da década de 1960 e que, portanto, não teve tempo de concluir em uma proposta mais acabada. O leitor pode, contudo, ter acesso a suas elucubrações por meio das anotações de aula publicadas em *Últimas aulas*.

Atendo-nos a outros dois aspectos mencionados por Benveniste (a conversão da língua em discurso e o quadro formal de sua realização), temos, no mesmo texto citado, um esclarecimento importante, que explicita a articulação entre essas duas proposições: "o que em geral caracteriza a enunciação é a *acentuação da relação discursiva com o parceiro*, seja este real ou imaginado, individual ou coletivo. Esta característica coloca necessariamente o que se pode denominar o *quadro figurativo* da enunciação" (*PLG II*: 87, destaques do autor).

Nesse excerto, Benveniste sintetiza os dois aspectos anteriormente aludidos. Ao afirmar que a enunciação acentua a relação discursiva – acrescentando que ela, inclusive, pode não se apresentar entre locutores reais, como é o caso do monólogo, em que *eu* e *tu* são a mesma "pessoa", mas não ocupam a mesma posição no quadro figurativo –, o autor nos explica de que forma a língua (entidade abstrata) se converte em discurso (emprego de língua). Isso só se dá pela enunciação, a qual pressupõe um quadro formal (figurativo). Ou seja, para que a língua se torne discurso, a relação entre *eu* e *tu* (real ou pressuposto) deve sempre existir em um tempo e espaço específicos, nas coordenadas que marcam seu quadro figurativo.

Leituras complementares: Flores e Teixeira (2005); Flores (2018a); Nunes (2022); Ono, Silva e Milano (2014).

Capítulos relacionados: Aparelho formal da enunciação; Discurso; Pessoa e não pessoa; Subjetividade; Sujeito.

ENUNCIAÇÃO HISTÓRICA/ ENUNCIAÇÃO DE DISCURSO

Larissa Colombo Freisleben

O QUE É *ENUNCIAÇÃO HISTÓRICA/ENUNCIAÇÃO DE DISCURSO*?

Enunciação histórica e *enunciação de discurso* são dois modos de enunciação. *Enunciação histórica* é a manifestação da *intenção histórica*. Trata-se do modo de enunciação no qual o locutor narra fatos como pertencentes ao passado e não interfere na narrativa, o que faz com que encontremos exclusivamente formas de terceira pessoa (não pessoa) nesse modo de enunciação, produzindo um efeito de objetividade.

Enunciação de discurso é um modo de enunciação no qual o locutor organiza o que diz segundo a categoria de pessoa; assim, a terceira pessoa (não pessoa) se opõe a *eu/tu* (pessoa).

GUIA PARA COMPREENSÃO DE *ENUNCIAÇÃO HISTÓRICA/ ENUNCIAÇÃO DE DISCURSO*

Enunciação histórica/enunciação de discurso são duas categorias que Benveniste propõe em um artigo intitulado "As relações de tempo no verbo francês", como uma alternativa para descrever o sistema temporal do francês.

O artigo inicia com uma crítica às categorias tradicionalmente utilizadas para classificar as formas pessoais do verbo francês, como as noções de tempo – passado, presente, futuro (ou aspecto) perfeito, imperfeito etc. –, porque essas categorias não são suficientes, segundo Benveniste, para explicar como o sistema verbal se organiza em francês. Para o linguista, "a organização dos tempos depende de princípios menos evidentes e mais complexos" (*PLG I*: 261). Esses princípios são identificados por Benveniste a partir da observação de uma aparente "falha" no sistema do francês: trata-se da coexistência de duas formas, na língua, para a expressão do passado: o aoristo (geralmente chamado de *passé simple,* passado simples) e o perfeito (geralmente chamado de *passé composé,* passado composto).

Tradicionalmente, entendia-se que o aoristo e o perfeito seriam duas formas equivalentes e que o francês estaria passando por uma fase de transição, ao fim da qual o passado composto ocuparia o lugar do passado simples – uma evidência disso seria o uso do aoristo na escrita, mais conservadora, e do perfeito na fala. No entanto, Benveniste questiona essa interpretação e faz sua própria observação, identificando outras categorias organizadoras do sistema verbo-temporal do francês.

É aí que Benveniste propõe a distinção entre *enunciação histórica* e *enunciação de discurso.* Para ele, há dois diferentes sistemas disponíveis para o locutor, que manifestam dois diferentes planos da enunciação (*PLG I*: 261). A *enunciação histórica* é definida por Benveniste como uma manifestação da *intenção histórica*, "uma das grandes funções da língua" (*PLG I*: 262). Por *enunciação histórica,* não devemos entender apenas textos da História como área do conhecimento, mas textos nos quais o locutor busque relatar os eventos passados *objetivamente*, sem interferir na narrativa (*PLG I*: 262). Como consequência, as narrativas históricas (pertencentes ao modo de enunciação histórico) só apresentam formas de terceira pessoa. Como se utiliza exclusivamente a terceira pessoa, não há relação de pessoa *eu:tu,* configurando uma verdadeira *ausência de pessoa.*

A *enunciação de discurso*, por sua vez, é definida como "toda enunciação que suponha um locutor e um ouvinte e, no primeiro, a intenção de influenciar, de algum modo, o outro" (*PLG I*: 267). Na *enunciação de discurso*, a terceira pessoa opõe-se sempre a uma pessoa *eu:tu.*

Falamos, aqui, em noções como *objetividade* e *subjetividade*, e é preciso dar atenção a como essas noções são mobilizadas nesse texto. Há muitas críticas ao artigo de Benveniste com base, principalmente, em um trecho no qual ele afirma que não há narrador na enunciação histórica e que, nesse modo de enunciação, "ninguém fala", "os acontecimentos parecem narrar-se a si mesmos" (*PLG I*: 267).

Para quem está familiarizado com a ideia de (inter)subjetividade e outros conceitos associados que Benveniste propõe, essa passagem parece, no mínimo, estranha: como seria possível um enunciado sem narrador? Também pode parecer estranho ao leitor desavisado que Benveniste utilize as noções de objetividade e subjetividade para caracterizar os dois planos – afinal, se a subjetividade é constitutiva da linguagem, como seria possível um modo de enunciação "objetivo"?

É necessário destacar que a noção de *subjetividade* comporta, na obra de Benveniste, ao menos dois sentidos. Em um primeiro sentido, a subjetividade – ou melhor, a *intersubjetividade* – está inerentemente ligada ao exercício da linguagem. No entanto, também é possível entender *subjetividade* como oposta à *objetividade* quando pensamos na presença ou na ausência de certas marcas formais nos enunciados. Enquanto *subjetividade* diz respeito àquilo que é do domínio da *pessoa* na terminologia benvenistiana, ou seja, do *eu-tu*, *objetividade* se refere àquilo que é do domínio da *não pessoa*, do *ele*. Ou seja, embora utilizemos o mesmo termo – *subjetividade* –, trata-se de duas questões distintas. Opor *subjetividade/objetividade* quando pensamos em marcas em enunciados não se contradiz à ideia de que a *subjetividade* é inerente à linguagem e, portanto, presente em toda enunciação. A afirmação de que "ninguém fala" na enunciação histórica refere-se a esse segundo sentido, em que *objetividade* e *subjetividade* relacionam-se às marcas linguísticas encontradas em enunciados. Quando Benveniste afirma que há um *passado subjetivo*, característico da *enunciação histórica*, que se opõe a um passado que "objetiviza o acontecimento" (*PLG I*: 275), característico da *enunciação de discurso*, trata-se de subjetividade nesse segundo sentido.

Há outra questão importante a se considerar para compreender essa distinção em Benveniste: a passagem de um plano a outro é instantânea; ou seja, não se trata de uma divisão estanque – e, como Benveniste observa, é raro encontrar textos com apenas narrativas históricas.

É possível identificar marcas linguísticas que caracterizam cada um dos planos. No artigo em questão, Benveniste estuda o sistema verbo-temporal do francês contemporâneo. Embora essas categorias sejam propostas como uma forma diferente de pensar a organização dos verbos em francês, elas podem ser usadas para descrever outras línguas a partir de um ponto de vista diferente, que leva em conta os possíveis modos de enunciar disponíveis para o locutor.

EXEMPLO DE ABORDAGEM
DE *ENUNCIAÇÃO HISTÓRICA/ENUNCIAÇÃO DE DISCURSO*

As definições que Benveniste apresenta são bastante gerais e, portanto, poderiam, a princípio, ser utilizadas para pensar qualquer língua. No entanto, Benveniste detém-se à língua francesa, que é o ponto de partida de sua reflexão, e identifica marcas formais – ou seja, marcas que podemos encontrar nos enunciados – que caracterizam um e outro plano da enunciação. Vejamos que marcas são essas.

Em francês, o aoristo – o *passé simple* – é característico da enunciação histórica. Outros tempos encontrados em enunciados que pertencem a esse modo de enunciação são o imperfeito, o mais-que-perfeito e o prospectivo, sempre em forma de terceira pessoa. O presente, o passado perfeito (*passé composé*) e as formas de futuro são excluídos, com exceção do presente de definição. Já o passado perfeito – o *passé composé* – é característico da *enunciação de discurso*. Nesse modo de enunciação, embora os tempos fundamentais sejam presente, perfeito e futuro, todos os tempos são admitidos, com exceção do aoristo.

A partir da distinção entre *enunciação histórica* e *enunciação de discurso*, é possível reinterpretar as relações entre o aoristo e o perfeito em francês. Diferentemente da interpretação tradicional, o que Benveniste mostra é que o passado simples é uma forma essencial, em francês, para manifestação da *intenção histórica*. Ou seja, não se trata de uma questão de equivalência e concorrência entre dois tempos.

Outra questão reinterpretada diz respeito ao uso do passado simples ser restrito à escrita: embora a *enunciação histórica* seja, de fato, mais comumente encontrada na língua escrita – principalmente em textos históricos e em certos gêneros literários –, a *enunciação de discurso* não se restringe à oralidade. No quadro a seguir, resumimos as observações de Benveniste sobre o que caracteriza um e outro plano em francês.

Quadro 1 – Marcas da enunciação histórica e da enunciação de discurso em francês

	Enunciação histórica	Enunciação de discurso
Tempos incluídos	aoristo (passado simples), imperfeito (incluindo o condicional), mais-que--perfeito e prospectivo	todos menos o aoristo tempos fundamentais: presente, perfeito e futuro
Tempos excluídos	presente, perfeito e futuro	aoristo

Em seu artigo, Benveniste traz alguns exemplos de textos que pertencem ao modo da enunciação histórica em francês. Reproduzimos, a seguir, um excerto do trecho de Balzac citado por Benveniste. Para que a identificação dos tempos em francês fique mais clara para o leitor, marcamos em **negrito** as ocorrências do aoristo (*passé simple*) e <u>sublinhamos</u> as ocorrências do imperfeito:

> Après un tour de galerie, le jeune homme **regarda** tout à tour le ciel et sa montre, **fit** un geste d'impatiente, **entra** dans un bureau de tabac, y **alluma** un cigare, se posa devant une glace, et **jeta** un regard sur son costume, *un peu plus riche que ne le permettent en France les lois du goût*. Il **rajusta** son col et son gilet de velours noir sur lequel se <u>croisait</u> plusieurs fois une de ces grosses chaînes d'or fabriquées à Gênes; puis, après avoir jeté par un seul mouvement sur son épaule gauche son manteau doublé de velours en le drapant avec élégance, il **reprit** sa promenade sans se laisser distraire par les oeillades bourgeoises qu'il <u>recevait</u>. Quand les boutiques **commencèrent** à s'illuminer et que la nuit lui parut assez noire, il se dirigea vers la place du Palais-Royal en homme qui <u>craignait</u> d'être reconnu, car il **côtoya** la place jusqu'à la fontaine, pour gagner à l'abri des fiacres l'entrée de la rue Froidmanteau [...] (Balzac apud *PLG I*, itálicos do autor).

Algo interessante nesse excerto específico – e é por isso que escolhemos destacá-lo – é que a passagem marcada em itálico se encontra no modo de *enunciação de discurso*, o que é evidenciado pelo uso do presente sem uma função de definição histórica. Esse excerto é destacado por Benveniste em uma nota de rodapé. É necessário lembrar que, como mencionamos, a passagem de um a outro plano de enunciação é instantânea.

Como observamos, o texto de Benveniste tem um aspecto geral e outro específico: as definições dos dois planos se baseiam em critérios gerais, mas a descrição que o texto apresenta é específica do sistema verbo-temporal do francês. Em suma, pode-se partir do princípio de que essa distinção serviria para descrever outras línguas, mas seria necessário observar quais as marcas linguísticas particulares de cada sistema. Uma questão interessante, nesse caso, é observar traduções. Benveniste menciona, no texto, que seria necessário inventariar uma grande quantidade de textos, incluindo, entre eles, traduções, "[...] que nos informam sobre as equivalências espontâneas que um autor encontra para fazer passar uma narrativa estrita numa outra língua para o sistema temporal que convém ao francês" (*PLG I*: 269). Pode-se, por exemplo, observar a própria tradução do trecho de Balzac para o português na edição brasileira do *PLG I*, que traz como equivalente ao *passé simple* o passado perfeito:

> Após dar uma volta, o jovem **olhou** alternadamente o céu e o relógio, **fez** um gesto de impaciência, entrou numa tabacaria, **acendeu** um charuto, **pôs-se** diante de um espelho, e **lançou** um olhar para a roupa, um pouco mais rica do que o permitem na França as leis do bom gosto. **Tornou** a ajustar o colarinho e o colete de veludo negro sobre o qual se _cruzava_ diversas vezes uma dessas grossas correntes de ouro fabricadas em Gênova; a seguir, depois de haver, num só movimento, lançado sobre o ombro esquerdo o casaco forrado de veludo, drapejando-o com elegância, **retomou** o seu passeio sem se deixar distrair pelas olhadelas burguesas que _recebia_. Quando as lojas começaram a iluminar-se e a noite lhe **pareceu** suficientemente negra, **dirigiu-se** à praça do Palais-Royal como homem que _temia_ ser reconhecido, pois **contornou** a praça até a fonte, para atingir ao abrigo dos carros a entrada da rua Froidmanteau [...] (Balzac, Études philosophiques: Gambara).

Em português não há, como em francês, dois tempos para a expressão do passado – isso não significa, no entanto, que não haja plano histórico da enunciação, apenas que as marcas observáveis em enunciados que caracterizam o plano da enunciação histórica em português são diferentes do francês, e seria necessário descrevê-las.

Leituras complementares: Ciulla (2022a); Freisleben (2023); Silva (2015).

Capítulos relacionados: Dêixis; Função; Pessoa e não pessoa; Referência; Subjetividade.

ENUNCIADO PERFORMATIVO

Silvana Silva
Valdir do Nascimento Flores

O QUE É *ENUNCIADO PERFORMATIVO*?

Benveniste define "enunciado performativo" no texto "A filosofia analítica e a linguagem" (1963), no qual ele comenta a distinção entre *performativo* e *constativo*, proposta pelo filósofo inglês John Austin (1911-1960) em uma conferência dada em 1958 e publicada em 1962.[1] Em primeiro momento, Benveniste define enunciados performativos como aqueles

> [...] nos quais um verbo declarativo-jussivo na primeira pessoa do presente se constrói com um *dictum*. Assim, *j'ordonne* (ou *je commande, je decrete* etc.) *que la population soit mobilisee* ["ordeno ou decido, decreto etc. que a população seja mobilizada"] em que o *dictum* é representado por *la population soit mobilisee*. Trata-se, realmente, de um *dictum*, uma vez que a enunciação expressa é indispensável para que o texto tenha qualidade de performativo (*PLG I*: 300).

Essa definição – é importante dizer – tem o papel de apenas ser um ponto de partida para Benveniste. Sem ela, Benveniste não consegue formular todo o seu raciocínio, mas ele não se esgota nela. No item seguinte, portanto, traçaremos um guia que apresenta progressivamente o entendimento de Benveniste acerca do enunciado performativo, tomando por base a passagem que citamos.

GUIA PARA COMPREENSÃO DE *PERFORMATIVO*

Antes de aprofundarmos a reflexão presente na passagem de Benveniste que citamos anteriormente, é importante fazer um pouco da história do surgimento dessa discussão na obra do linguista.

Como dissemos, a reflexão em torno do "performativo" foi introduzida por Benveniste em 1963, seguindo o uso do termo por J.-L. Austin, que o contrastava com *constativo*. Entretanto, Benveniste já explorava a ideia de performatividade, mesmo sem denominá-la explicitamente, e isso é evidente no artigo "Da subjetividade na linguagem", no qual ele enfatiza a relevância dos indicadores autorreferenciais.

Nesse texto, Benveniste, ao final, desenvolve uma reflexão acerca dos *verbos de fala* (*verbes de parole*). Retomando a distinção entre *eu-tu* (pessoa), de um lado, e *ele* (não pessoa), de outro lado, Benveniste mostra que o emprego de determinados verbos em *eu*, *tu* e *ele* implica alteração de sentido da forma conjugada.

Para ele, a diferença de sentido entre formas verbais de primeira pessoa e de terceira pessoa (de não pessoa) – especialmente em verbos que denotam disposições ou operações mentais como *crer* (por exemplo, *eu creio* e *ele crê*) – implica permanência, ou não, da manifestação da subjetividade, da presença do locutor em face do enunciado proferido. Assim, em *eu suponho que*, *eu presumo que*, há uma atitude do locutor sobre a proposição introduzida por *que*; a forma pessoal que governa a proposição é propriamente um indicador de subjetividade. Isso, porém, ocorre somente com *eu*; e não se conserva nem com *tu*, nem com *ele*.

Benveniste defende, então, que há diferença entre os verbos que apresentam descrição de uma ação e os *verbos de fala*: ao dizer *eu sinto* (*que o tempo vai mudar*), descrevo minha impressão sobre algo. No entanto, ao dizer *eu creio* (*que o tempo vai mudar*), não descrevo minha impressão; com *eu creio que* "converto numa enunciação subjetiva o fato asseverado impessoalmente, isto é *o tempo vai mudar*, que é a verdadeira proposição" (*PLG I*: 290-291).

Entre *eu sinto que...* e *eu creio que...*, não há mais que aparente homogeneidade de sentido, tendo em vista a impressão dada pelo alinhamento formal no paradigma de conjugação desses verbos (*eu creio/tu crês/ele crê... eu sinto/tu sentes/ele sente...*).

Em "Da subjetividade na linguagem", Benveniste aplica essa mesma análise aos verbos de operação lógica como *presumir*, *supor*, *refletir* e *raciocinar*: *eu reflito..., eu raciocino...* me descrevem refletindo, raciocinando, representam minha operação de pensamento; porém, em *eu presumo..., eu suponho...* não há minha representação ou descrição de presumir ou supor algo.

Assim, em *eu presumo que vai chover*, tem-se a atitude de um locutor face a seu enunciado, é uma enunciação "subjetiva"; em contrapartida, em *ele presume que vai chover*, tem-se a representação, a descrição de alguém, é uma enunciação não subjetiva. Vê-se que o mesmo verbo, seja assumido por um sujeito, seja colocado fora da categoria de pessoa, assume significados diferentes.

Além de "Da subjetividade na linguagem", Benveniste também trata – de forma geral e, desta vez, mais resumida – da ideia de performativo no artigo "Os verbos delocutivos". Nele, o linguista define os *verbos delocutivos* como aqueles derivados de locuções (*PLG I*: 277). São verbos que denotam atividades discursivas relacionadas ao *dizer*. Contudo, foi, sem dúvida, em "A filosofia analítica e a linguagem" que Benveniste ampliou sua análise sobre o assunto (ver o capítulo "Verbos delocutivos", neste volume).

Voltemos, portanto, agora com mais atenção, à definição apresentada na citação de Benveniste, referida na seção anterior. O que são verbos declarativo-jussivos, apresentados como parte do critério linguístico do enunciado performativo?

São aqueles que declaram um imperativo; quer dizer, são aqueles que denominam a ação que realizam. Assim, no exemplo da citação, *Eu ordeno que a população seja mobilizada*, temos um verbo declarativo-jussivo, *ordenar*, que denomina o ato de ordenar. Um verbo declarativo-jussivo é, na opinião de Benveniste, diferente do "modo imperativo", uma vez que esse não faz parte dos performativos (veremos adiante o porquê). Por exemplo, em *Venha!*, temos uma ordem, "um modo imperativo", mas não temos um enunciado performativo, pois, para que isso ocorresse, precisaríamos que o verbo estivesse explícito: *Eu ordeno que tu venhas!*

Outro ponto que merece atenção na passagem é a noção de *dictum*.[2] Trata-se aqui da proposição, do conteúdo proposicional do enunciado, do conteúdo do ato performativo, ou seja, a promessa, a ordem etc. O *dictum* se realiza proposicionalmente utilizando um verbo declarativo-jussivo.

Além dessa descrição de enunciado performativo, Benveniste lista outras possibilidades:

a. a construção com verbo mais um complemento direto e um termo predicativo. Por exemplo: *Eu o proclamo eleito*; *Eu o declaro culpado*; *Eu o nomeio diretor* etc.;

b. a construção de enunciados que se produzem como atos de autoridades. Por exemplo: *A cátedra de botânica é declarada vaga*; *O Presidente da República decreta que...*; *Fica decidido que ....* Nesse caso, embora os enunciados não comportem o verbo declarativo-jussivo na primeira pessoa do presente da voz ativa e se reduzam ao *dictum*, podemos falar de enunciados performativos porque estão em relação com uma autoridade oficial (visível numa assinatura, por exemplo);

c. uma terceira possibilidade, ao lado dos atos de autoridade que publicam decisões que têm força de lei, há enunciados de compromissos relativos à pessoa do locutor. Por exemplo: *Eu juro que ...*; *Eu prometo que ...*; etc.

Com base nessas considerações, Benveniste acrescenta à definição dada um outro elemento acerca do enunciado performativo: o *ato*. Quer dizer, a definição da qual partimos – mais circunscrita a critérios linguísticos *stricto sensu* – é realmente um ponto de partida para Benveniste, mas não um ponto de chegada. Sua argumentação evolui no sentido de propor a ideia de *ato* como relevante para a definição do enunciado performativo no texto "A filosofia analítica e a linguagem".

Segundo o linguista, "um enunciado performativo não tem realidade a não ser quando autenticado como *ato*" (*PLG I*: 301). Ou ainda, como ele mesmo explica:

> Qualquer um pode gritar em praça pública: *decreto a mobilização geral*. Não podendo ser ato por falta da autoridade requerida, uma afirmação dessas não é mais que *palavra*; reduz-se a um clamor inane, criancice ou demência. Um enunciado performativo que não é ato não existe. Só tem existência como ato de autoridade. Ora, os atos de autoridade são, em primeiro lugar e sempre, enunciações proferidas por aqueles a quem pertence o direito de enunciá-los (*PLG I*: 301, itálicos do autor).

Ora, sempre que se trata do performativo, devem ser válidas tanto as circunstâncias de enunciação quanto a pessoa que enuncia. Com essa ideia – que enfatiza as noções de *ato*, de *circunstâncias de enunciação* e de *pessoa que enuncia* –, Benveniste chega a uma perspectiva mais ampla de enunciado performativo, não limitada aos critérios linguísticos contidos na definição inicial:

> O critério está aí [no ato] e não na escolha dos verbos. Um verbo qualquer de palavra, mesmo o mais comum de todos, o verbo *dizer*, é apto a formar um enunciado performativo quando a fórmula – *eu digo que...* –, emitida nas condições apropriadas, cria uma situação nova. Essa é a regra do jogo. Uma reunião de caráter oficial só pode começar quando o presidente declara *a sessão está aberta*. A assistência sabe que ele é presidente. Isso o dispensa de dizer – *Declaro que a sessão está aberta* –, o que seria de regra. Assim, na boca da mesma personagem, *a sessão está aberta* é um ato, ao passo que *a janela está aberta* é uma comprovação. Essa é a diferença entre um enunciado performativo e um enunciado constativo (*PLG I*: 302, itálicos do autor).

A essa análise, Benveniste acrescenta um elemento fundamental: sendo um *ato*, o enunciado performativo é *único*. O enunciado performativo "só pode ser efetuado em circunstâncias particulares, uma vez e só uma, numa data e num lugar definidos" (*PLG I*: 302). Ora, vemos aqui Benveniste ligar sua discussão em torno do performativo ao que tratará como enunciação em 1970 (ver o capítulo "Enunciação", neste volume), também ela única e individual: "por ser um ato individual e histórico, um enunciado performativo não pode repetir-se. Toda a reprodução é um novo ato efetuado por aquele que tem qualidade" (*PLG I*: 302).

Por fim, a ideia de enunciado performativo como *único, individual* e *irrepetível* confere-lhe a propriedade de ser *sui-referencial*, quer dizer, "de referir-se a uma realidade que ele próprio constitui, pelo fato de ser efetivamente enunciado em condições que o tornam ato" (*PLG I*: 302). Disso decorre que um enunciado performativo é, ao mesmo tempo, uma manifestação linguística (já que um enunciado) e um fato de realidade (já que cumpre um ato): "o ato identifica-se, pois, com o enunciado do ato. O significado é idêntico ao referente. [...]. O enunciado que toma a si mesmo por referência é realmente sui-referencial" (*PLG I*: 302-303).

EXEMPLO DE ABORDAGEM DE *ENUNCIADO PERFORMATIVO*

Exemplo de abordagem do performativo em Benveniste que cabe ser lembrado advém do fato de o linguista ir contra a ideia – presente em Austin – de que um imperativo possa ser um performativo. Vejamos.

Para Benveniste, dizer *Feche a porta* não é a mesma coisa que dizer *Eu ordeno-lhe que feche a porta*, embora ambos possam produzir o mesmo efeito empírico, a saber, que a porta seja fechada. Aos olhos de Benveniste, o resultado empírico não deve ser levado em conta: "um enunciado performativo não o é por poder modificar a situação de um indivíduo, mas na medida em que é *por si mesmo* um ato" (*PLG I*: 303, destaque do autor). Quer dizer, "o enunciado *é* o ato; aquele que o pronuncia cumpre o ato denominando-o" (*PLG I*: 303, destaque do autor).

Ora, nesse sentido, vemos que Benveniste, como linguista que é, valoriza a forma linguística (do verbo no presente e na primeira pessoa da voz ativa): "não há enunciado performativo a não ser que contenha a menção de ato, isto é, *ordeno*, enquanto o imperativo poderia ser substituído por qualquer outro processo que produzisse o mesmo resultado – um gesto, por exemplo –, e não ter mais realidade linguística" (*PLG I*: 304).

Assim, o critério, na perspectiva do linguista, não é o comportamento esperado do interlocutor, mas sim a forma dos respectivos enunciados (*Feche a porta* e *Eu ordeno-lhe que feche a porta*). A diferença está nisto: enquanto o imperativo gera um comportamento, o enunciado performativo é o próprio ato que ele nomeia e que identifica o autor. Portanto, Benveniste descarta qualquer identificação entre os dois.

O que está em tela aqui é o fato de Benveniste – como linguista que é – insistir no estabelecimento de critérios linguísticos na definição de enunciado performativo. É essa atitude que o leva também a recusar que uma advertência feita em um letreiro seja um performativo (mais uma vez, posicionando-se contra Austin). Um letreiro, mesmo que composto por um sinal linguístico (a palavra *cão*, por exemplo, colocada em letreiro no pátio de uma casa), uma buzina de automóvel etc., tudo isso pode ser considerado advertência, mas não performativo: "só a fórmula *aviso-o de que ...* (supostamente produzida pela autoridade) é performativa de advertência" (*PLG I*: 304).

A conclusão de Benveniste é clara, portanto: o performativo deve ser identificado a partir de critérios formais, sem "fazer intervir a consideração do 'resultado obtido'" (*PLG I*: 305).

Leituras complementares: Lahud (1979); Stumpf (2017).

Capítulos relacionados: Designação/significação; Enunciação; Instância de discurso; Instituição; Pessoa e não pessoa.

Notas

[1] Essas informações historiográficas têm grande relevância aqui porque elas esclarecem um ponto que, nem sempre, é bem compreendido. Benveniste tomou conhecimento do trabalho de Austin apenas após a publicação da conferência de Austin ("Performatif-Constatif"), nos *Cahiers de Royaumont – La philosophie analytique*, em 1962; e diz isso em seu artigo (Benveniste, 1988: 298-299). Como a conferência de Austin é de 1958 e, como veremos, Benveniste já trata da performatividade desde 1958, no artigo "Da subjetividade na linguagem", podemos então concluir que os dois autores, sem conhecimento um do outro, abordam o tema de maneira independente. Logo, o artigo "A filosofia analítica e a linguagem" (1963) não é a origem da reflexão sobre o performativo em Benveniste; ele é apenas a ocasião em que Benveniste dá testemunho do conhecimento da tese de Austin. Ou, como ele mesmo diz: "apresenta-se assim a ocasião de estender e de precisar a nossa própria visão confrontando-a com a de J-L Austin" (Benveniste, 1988: 299).

[2] O que Benveniste chama de *dictum* não é exatamente o que ficou conhecido sob esse mesmo nome na obra do linguista Charles Bally (1865-1947). É que, para Bally, o *dictum* (o conteúdo proposicional da frase) está em relação ao *modus* (a enunciação, a atitude do sujeito em relação ao *dictum*); para Benveniste, a oposição se dá entre *dictum* (a proposição, o conteúdo proposicional) e *factum* (designação de um fato). Assim, em *Eu sei que Pedro chegou*, *Pedro chegou* é um *factum*; já em *Eu ordeno que a população seja mobilizada*, *que a população seja mobilizada* é um *dictum*.

ESCRITA

Carolina Knack

O QUE É *ESCRITA*?

Escrita é um termo que pode ser compreendido, de modo específico, em relação a duas reflexões benvenistianas: a enunciativa e a semiológica.

Sob uma visada enunciativa, pode-se derivar uma noção de *escrita* a partir da expressão *enunciação escrita*: *a escrita é um ato enunciativo*.

Sob uma visada semiológica, destacam-se duas noções centrais apresentadas pelo próprio Benveniste: *a escrita é um sistema semiótico*; *a escrita é o instrumento de autossemiotização da língua*.

GUIA PARA A COMPREENSÃO DE *ESCRITA*

A temática da *escrita* comparece em diferentes textos de Benveniste. Porém, o leitor não encontrará, na obra do linguista, uma abordagem sistemática da *escrita*, tampouco definições unívocas para esse termo. Um percurso de leitura do conjunto de textos do autor e a observação dos usos do vocábulo mostram que este recebe contornos teóricos distintos a depender de seus contextos de emprego.

Selecionar um *corpus textual de pesquisa* para investigar esses empregos é necessário. Como critério para tal seleção, pode-se considerar um duplo ponto de vista: *geral*, que conduz a textos nos quais Benveniste aborda fundamentos que sustentam sua reflexão sobre linguística geral; e *específico*, que conduz a textos nos quais aborda fundamentos que sustentam suas reflexões enunciativa e semiológica.

Sob o *ponto de vista geral*, observe-se o artigo "Vista d'olhos sobre o desenvolvimento da linguística" (*PLG I*) e nele a ocorrência de *escrita*:

> Que um alfabeto possa haver sido inventado, que com um pequeno número de **sinais gráficos** se possa escrever tudo o que se pronuncia, só isso já demonstra a estrutura articulada da linguagem. O alfabeto latino, o alfabeto armênio são admiráveis **exemplos de notação** que se chamaria fonemática. Um analista moderno não teria quase nada para mudar aí: as distinções reais são reconhecidas, cada letra corresponde sempre e somente a um fonema, e cada fonema é reproduzido por uma letra sempre a mesma. A **escrita alfabética** difere assim no seu princípio da **escrita chinesa** que é morfemática ou da **escrita cuneiforme** que é silábica (*PLG I*: 25, negritos nossos).

Pode-se depreender que o termo *escrita* é empregado com sentido de *sistemas gráficos de notação* ou *tipos de notação*, dos quais são exemplos a escrita alfabética, a chinesa, a cuneiforme, que atestam a natureza articulada da linguagem. Trata-se de uma noção geral de escrita tomada como um pressuposto.

Sob o *ponto de vista específico*, diferentemente, são as singularidades dos quadros teóricos enunciativo e semiológico que constituem os sentidos de *escrita*.

Sob a visada enunciativa, pode-se analisar o uso do termo no artigo "O aparelho formal da enunciação" (*PLG II*). Ao explorar o quadro formal de realização da enunciação e esboçar seus caracteres formais a partir da manifestação individual que ela atualiza, Benveniste formula um caminho metodológico para abordá-la: deve-se considerar o *ato* em si, as *situações* em que ocorre e os seus *instrumentos de realização*, como os índices específicos de pessoa, tempo e espaço e os procedimentos acessórios.

Essa contextualização é necessária para compreender o contexto da única ocorrência do termo *escrita* nesse artigo, em seu último parágrafo:

> Muitos outros desdobramentos deveriam ser estudados no contexto da enunciação. Ter-se-ia que considerar as alterações lexicais que a enunciação determina, a fraseologia, que é marca frequente, talvez necessária, da "oralidade". **Seria preciso também distinguir a enunciação falada da enunciação escrita. Esta se situa em dois planos: o que escreve se enuncia ao escrever e, no interior de sua escrita, ele faz os indivíduos se enunciarem.** Amplas perspectivas se abrem para análise das formas complexas do discurso, a partir do quadro formal esboçado aqui (*PLG II*: 90, negritos nossos).

Em uso adjetivo, o termo *escrita* está vinculado à expressão *enunciação escrita*. Que especificidades a *enunciação escrita* apresenta em relação à enunciação como fenômeno geral? Benveniste não desenvolveu tal reflexão, mas é possível propor uma interpretação a partir do *quadro formal de realização da enunciação*: como o locutor se instaura via ato de enunciação escrita? Como implanta o seu alocutário? Como o alocutário se inverte em locutor? Como se caracteriza a situação discursiva que engendra os instrumentos linguísticos para constituir a referência na enunciação escrita? Os dois planos da escrita dizem respeito à escrita e à leitura?

Responder a essas questões requer deslocar o que Benveniste define em relação ao fenômeno geral da enunciação para a *enunciação escrita* em contraponto à *enunciação falada*. Outros artigos em que ele trata da presença do homem na língua podem ser convocados para subsidiar essas proposições, como "Da subjetividade na linguagem" (*PLG I*) e "A linguagem e a experiência humana" (*PLG II*), apenas para citar dois exemplos. Trata-se, assim, de derivar desse percurso investigativo uma noção específica de *escrita* vinculada à expressão *enunciação escrita*: *a escrita pode ser compreendida como um ato enunciativo*.

Sob a visada semiológica, a escrita assume outros sentidos, não equivalentes à acepção enunciativa. Em suas notas manuscritas publicadas nas *Últimas aulas*, Benveniste constrói progressivamente um raciocínio sobre *escrita*.

No capítulo 1, intitulado "Semiologia" pelos organizadores da obra, o linguista convoca a escrita para situá-la no conjunto de sistemas que se configuram como objeto de estudo da semiologia, foco das aulas 1 a 7. Afirma o linguista que usamos vários sistemas de signos, mas, "Antes de mais nada, nós falamos: esse é um primeiro sistema. Lemos e escrevemos: é um sistema distinto, gráfico" (Benveniste, 2014: 91).

Essa acepção geral de *escrita como sistema gráfico* evoca a ideia de "[...] forma escrita, na qual os signos linguísticos adquirem realidade visível" (Benveniste, 2014: 127). Isso, segundo Benveniste (2014: 127), mascara a problemática, pois não conseguimos nos afastar dessa imagem para "[...] repensar do zero, em sua relação primordial, a língua e a escrita".

Evidentemente, há muitos outros usos do termo *escrita* nos manuscritos. Cabe observar, por exemplo, todas as definições explícitas para o termo, como as presentes na aula 8, a primeira do capítulo 2, intitulado por Benveniste como "A língua e a escrita": "A escrita é um sistema que supõe uma abstração de alto grau [...]" (2014: 128); "[...] a escrita é em si e por si um sistema semiótico" (2014: 128).

Considerando tais noções, o linguista vai pensar sobre a "relação primordial" entre escrita e língua. No entanto, isso não significa fazer uma "genética das escritas" ou procurar a "origem da escrita", como adverte Benveniste (2014: 139): "Quero apenas ver quais soluções o homem deu ao problema da 'representação gráfica'".

Um ponto-chave para compreender tal problemática consiste em acompanhar o exemplo dado por Benveniste (2014: 131) quanto ao fenômeno da aquisição da escrita, que envolve a passagem "da palavra ao desenho da palavra". Ele se vale desse processo para explicar que "A língua é convertida, de repente, em uma imagem da língua" (Benveniste, 2014: 129).

Nos primeiros registros da civilização, não se representava o discurso, mas o próprio referente. "O que é preciso para que esta representação gráfica se torne escrita?" Segundo Benveniste (2014: 141), foi preciso compreender que "[...] a mensagem é expressa em uma forma linguística e que é a forma linguística que a escrita deve reproduzir. Daí data uma verdadeira revolução: a escrita tomará a língua como modelo".

Essa relação, de ordem semiológica, leva Benveniste a postular que a "A escrita e, mais particularmente a escrita alfabética, é o *instrumento da autossemiotização da língua*" (Benveniste, 2014: 155, itálicos do autor). Essa é uma noção específica para *escrita*, que se fundamenta, sobretudo, na relação língua-língua, em virtude da propriedade de a língua poder interpretar a si mesma: a *língua semiotiza tudo* e a *língua semiotiza a si mesma*, afirma Benveniste.

Ainda, é necessário examinar de que modo, com o transcorrer das aulas, as noções vão sendo reconfiguradas. Por exemplo, a partir da aula 14, Benveniste sinaliza que havia abordado até então a escrita como fenômeno e passaria a abordá-la como operação. Cabe investigar essa dupla concepção. E mais: na aula 15, Benveniste destaca não a relação entre língua e escrita, mas entre escrita e fala. É preciso esmiuçar essas implicações.

Enfim, o percurso sugerido neste guia leva em conta fundamentos gerais e específicos da teorização benvenistiana na medida em que, para compreender os sentidos de escrita, é imprescindível considerar os quadros teóricos de emprego do termo.

EXEMPLO DE ABORDAGEM DE *ESCRITA*

A abordagem da escrita sob um viés enunciativo ou um viés semiológico pode dar-se tanto teórica quanto analiticamente. Em ambos os casos, trata-se de propostas interpretativas, na medida em que Benveniste não desenvolveu explicitamente modelos teóricos com categorias, métodos e procedimentos para análise.

Sob o viés enunciativo, é necessário tanto teorizar a respeito da *enunciação escrita* quanto formular um dispositivo analítico para examinar a língua convertida singularmente em discurso por um locutor em relação a um alocutário. O *corpus* de análise pode ser constituído por qualquer fenômeno que, realizado via enunciação escrita, possibilite explorar o modo como as formas linguísticas se diversificam e se engendram para configurar o sentido da enunciação escrita. Em outras palavras, o modo como o locutor se apropria do aparelho formal da língua por meio dos índices específicos, de um lado, e por meio de procedimentos acessórios, de outro, para, na relação intersubjetiva com o alocutário, constituir sentido e referência em sua enunciação escrita.

Já sob o viés semiológico, a teorização sobre escrita está relativamente encaminhada nas notas manuscritas de Benveniste. É necessário, ainda assim, esmiuçar e sistematizar essa teorização, inclusive pensando-a à luz de diferentes fenômenos. Um deles, a aquisição da escrita pela criança, é ilustrado por Benveniste ao longo de suas aulas. Pode-se tomá-la como objeto de análise semiológica, assim como a aquisição da escrita de uma língua adicional por um falante adulto, por exemplo. Para isso, é preciso formular um dispositivo analítico que viabilize o exame não daquilo que é enunciado, mas dos movimentos do locutor sobre a necessidade de, ao escrever, deter-se sobre a própria língua. Benveniste fornece pistas para isso: "O locutor deve ter consciência de que formou uma frase, de que ele a objetiva, de que a destaca da mensagem que ela carrega, e de que toma a iniciativa de reconhecer e isolar palavras" (Benveniste, 2014: 148). Como o locutor faz isso?

Leituras complementares: Flores (2018a); Knack (2012); Oliveira (2022); Rosário (2020); Rocha (2019).

Capítulos relacionados: Aparelho formal da enunciação; Enunciação; Semiologia; Semiótico/semântico.

ESPAÇO

Gabriela Barboza

O QUE É *ESPAÇO*?

Categoria de linguagem que se refere ao sistema de coordenadas espaciais presentes na instância de discurso que contém *eu*. O *espaço* também tem a propriedade de localizar todo e qualquer objeto em relação à instância de discurso.

GUIA PARA COMPREENSÃO DE *ESPAÇO*

Antes de oferecermos uma leitura possível da categoria de espaço em Benveniste, é importante estabelecer as condições em que o percurso será realizado. Ainda que seja comum ligar as reflexões da enunciação às categorias de pessoa, tempo e espaço, não há, na obra de Benveniste, um estudo aprofundado em torno do terceiro – não há sequer o uso do sintagma *categoria de espaço*. O leitor consegue encontrar considerações sobre pessoa e tempo em muitos dos textos presentes em *PLG I* e *II*; sobre a categoria de espaço, entretanto, a discussão está circunscrita a poucos trechos de alguns capítulos. Isso não deve permitir ao leitor supor que Benveniste não trata da categoria de espaço em seus textos: a afirmação sobre a esparsa presença da categoria de espaço tem o objetivo de situar a possibilidade de alcance da discussão. É a partir desse pouco material que buscamos estabelecer uma chave de leitura do espaço em Benveniste.

De modo geral, encontramos a discussão sobre a categoria de espaço nos textos mais ligados à teoria da enunciação de Benveniste. O conceito surge na obra de Benveniste em artigos da década de 1950, como "A natureza dos pronomes" e "Da subjetividade na linguagem", que tratam, principalmente, da temática ligada à subjetividade na linguagem, e o acompanha até sua última publicação, "O aparelho formal da enunciação", aparecendo também em "A linguagem e a experiência humana", "A forma e o sentido na linguagem" e "Estrutura da língua e estrutura da sociedade". Se, por um lado, os artigos não fornecem uma definição precisa dessa categoria, por outro, todos eles apresentam pelo menos menção, explicação e/ou exemplo dela, possibilitando compreendê-la. Com o objetivo de guiar o leitor pelo surgimento e pelo desenvolvimento da categoria de espaço na obra de Benveniste, optamos por empreender uma leitura respeitando a cronologia dos principais textos em que o espaço figura de algum modo. Assim, apresentamos, a seguir, sumariamente, como o espaço comparece nos capítulos selecionados.

Em "A natureza dos pronomes", ao retomar a distinção entre pessoa/não pessoa proposta inicialmente em "As relações de pessoa no verbo", Benveniste abre um debate em torno da realidade a que se refere *eu* em sua enunciação e apresenta repercussões em torno disso, tais como a compreensão da referência no ato de dizer: "Qual é, portanto, a 'realidade' à qual se refere *eu* ou *tu*? Unicamente uma 'realidade de discurso' que é coisa muito singular. *Eu* só pode definir-se em termos de 'locução', não em termos de objetos, como um signo nominal" (*PLG I*: 278). O autor indica, a partir disso, um novo tipo de relação entre língua e realidade – possível a partir de *eu* –, em que afasta a discussão da referencialidade em torno do mundo concreto dos objetos e a aproxima da referência "constante e necessária" (*PLG I*: 279) – portanto, constitutiva – às instâncias de discurso.

É nesse debate em torno da referência – mais especificamente em torno da autorreferência – que são convocadas as coordenadas espaciais, na medida em que elas integram, com as coordenadas pessoais e temporais, os "indicadores" da enunciação. O que há de primordial sobre esses indicadores (aqui entendidos como de pessoa, tempo e espaço) é o fato de que "não remetem à 'realidade' nem a posições 'objetivas' no espaço ou no tempo, mas à enunciação, cada vez única, que as contém" e refletem "seu próprio emprego" (*PLG I*: 280) e o fato de que estão todos submetidos ao *eu* que se enuncia. Ao reiterar que tais indicadores são auto ou *sui* referenciais, já que só apontam para a "instância do seu próprio discurso" (*PLG I*: 281), Benveniste os trata como signos "vazios" de significado, "não referenciais com relação à 'realidade', sempre disponíveis" a todos os falantes, e que se tornam "plenos" – ou seja, que têm seu significado "preenchido" – "assim que um locutor os assume em cada instância do seu discurso" (*PLG I*: 280). Essa referência à instância de discurso se manifesta, em relação ao sistema de coordenadas espaciais, nas formas de alguns demonstrativos, como *este*, *esse*, *aquele*, advérbios, como *aqui*, *lá*, e locuções adverbiais. Benveniste reafirma que o essencial, nesse caso, "é a relação entre o indicador (de pessoa, de tempo, de lugar, de objeto mostrado, etc.) e a presente instância de discurso" (*PLG I*: 280) em que ele ocorre.

No artigo "A linguagem e a experiência humana", Benveniste se dedica a tratar da experiência humana na e pela linguagem. Para ele, essa experiência se manifesta "no exercício da linguagem e na produção do discurso" (*PLG II*: 68) por meio de categorias fundamentais e comuns a todas as línguas. A abordagem que Benveniste apresenta, no texto, está fundamentalmente baseada nas categorias de pessoa e de tempo, mas, devido ao fato de que a tríade pessoa-tempo-espaço está indispensavelmente ligada, encontramos, no escrito, ainda que brevemente, algumas reflexões em torno do espaço.

Ao dedicar-se à categoria de pessoa para falar da condição indispensável a todo ser humano de se assumir como *eu* em sua enunciação, Benveniste aborda os sistemas de referências à instância de emprego, especialmente os pronomes pessoais. Entretanto, o autor observa que estes não são os únicos dotados dessa capacidade de serem autorreferenciais, passando, assim, a tratar dos dêiticos. "Indicando os objetos, os demonstrativos organizam o espaço a partir de um ponto central, que é Ego, segundo categorias variáveis [...]" (*PLG II*: 69), conforme a distância e a orientação espacial em relação ao locutor que se apropria da língua e diz *eu*. O "sistema das coordenadas espaciais" (*PLG II*: 70) – ou seja, a categoria de espaço – cumpre também a função de localizar "todo objeto em qualquer campo que seja, uma vez que aquele que o organiza está ele próprio designado como centro e ponto de referência" (*PLG II*: 70).

O artigo "O aparelho formal da enunciação" é o último texto de Benveniste publicado em vida. De certo modo, essa publicação retoma parte importante das teorizações sobre enunciação ao mesmo tempo que apresenta ao público uma proposta metodológica de análise. Encontramos, nesse escrito, uma argumentação que parte da diferenciação entre emprego das formas e emprego da língua para construir o conceito de enunciação como "este colocar em funcionamento a língua por um ato individual de utilização" (*PLG II*: 82), passa pelo estudo dos aspectos da enunciação – realização vocal da língua, conversão da língua em discurso e quadro formal de realização da enunciação – e toma o terceiro aspecto como o objeto principal de trabalho ao longo das páginas. É precisamente a partir dos desdobramentos do quadro formal de realização da enunciação que visualizamos o comparecimento do sistema de coordenadas espaciais.

Para traçar sua metodologia da enunciação a partir do quadro formal de realização, Benveniste propõe que se considerem os seguintes elementos: "o próprio ato, as situações em que ele se realiza, os instrumentos de sua realização" (*PLG II*: 83). Resumidamente, o ato introduz, pela utilização da língua, "o locutor como parâmetro das condições necessárias da enunciação" (*PLG II*: 83), mas também o alocutário, e a situação diz respeito ao fato de que, na enunciação, "a língua se acha empregada para a expressão de uma certa relação com o mundo"

(*PLG II*: 84) entre *eu* e *tu*. Dito de outro modo, a situação trata da co-construção da referência no discurso.

A construção da referência (portanto, do sentido) no discurso entre locutor e alocutário depende de instrumentos, disponíveis a todos os falantes, para sua realização: "[...] O locutor se apropria do aparelho formal da língua e enuncia sua posição de locutor por meio de índices específicos, de um lado, e por meio de procedimentos acessórios, de outro" (*PLG II*: 84). Os índices específicos – também chamados de "formas específicas cuja função é de colocar o locutor em relação constante e necessária com sua enunciação" (*PLG II*: 84) – são as categorias de pessoa, tempo e espaço. São elas que permitem que o locutor se aproprie do aparelho formal da língua, o transforme em aparelho da enunciação, enuncie sua posição de locutor e constitua seu "centro de referência interno" ao discurso.

Essas formas específicas estão intimamente ligadas e se manifestam de diferentes modos e em diferentes categorias segundo a língua estudada. Especificamente em português (e em francês, língua em que Benveniste publicou o texto), as formas ligadas ao espaço "são os numerosos índices de *ostensão* (tipo *este*, *aqui*, etc.), termos que implicam um gesto que designa o objeto ao mesmo tempo que é pronunciada a instância de discurso" (*PLG II*: 85).

É importante ressaltar que, ainda que a categoria de espaço compartilhe, em princípio, as mesmas características que as categorias de pessoa e de tempo, ela depende da pessoa para que sua existência seja assegurada. As coordenadas de espaço (e de tempo) estão submetidas a *eu*, que é o centro e a fonte de referência. Em texto anterior, Benveniste já nos alertava a respeito disso: quando o locutor se apropria da língua, ela "se torna em instâncias de discurso, caracterizadas por esse sistema de referências internas cuja chave é *eu*" (*PLG I*: 281). Isso quer dizer que *eu* não enuncia em um dado espaço e em um dado tempo; ele cria e organiza tempo e espaço a partir de sua enunciação.

Diante do breve itinerário feito, julgamos pertinente oferecer ao leitor uma síntese dos elementos cruciais abordados que contribuem para a compreensão da definição do espaço. O espaço:

- é "contemporâneo da presente instância de discurso que contém *eu*" (*PLG I*: 279);
- refere unicamente seu próprio emprego (é autorreferencial);
- é uma categoria vazia cujo sentido só se torna pleno na enunciação;
- tem a propriedade de localizar "todo objeto em qualquer campo que seja, uma vez que aquele que o organiza está ele próprio designado como centro e ponto de referência" (*PLG II*: 70);

- integra, com pessoa e tempo, o que Benveniste chama de índices específicos no quadro formal de realização da enunciação;
- está submetido ao *eu*, centro e fonte de referência de toda e qualquer enunciação.

EXEMPLO DE ABORDAGEM DE *ESPAÇO*

Para ilustrar o que apresentamos nos itens anteriores, destacamos fragmentos que exemplificam o modo como Benveniste se vale da categoria de espaço em suas abordagens.

Em "A linguagem e a experiência humana", Benveniste convoca os dêiticos para demonstrar que os pronomes pessoais não são as únicas formas linguísticas de referência à instância de emprego, pois, uma vez que indicam os objetos, os demonstrativos coordenam o "espaço a partir de um ponto central, que é Ego, segundo categorias variáveis: o objeto está perto ou longe de mim ou de ti, ele é também orientado (defronte ou detrás de mim, no alto ou embaixo), visível ou invisível, conhecido ou desconhecido, etc." (*PLG II*: 69-70). Mais adiante, no mesmo texto, quando se dedica a tratar da temporalidade linguística como uma das formas da experiência humana na linguagem, o autor fundamenta sua argumentação com exemplos também ligados ao espaço: "[...] O que caracteriza as séries de designações de ordem intersubjetiva [...] é que uma translocação espacial e temporal torna-se necessária para objetivar os signos tais como 'este', 'eu', 'agora', que têm a cada vez um referente único na instância de discurso e somente [n]ele" (*PLG II*: 79).

Em "O aparelho formal da enunciação", quando trata das formas específicas da enunciação, Benveniste argumenta que se diferenciem "as entidades que têm na língua seu estatuto pleno e permanente e aquelas que, emanando da enunciação, não existem senão na rede de 'indivíduos' que a enunciação cria e em relação ao 'aqui-agora' do locutor" (*PLG II*: 86) e fornece exemplos dessa distinção: "o 'eu', o 'aquele', o 'amanhã' da descrição gramatical não são senão os 'nomes' metalinguísticos de *eu, aquele, amanhã* produzidos na enunciação" (*PLG II*: 86).

Leituras complementares: Barboza (2013, 2020); Fiorin (2008); Flores (2019).

Capítulos relacionados: Dêixis; Instância de discurso; Pessoa e não pessoa; Referência; Tempo.

ESTRUTURA

Claudia Toldo

O QUE É *ESTRUTURA*?

O conceito de *estrutura* é tema importante para Benveniste, ao qual ele dedicou um texto bastante esclarecedor sobre a origem do termo, em 1962, intitulado "Estrutura em linguística" *(PLG I)*.

Segundo Benveniste, "o termo *estrutura* tomou em linguística, ao longo destes vinte últimos anos, uma extensão considerável desde que adquiriu um valor doutrinal e de certo modo programático" (*PLG I*: 97). Benveniste trabalha o conceito de estrutura ligado aos conceitos de *sistema* e de *relação*, afirmando: "A noção de 'estrutura' está intimamente ligada à de 'relação' no interior do sistema" (*PLG I*: 100), ou seja, admitir que toda língua tem um sistema é admitir que esse é condição necessária para a existência da estrutura.

Atualmente, continuamos a enfrentar os diversos desdobramentos do conceito de estrutura e suas ramificações, mesmo após décadas desde sua concepção original. No entanto, é fundamental considerar o contexto histórico em que Benveniste escreveu esse texto, originalmente publicado em 1962, antes de nos aprofundarmos na problematização das ideias apresentadas.

Benveniste, nesse estudo, apresenta sua preocupação em explicar o uso que o sentido do termo tinha entre os linguistas no contexto em que o toma. A seguir detalhamos.

GUIA PARA COMPREENSÃO DE *ESTRUTURA*

Tomando como base o texto de 1962, registra-se inicialmente que o termo *estrutura* já fora objeto de estudo pouco antes de 1930 por linguistas que se contrapunham a três questões dominantes na doutrina linguística: (a) concepção exclusivamente histórica da língua, que marcara a linguística durante todo o século XIX e início do XX; (b) dissociação da língua em elementos isolados e (c) a ocupação de suas transformações. Esse movimento crítico de alguns linguistas teve origem em Ferdinand de Saussure com seu *Curso de linguística geral*, nas aulas recolhidas por seus alunos. Registra-se, porém, que Saussure nunca usou o termo *estrutura*, e sim sistema, mas o movimento já se instalara em suas reflexões.

Benveniste destaca Saussure do *Curso*: "A língua é um sistema que só se conhece a sua própria ordem" (Saussure apud *PLG I*: 98). "A língua é um sistema do qual todas as partes podem e devem ser consideradas na sua solidariedade sincrônica" (Saussure apud *PLG I*: 98). Isso evidencia que desde sempre Saussure postula a superioridade do sistema em relação aos componentes que o constituem. Benveniste destaca:

> É uma grande ilusão considerar um termo simplesmente como a união de um certo som com um certo conceito. Defini-lo assim seria isolá-lo do sistema de que faz parte; seria crer que se pode começar pelos termos e construir o sistema somando-os, quando ao contrário é do todo solidário que é preciso partir para obter por análise os elementos que ele encerra (*PLG I*: 99).

Essa observação traz o "embrião" da ideia do que se pode considerar estrutura em Benveniste, a partir de Saussure – a saber, porém, que é ao sistema que se refere Saussure. Destaca-se que essa noção era familiar a muitos alunos de Saussure, como Meillet e Grammont, que consideravam a língua um sistema "rigorosamente organizado", em que tudo se liga, em que cada elemento se explica pela relação que estabelece com o sistema geral em que aparece. Eis a noção de língua como sistema. A essa noção, somam-se dois princípios que evidenciam a *estrutura* dos sistemas linguísticos, a saber: a) a língua é forma e não substância; b) as unidades da língua definem-se pelas suas relações. Toda essa reflexão encontra expressão em Jakobson, Karcevsky e Trubetzkoy, integrantes do Círculo Linguístico de Praga (1926, 1928, 1929), os conhecidos russos de Praga que enviaram seus estudos, em 1928, ao 1º Congresso Internacional de linguistas em Haia para estudar os sistemas de fonemas.

Benveniste registra as atividades do Círculo e aponta que "é aí que aparece o termo *estrutura*" – "a noção de 'estrutura' está intimamente ligada à de 'relação' no interior de sistema". Benveniste aponta que "não se pode determinar o lugar de uma palavra num sistema lexical a não ser após haver estudado a *estrutura* do dito sistema" (*PLG I*: 101), ou seja, uma palavra, uma entidade linguística, só se deixa determinar no interior do sistema que a organiza, sempre em relação a outra e como elementos de uma estrutura. É a estrutura que configura a organização da palavra no sistema. Benveniste destaca o conceito como algo que se determina como "estrutura de um sistema". Ele destaca os estudos de Trubetzkoy, que retoma o conceito em estudos da fonologia, afirmando claramente: "definir um fonema é indicar o seu lugar no sistema fonológico, o que só é possível quando se leva em conta a estrutura desse sistema" (*PLG I*: 101). Essa ideia de lugar no sistema é importante, uma vez que a proposição de que toda língua tem um sistema é fundamental, já que a presença dele é condição para a existência da estrutura. Assim, podemos considerar o sistema como o local em que se deve encontrar a estrutura. Isso traz a ideia de ver o sistema organizado por uma estrutura que se descreve.

O lugar do elemento no sistema é garantido pela estrutura que o organiza. Ou seja, "trata-se, pois, propondo-se a língua como sistema, de analisar-lhe a *estrutura*" (*PLG I*: 102). As unidades que formam um sistema distinguem-se de outro sistema pela organização interna de suas unidades, que constituem sua estrutura, a qual deve ser descrita. Essa ideia implica ver os fenômenos não mais como uma simples agregação de elementos que devem ser separados, analisados e examinados, mas como conjuntos que formam unidades completas, demonstrando uma interligação interna e possuindo suas próprias regras. Isso implica que a natureza de cada elemento está vinculada à estrutura do conjunto e às leis que o governam.

Benveniste, por fim, propõe uma definição mínima ao emprego da palavra estrutura na linguística europeia de língua francesa:

> O princípio fundamental é que a língua constitui um sistema do qual todas as partes são unidas por uma relação de solidariedade e de dependência. Esse sistema organiza unidades, que são os signos articulados, que se diferenciam e se delimitam mutuamente. A doutrina estruturalista ensina a predominância do sistema sobre os elementos, visa a destacar a estrutura do sistema através das relações dos elementos, tanto na cadeia falada como nos paradigmas formais, e mostra o caráter orgânico das mudanças às quais a língua é submetida (*PLG I*: 104).

Benveniste, assim, discute as formas e os usos do termo já citados ao longo deste estudo de 1962 e extrai uma definição que pretende entender uma prática, deixando claro que *estrutura* diz respeito à delimitação dos elementos da língua pelas relações que os unem. É a estrutura a responsável por esse movimento.

EXEMPLO DE ABORDAGEM DE *ESTRUTURA*

Considerando o exposto nas seções anteriores deste texto e nos capítulos relacionados para aprofundar os estudos acerca do conceito *estrutura*, podemos dizer que Benveniste utiliza as considerações de Trubetzkoy para ilustrar a reflexão sobre o termo estrutura. O autor destaca as pesquisas realizadas pela fonologia, universalista por sua natureza, enquanto parte do sistema como um todo orgânico, cuja estrutura estuda.

Benveniste (*PLG I*: 101-102) ressalta três reflexões de Trubetzkoy para fazer a sua análise. A saber:

> a. Aplicando os princípios da fonologia a muitas línguas, todas diferentes, para pôr em evidência os seus sistemas fonológicos, e estudado a estrutura desses sistemas, não demoramos a observar que certas combinações de correlações se encontram nas mais diversas línguas, enquanto outras não existem em parte nenhuma. Essas são leis da estrutura dos sistemas fonológicos (Trubetzkoy apud *PLG I*: 102).

> b. Um sistema fonológico não é a soma mecânica de fonemas isolados, mas um todo orgânico cujos fenômenos são os membros e cuja estrutura é submetida a leis (Trubetzkoy apud *PLG I*: 102).

> c. A fonologia atual caracteriza-se sobretudo pelo seu estruturalismo e seu universalismo sistemático [...]. A época em que vivemos caracteriza-se pela tendência de todas as disciplinas científicas para substituir o atomismo pelo estruturalismo e o individualismo (no sentido filosófico desses termos, bem entendido). Essa tendência pode observar-se em física, química, em biologia, em psicologia, em ciência econômica etc. A fonologia atual não está, pois, isolada. Faz parte de um movimento mais amplo (Trubetzkoy apud *PLG I*: 102).

Essas palavras de Trubetzkoy, destacadas por Benveniste, trazem a necessidade de, ao propor a língua como sistema, analisar-lhe a estrutura, apontada por Benveniste, uma vez que cada sistema, composto por elementos interdependentes, diferencia-se dos demais sistemas pela maneira como esses elementos estão organizados internamente, uma organização que define sua estrutura.

Benveniste também observa que algumas combinações são comuns, outras são menos comuns e outras, embora teoricamente possíveis, nunca ocorrem na prática. E afirma que "encarar a língua (ou cada parte de uma língua – fonética, morfologia, etc.) como um sistema organizado por uma estrutura que é preciso desvendar e descrever" (*PLG I*: 102).

O autor ainda traz preocupações e considerações de outros estudiosos (Lalande, Bröndal entre outros), para destacar questões discutidas acerca do termo estrutura, entendendo, primeiramente, que qualquer olhar para a estrutura de uma língua busca descrever algo que não é apenas uma mera junção de elementos, mas sim um conjunto no qual os fenômenos estão interligados de forma que cada um depende dos outros e só pode ser compreendido em relação a eles. E, ainda, observar que a implicação em enxergar os fenômenos não mais como junção de elementos a serem primeiramente isolados, analisados e dissecados, mas sim como conjuntos que formam unidades autônomas, que demonstram uma interdependência e possuem leis próprias. Como resultado, a natureza de cada elemento é determinada pela estrutura do conjunto e pelas leis que o governam.

Para finalizar, destacamos o que Benveniste, sumariamente, diz sobre o termo: "O princípio fundamental é que a língua constitui um sistema do qual todas as partes são unidas por uma relação de solidariedade e de dependência. Esse sistema organiza unidades, que são os signos articulados, que se diferenciam e se delimitam mutuamente" (*PLG I*: 104).

Em resumo, a *estrutura* para Benveniste é um conjunto de relações sistemáticas entre elementos que constituem um sistema. Isso se refere às relações entre unidades linguísticas, como sons, palavras e sentenças, que formam um sistema interdependente. Benveniste enfatizou que a linguagem deve ser compreendida como um sistema de signos, no qual a estrutura desempenha um papel fundamental. Ele vê a estrutura como a organização interna que define as relações entre os elementos do sistema linguístico.

Leituras complementares: Benveniste (1988 [1963]); Corneille (1982).

Capítulos relacionados: Língua; Línguas; Linguagem; Semiologia; Signo.

EUFEMISMO

Elisa Marchioro Stumpf

O QUE É *EUFEMISMO*?

Como muitos conceitos da vasta obra benvenistiana, o eufemismo deve ser compreendido a partir das suas ocorrências nos textos reunidos – aqui, restringimo-nos aos *PLG I* e *II* –, o que dificulta uma tentativa de definição exata que possa ser entendida sem a sua devida contextualização no sistema conceitual elaborado pelo linguista.

Podemos afirmar que o eufemismo é um mecanismo por meio do qual o sujeito evita enunciar palavras tabu ou evocar noções não aceitas no seio de uma dada sociedade, ao mesmo tempo que a palavra ou expressão utilizada faça uma referência à noção ou palavra proscrita. A esse mecanismo, subjaz uma lógica segundo a qual o eufemismo diz X (enunciado eufemístico), mostrando que X está no lugar de Y (conteúdo interdito).

GUIA PARA COMPREENSÃO DE *EUFEMISMO*

Na obra de Benveniste, o termo *eufemismo* aparece no capítulo de *PLG I* intitulado "Eufemismos antigos e modernos" (1949) e, de forma um pouco modificada, no capítulo do *PLG II* chamado "A blasfemia e a eufemia" (1969). Ambos os textos estão publicados na seção "Léxico e cultura", que apenas recentemente começou a atrair a atenção de linguistas. No prefácio escrito de *PLG I*, Benveniste (*PLG I*: s.p.) afirma que, em tais estudos, "o que se destaca é o papel da significação e da cultura:

estudam-se aí os métodos da reconstrução semântica, assim como a gênese de alguns termos importantes da cultura moderna". Conforme afirmado em Stumpf (2017), entende-se, então, que o léxico é estudado pelo ponto de vista da significação, ou seja, do valor que os termos adquirem no sistema através do seu uso. Ao linguista, cabe ir além de um inventário de designações e compreender como esses termos funcionam no sistema, funcionamento este que só pode ser apreendido por meio do uso, o que impossibilita reduzir a abordagem do sentido à designação.

É exatamente essa uma das primeiras ressalvas feitas por Benveniste no primeiro texto, pois os eufemismos apenas podem ser assim considerados em relação a uma determinada situação. De maneira geral, o eufemismo permite que se faça alusão a uma noção sem designá-la. Disso, decorrem algumas possibilidades de expressões eufemísticas: (1) contínua substituição, quando se trata de noções social e moralmente reprováveis; (2) em outros casos, quando a conotação negativa não é tão forte, o processo "consiste em dotar de um nome fasto uma noção nefasta" (*PLG II*: 345); e (3) um outro mecanismo que consiste em dessacralizar uma palavra considerada má e substituí-la por um equivalente distante ou enfraquecido.

No segundo texto, a palavra "eufemia" aparece apenas ao final e é vista como um mecanismo relacionado à "blasfemia". Ambas são neologismos criados pelo linguista para explicar seu funcionamento conjunto (e, no caso da segunda, para diferenciá-la da palavra "blasfêmia"); portanto, passa-se à explicação da segunda para depois proceder à compreensão da primeira. Para Benveniste, blasfêmia é uma fala considerada ultrajante que envolve o âmbito religioso, ao passo que a blasfemia é definida como "um processo de fala [...] [que] consiste, de uma certa maneira, em substituir o nome de Deus por sua injúria" (*PLG II*: 260).

Para explicar a blasfemia, Benveniste trata inicialmente da sua motivação e do quadro locucional. Segundo o autor, nas línguas ocidentais, a blasfemia e suas diversas manifestações linguísticas provêm da "necessidade de violar a interdição bíblica de pronunciar o nome de Deus" (*PLG II*: 260). A supressão dessa palavra gera um paradoxo próprio dos tabus: "este nome deve ao mesmo tempo continuar a existir enquanto 'interdito'" (*PLG II*: 260). Recorrendo a Freud, o linguista afirma que o tabu se caracteriza por ser uma proibição antiga contra os desejos mais fortes do homem, determinada por alguma autoridade exterior. Assim, ao profundo desejo humano de profanar o sagrado, sobrepõe-se o interdito do nome de Deus.

Em relação ao quadro locucional da blasfemia, Benveniste explica que ela se encontra no domínio da expressão emocional: "a blasfemia se manifesta como *exclamação*, ela tem a sintaxe das interjeições, das quais constitui a variedade mais típica" (*PLG II*: 261, destaque do autor). Para Benveniste (*PLG II*: 261), ser considerada como exclamação é uma característica fundamental, pois a "imprecação é bem uma palavra que se 'deixa escapar', sob a pressão de um sentimento brusco e violento". Diferentemente de interjeições onomatopeicas (oh!, ai! etc.), a blasfemia utiliza formas significantes, ou seja, palavras que pertencem a um dado sistema linguístico compartilhado por uma comunidade. Entretanto, essas palavras não comunicam, pois não se referem a nenhuma situação particular, o que permite a uma mesma palavra ser pronunciada em várias circunstâncias distintas. Elas tão somente exprimem a intensidade da reação do locutor a tais circunstâncias. Além disso, elas não transmitem mensagem alguma nem dão abertura a um diálogo, visto que não se dirigem nem a um parceiro de interlocução (tu) – cuja presença sequer é necessária – nem a uma terceira pessoa (ele). Ao explicar a forma linguística da sua realização em francês, que se realiza em formas fixas, o linguista mostra que a forma de base é a exclamação "nome de Deus", que pode ser reforçada com um epíteto que destaca a transgressão: "sagrado nome de Deus". "Deus" pode ainda ser substituído por alguma outra entidade religiosa, tal como "madona" ou "virgem". Pode-se também acentuar a imprecação ao utilizar, no lugar do "nome", o "corpo" ou algum órgão, ou ainda a sua "morte", reduplicando a expressão. Por último, pode-se também invocar o nome do Diabo, o anti-Deus.

Porém, a transgressão da interdição do nome de Deus como reação a uma situação intensa leva imediatamente o locutor a se censurar. É aí que temos o fenômeno da eufemia, que realiza três tipos de alterações na expressão linguística: (1) substituição do nome de "Deus" por outro termo qualquer; (2) modificação da palavra "Deus", suprimindo a sílaba final ou substituindo-a por uma sílaba de mesma assonância; e (3) criação de uma forma *nonsense* no lugar da expressão blasfêmica. É por isso que Benveniste (*PLG II*: 262) afirma que a blasfemia e a eufemia são "atividades simétricas" que funcionam como "forças opostas": "a blasfemia subsiste, mas é mascarada pela eufemia que lhe subtrai a realidade fêmica, portanto sua eficácia sêmica, tornando-a literalmente destituída de sentido". Por conta desse mecanismo complexo, a blasfemia não é realizada, embora a forma eufêmica faça uma alusão à profanação da linguagem intencionada pelo locutor – e que pode ou não ser apreendida pelo alocutário.

Consideramos que os dois textos em que Benveniste trabalha com esse mecanismo trazem abordagens distintas do fenômeno, que se relacionam com outras reflexões do linguista, considerando o momento de elaboração e os interlocutores dos textos. A diferenciação que sugerimos em Stumpf (2017) e resumimos abaixo não tem por objetivo propô-las como antagônicas, mas sim especificar melhor as contribuições de cada abordagem.

No texto "Eufemismos antigos e modernos", o linguista dá relevo à relação de interpretância, que coloca a língua em posição de primazia em relação aos demais sistemas semiológicos, no caso a sociedade. As análises que ilustram este texto evidenciam como a língua interpreta a sociedade e determinados aspectos culturais, trazendo um testemunho das suas interdições nas formas de que ela dispõe para contorná-las.

A segunda abordagem, que chamamos de antropológica, pode ser constatada em "A blasfemia e a eufemia". Ao propor o estudo desses dois fenômenos de maneira conjunta, Benveniste mostra as consequências linguísticas das interdições na constituição do sujeito e o que isso diz do funcionamento da língua no meio social. Por meio de determinadas modificações na forma linguística, a palavra dita aponta para a realização de uma atenuação, disfarçando a profanação, ainda que preencha a função psíquica da transgressão para o locutor.

EXEMPLO DE ABORDAGEM DE *EUFEMISMO*

Além da análise realizada por Benveniste em "A blasfemia e a eufemia", que já trouxemos, visto que faz parte do quadro locucional da blasfemia, o linguista exemplifica alguns eufemismos no texto "Eufemismos antigos e modernos", dependendo do tipo de noção à qual se quer aludir.

Conforme explicamos, se a noção é alvo de intensa reprovação social, o eufemismo acabará sendo contaminado e deverá ser renovado. Benveniste afirma que um exemplo disso seria a palavra latina *meretrix* (meretriz), cuja análise mostra empregos não pejorativos antes de sua cristalização para se referir a prostitutas.

Em relação a noções cuja reprovação não é tão forte, Benveniste nos oferece o exemplo da associação entre *de bonne heure* ("cedo") e *tôt* ("cedo") no francês e *mane* ("cedo") e *manus* ("bom", "favorável") no latim. Com base em crenças no calendário romano, considerava-se a manhã como período do dia propício à interdição, por ser o momento em que se decide a sorte do dia (boa ou ruim). Portanto, chamá-la de *mane* ou *bonne heure* era uma tentativa de determinar uma boa sorte para o dia que se iniciava.

Por fim, o uso de uma palavra mais enfraquecida ou distante é ilustrado a partir de um texto de Heródoto em que a palavra "matar", usada em uma determinada parte do texto, é substituída por expressões como "perecer" ou "dar um fim", em outros momentos do texto "nos quais o sentimento proscrevia a expressão crua" (*PLG I*: 346).

Leituras complementares: Stumpf (2017, 2020a, 2020b).

Capítulos relacionados: Antropológico; Cultura; Língua(gem) e sociedade; Semiologia.

FONEMA
(*SEMIOFONEMA*)

Isabela Rêgo Barros

O QUE É *FONEMA* (*SEMIOFONEMA*)?

Herdeiro das concepções saussurianas, Benveniste (2006), no texto "A forma e o sentido na linguagem", de 1966, coloca o fonema como integrante de uma nova classe semiótica denominada pelo autor de semiofonema:

> Instauramos, então, sob a consideração semiótica, classes particulares que chamamos de semióticas, ainda que um pouco grosseiramente, para melhor delimitá-las e para as especificar em sua ordem própria: dos semiolexemas, que são os signos lexicais livres; dos semio-categoremas que são sub-signos classificatórios (prefixos, sufixos, etc.) que ligam classes inteiras de significantes, assegurando desta forma grandes unidades, superiores às unidades individuais, e por fim dos semiofonemas que não são todos os fonemas da nomenclatura corrente, mas aqueles que, como se acabou de indicar, caracterizam a estrutura formal do significante. (*PLG II*: 226)[1]

Porém, é em texto anterior, de 1962, "Os níveis de análise linguística", que Benveniste define o fonema como o menor elemento linguístico segmentável, que estabelece relações de *substituição* e *segmentação* com outros elementos no discurso, e integram outros níveis superiores de análise linguística, possibilitando ao signo ser identificado e ter um sentido.

> [...] Se os elementos segmentáveis mínimos se identificam como *fonemas*, a análise pode ir além e isolar no interior do fonema *traços distintivos*. Esses traços distintivos do fonema, porém, já não são segmentáveis, embora identificáveis e substituíveis. [...] Chegamos assim a distinguir duas classes de elementos mínimos: os que são ao mesmo tempo segmentáveis e substituíveis, os fonemas; e os que são apenas substituíveis, os traços distintivos dos fonemas (*PLG I*: 128-129, itálicos do autor).

Não é à toa que Benveniste utiliza o termo *elemento* em referência ao fonema; ao fazê-lo, o autor afasta-se da concepção estruturalista de signo e aproxima o fonema às discussões sobre o sentido, por ser o fonema um elemento que integra unidades linguísticas superiores.

GUIA PARA COMPREENSÃO DE *FONEMA (SEMIOFONEMA)*

As considerações sobre o fonema não se destacam entre os leitores da obra de Benveniste, apesar de encontrarmos registros do termo em maior ou menor grau, nos artigos que compõem os *PLGs*, o que demonstra o grau de importância que Benveniste atribui ao tema.

É possível identificar nos textos de Benveniste explicações sobre o fonema distribuídas em dois grandes grupos. No primeiro grupo, Benveniste tece considerações sobre o vínculo do fonema à estrutura da língua, em uma clara alusão à teoria do estruturalismo, situando e preparando o leitor para as discussões que estariam por vir pautadas em seu ponto de vista. Em um segundo grupo, Benveniste se distancia do estruturalismo e traça sua posição para o fonema, agora no campo da linguagem, colocando-o ao lado de considerações sobre o sentido.

No primeiro grupo estão os textos "Tendências recentes em linguística geral" (1954), "Vista d'olhos sobre o desenvolvimento da linguística" (1963) e "Saussure após meio século" (1963), que compõem a primeira parte do *PLG I*, com o título "Transformações da linguística", na qual Benveniste comenta o desenvolvimento e avanço dos estudos da linguística. Também está nesse grupo o texto "'Estrutura' em linguística" (1962), da terceira parte do *PLG I*, intitulada "Estruturas e análises", na qual encontramos Benveniste retomando as explicações sobre a ciência linguística, mas aproximando-se do entendimento sobre a linguagem.

Nesse primeiro grupo, Benveniste faz um panorama das pesquisas linguísticas que abordam os estudos sobre o fonema e o nascimento das disciplinas fonética e fonologia, destacando os nomes de Trubetzkoy, Jakobson, Karcevsky e Sapir como principais estudiosos dessa temática até então.

Porém, no segundo grupo de textos, a referência aos estudos existentes a partir da linguística saussuriana é feita pelo linguista da enunciação para criticar os trabalhos que dedicam [...] "volumes inteiros à simples noção de 'fonema'" (*PLG I*: 4) e chamar atenção para o que ainda há por discutir na ciência linguística: "Isso porque a multiplicação dos trabalhos não revela imediatamente, mas antes disfarça, as profundas transformações que há alguns anos vêm sofrendo o método e o espírito da linguística e os conflitos que a dividem hoje" (*PLG I*: 4). Esse trecho mostra as inquietações de Benveniste que o fazem reunir apontamentos e trazer uma novidade para os estudos sobre o fonema: lugar de sentido. Nesse segundo grupo, as reflexões de Benveniste se concentram no texto "Os níveis de análise linguística" (1962).

Esse texto, publicado na terceira parte do *PLG I*, é o mais importante por marcar o limite entre o que se entendia sobre o fonema e as reflexões de Benveniste sobre o tema. Nele, o autor afirma existir dois níveis de análise linguística: o nível fonemático, dos fonemas, e o nível merismático, dos traços distintivos, aos quais Benveniste se refere como merismas. Mas o que essa novidade traz para a linguística? Benveniste, ao propor dois níveis inferiores de análise, volta-se para a "condição linguística do *sentido* ao qual deve satisfazer a delimitação da nova unidade de nível superior" (*PLG I*: 130, itálico do autor).

Os merismas (traços distintivos) são partes integrantes do fonema; os fonemas são partes constituintes do morfema, unidade superior. Ambos – fonema e morfema – são unidades linguísticas identificadas pela forma, pois possuem a capacidade de se dissociarem em constituintes de nível inferior e pelo sentido, porque são capazes de integrar uma unidade de nível imediatamente superior.

> O *sentido* é de fato a condição fundamental que todas as unidades de todos os níveis devem preencher para obter *status* linguístico. Dizemos realmente a respeito de todos os níveis: o fonema tem valor como discriminador de signos linguísticos, e o traço distintivo, por sua vez, como discriminador dos fonemas. A língua não poderia funcionar de outra maneira (*PLG I*: 130).

Benveniste admite, desse modo, que os fonemas estabelecem relações do tipo distribucionais entre si e do tipo integrativas entre elementos de níveis linguísticos diferentes, na cadeia sintagmática e paradigmática da língua. Agindo assim, o autor se distancia dos linguistas que discutem o fonema apenas a partir da língua, para propor uma nova perspectiva de discussão: o fonema sob o ponto de vista do sentido.

EXEMPLO DE ABORDAGEM DE *FONEMA (SEMIOFONEMA)*

Trago dois exemplos de Benveniste (*PLG I*) que se encontram no texto "Os níveis de análise linguística" (1962) e esclarecem a concepção sobre o fonema. No primeiro exemplo, Benveniste destaca as relações de segmentação e substituição, que possibilitam aos arranjos fonêmicos serem substituíveis e admissíveis.

Ao segmentar o termo francês *raison* (razão) em [r] – [ɛ] – [z] – [ó], de acordo com a pronúncia da língua, pode-se operar as seguintes substituições: [r] por [s], *saison* (estação); [ɛ] por [a], *rason* (tosquia); [z] por [y], *rayon* (raio), [ó] por [ɛ̃], *raisin* (uva). À lista de substituições possíveis de [r] em [rɛzõ] ainda podemos acrescentar: [m], *maison* (casa), [t], *taison* (lã) e [f] *faison* (fazer).

> Se aplicamos a cada um dos três outros elementos de [rɛzõ] o mesmo procedimento, erigimos um repertório de todas as substituições admissíveis, cada uma delas destacando por sua vez um segmento identificável em outros signos. Progressivamente, de um signo a outro, destaca-se a totalidade dos elementos e para cada um deles a totalidade das substituições possíveis (*PLG I*: 128).

Notem que ao proceder as trocas, a partir de segmentações e substituições, interferimos no sentido. Isso nos conduz ao segundo exemplo trazido por Benveniste: o que trata das condições de sentido do fonema como parte integrante de outras unidades de análise linguística.

O autor apresenta a frase em língua inglesa: *"leaving things" (as they are)* (deixando as coisas como estão), pronunciada de forma concatenada do seguinte modo: [li:viŋθiŋz]. Combinando as unidades [i], [θ] e [ŋ], segundo Benveniste, tem-se seis arranjos possíveis: [iθŋ], [iŋθ], [θiŋ], [θŋi], [ŋiθ],[ŋθi]. Destes, em [li:viŋθiŋz] pode-se admitir [ŋθi] ou [θiŋ], mas rejeita-se o primeiro e elege-se [θiŋ]. Essa decisão, segundo Benveniste, é tomada a partir "da condição linguística de *sentido* ao qual deve satisfazer a delimitação da nova unidade de nível superior: [θiŋ] tem um sentido, [ŋθi] não tem" (*PLG I*: 130).

Logo, ter um sentido ou não, no exemplo de Benveniste, tem relação com a posição ocupada pelo fonema /ŋ/ no morfema do inventário da língua inglesa: o inglês não admite outra posição do fonema /ŋ/ que não seja a coda silábica final. Assim, torna-se estranho para o usuário da língua inglesa construções que não obedeçam à condição de sentido da língua.

Sobressai dessas análises sumárias que segmentação e substituição não podem aplicar-se a quaisquer porções da cadeia falada. Na verdade, nada nos permitiria definir a distribuição de um fonema, as suas latitudes combinatórias da ordem sintagmática e paradigmática, portanto a própria realidade de um fonema, se não nos referíssemos sempre a uma *unidade particular* do nível superior que o contém (*PLG I* [1962]: 131).

Leituras complementares: Battisti; Othero; Flores (2022).

Capítulos relacionados: Estrutura; Forma e sentido; Níveis da análise linguística; Semiologia; Semiótico/semântico.

Nota

[1] Benveniste, no texto "A forma e o sentido na linguagem", informa que "o significante não é apenas uma sequência dada de sons que a natureza falada, vocal, da língua exigiria; ele é a forma sonora que condiciona e determina o significado, o aspecto formal da entidade chamada signo" (*PLG II*: 225). E essa forma ou unidade linguística é o fonema, porém "uma sequência de fonemas não compõe imediatamente um signo" (*PLG II*: 225). A estrutura formal do significante é caracterizada pelos fonemas que, simples ou combinados, preenchem uma função distintiva na estrutura.

FORMA E SENTIDO

Claudia Toldo

O QUE É *FORMA* E *SENTIDO*?

Forma e *sentido*, na teoria enunciativa de Benveniste, são conceitos tratados como *noções gêmeas* e indissociáveis. Embora distintas, elas são vistas como responsáveis, juntas, pela significação no e do discurso. No decorrer dos estudos benvenistianos, essas noções recebem diferentes acepções.

Iniciemos com o que Benveniste diz em "Os níveis da análise linguística": "Forma e sentido devem definir-se um pelo outro e devem articular-se juntos em toda extensão da língua. As suas relações parecem-nos implicadas na própria estrutura dos níveis e na das funções que a elas correspondem, que aqui designamos *constituinte* e *integrante*" (*PLG I*: 135, itálico do autor).

Nesse texto de 1964, Benveniste trata desses conceitos ligados à noção de nível de análise, considerando os limites de uma análise estrutural da língua, como essencial na determinação de procedimentos e critérios de análise.

Em texto de 1966, "A forma e o sentido na linguagem", Benveniste complexifica esses conceitos, na medida em que os relaciona aos sistemas constitutivos da língua, em seus domínios *semiótico* e *semântico*, que exigem descrições distintas.

> Instauramos na língua uma divisão fundamental, em tudo diferente daquela que Saussure tentou instaurar entre língua e fala. Parece-nos que se deve traçar, através da língua inteira, uma linha que distingue duas espécies e dois domínios do sentido e da forma, ainda que, eis ainda aí um dos paradoxos da linguagem, sejam os mesmos elementos que se encontrem em uma e outra parte, dotados, no entanto, de estatutos diferentes. Há para a língua duas maneiras de ser língua no sentido e na forma (*PLG II*: 229).

A seguir, o percurso a ser feito para compreensão dos conceitos de *forma* e *sentido* seguirão, principalmente, as reflexões de Benveniste apresentadas nos textos já anunciados.

GUIA PARA COMPREENSÃO DE *FORMA* E *SENTIDO*

Em "Os níveis da análise linguística", Benveniste propõe a noção de *nível* como procedimento da análise linguística, tendo presente a natureza articulada da linguagem e seu caráter discreto, considerando seus elementos/unidades constitutivas.

Esses elementos constitutivos evidenciam uma arquitetura singular das partes de um todo. Benveniste (*PLG I*: 127) também aponta o lugar em que se coloca: "o da língua como sistema orgânico de signos linguísticos" e evidencia a necessidade de delimitar os elementos através das relações que os unem. Ele traz duas operações para tratar da questão: segmentação e substituição, que não têm o mesmo alcance.

A segmentação significa segmentar uma unidade em porções cada vez menores, até se chegar a elementos não decomponíveis. Esses elementos são identificáveis por um procedimento: a substituição que eles admitem, tendo presente as relações entre eles e entre os níveis em que se realizam. Vale destacar que é o sentido de uma unidade que intervém nessas operações de segmentação e substituição, uma vez que ele é condição para uma unidade integrar um nível superior e distribuir-se num mesmo nível.

Sobre isso, Benveniste afirma:

> consiste em definir cada elemento pelo conjunto do meio em que se apresenta, e por intermédio de uma relação dupla, relação do elemento com os outros elementos simultaneamente presentes na mesma porção do enunciado (relação sintagmática); relação do elemento com os outros elementos mutuamente substituíveis (relação paradigmática) (*PLG I*: 128).

Há dois tipos de relação entre as unidades: as relações entre unidades de mesmo nível e as relações entre unidades de nível diferente. Entre as de mesmo nível, identificamos as relações distribucionais e suas unidades constituintes; entre as de nível diferente, encontramos as relações integrativas e suas unidades integrativas. É nessa discussão que Benveniste traz as noções de *forma* e *sentido*, uma vez que a forma diz respeito às relações distribucionais, permitindo reconhecer as unidades como constituintes; e o sentido diz respeito às relações integrativas, permitindo reconhecer as unidades como integrantes de um outro nível.

A partir dessas considerações, Benveniste (*PLG I*: 134) questiona: "Qual é, no sistema dos signos da língua, o alcance dessa distinção entre constituinte e integrante?" E responde: "Funciona entre dois limites". O superior é o da frase *que comporta constituintes* que a definem; o inferior que *não comporta nenhum constituinte de natureza linguística*, uma vez que só se define como integrante. Diante disso, Benveniste insiste: "Qual é finalmente a função que se pode determinar para essa distinção entre constituinte e integrante? É uma função de importância fundamental. Pensamos encontrar aqui o princípio racional que governa, nas unidades dos diferentes níveis, a relação entre FORMA e SENTIDO" (*PLG I*: 134, destaques do autor).

Portanto, as noções de *forma* e *sentido*, em "Os níveis da análise linguística", são assim entendidas por Benveniste: "Forma e sentido devem definir-se um pelo outro e devem articular-se juntos em toda extensão da língua. As suas relações parecem-nos implicadas na própria estrutura dos níveis e na das funções que a elas correspondem, que aqui designamos *constituinte* e *integrante*" (*PLG I*: 135, itálicos do autor).

Em seguida, Benveniste explica que, quando se reduz uma unidade a seus constituintes, reduz-se aos seus elementos formais, ou seja, a forma de uma unidade linguística *define-se como a sua capacidade de dissociar-se em constituintes de nível inferior* e o sentido de uma unidade linguística *define-se como a sua capacidade de integrar uma unidade de nível superior*. Portanto, *forma* e *sentido* são conceitos que não podem ser vistos separadamente, pois suas relações são mútuas.

Em "A forma e o sentido na linguagem", por sua vez, Benveniste apresenta outra concepção de forma, que implica, automaticamente, a de sentido. Ele traz as relações entre forma e sentido no domínio linguístico, partindo da noção de língua, vista como um sistema de signos, e associa a isso um estudo que para ele é fundamental e necessário – o estudo da significação, uma vez que esse é o limite das unidades da língua. Como afirma Benveniste, "antes de qualquer coisa, a linguagem significa" (*PLG II*: 222).

Nesse artigo, Benveniste ocupa-se das noções de *forma* e *sentido*, observando que "dizer que a língua é feita de signos é dizer antes de tudo que o signo é a unidade semiótica" (*PLG II*: 224). Isso traz outra reflexão: há duas maneiras de ser língua – no sentido e na forma. Há a língua como *semiótica* e a língua como *semântica*, evidenciando dois domínios, a saber: o *semiótico* e o *semântico*.

O domínio semiótico da língua está ligado ao sistema de signos, enquanto unidade semiótica, cuja significação se estabelece intrassistema, mediante distinção entre outros signos. Essa significação, quando vista no signo, leva em conta que o signo é uma unidade semiótica da língua, dotado de significação, na medida em que sua função é significar. A totalidade do signo traz a totalidade da língua. O signo, unidade bilateral por natureza, apresenta-se como significante (SE) e significado (SO). O SE, aspecto formal, condiciona e determina o SO; o SO traz outra questão, que pode ser expressa pela seguinte formulação: "Isto significa ou não?". Significar, nesse caso, é o signo ter sentido para os que manuseiam a língua. Benveniste (*PLG II*: 227) traz nessa distinção "a noção de uso e de compreensão da língua como um princípio de discriminação, um critério. É no uso da língua que um signo tem existência; o que não é usado não é signo".

Em suma, no domínio semiótico, o signo é a unidade em destaque. Esse deve ser identificado no interior da língua e se distinguir de outros signos. Benveniste (*PLG II*: 227) diz: "cada signo entra numa rede de relações e de oposições com os outros signos que o definem, que o delimitam no interior da língua". Isso deixa claro que se colocar no domínio do semiótico é colocar-se no domínio intra-linguístico. Então, a *forma* no semiótico diz respeito ao significante, entendido como o "aspecto formal da entidade chamada signo" (*PLG II*: 225); o *sentido* no semiótico diz respeito às relações de oposições com outros signos da língua, pois "ser distintivo e ser significativo é a mesma coisa" (*PLG II*: 228).

No domínio semântico, outra realidade se apresenta, pois Benveniste traz a função comunicativa da língua e a ideia de frase. Ele afirma: "o signo e a frase são dois mundos distintos e que exigem descrições distintas" (*PLG II*: 229). É a segunda maneira de ser língua: a semântica, colocando em evidência a língua em emprego e em ação. Nesse domínio, Benveniste aponta para a função mediadora da língua: "entre o homem e o homem, entre o homem e o mundo, entre o espírito e as coisas, transmitindo a informação, comunicando a experiência, impondo a adesão, suscitando a resposta, implorando, constrangendo; em resumo, organizando toda a vida dos homens" (*PLG II*: 229).

Isso porque somente o funcionamento semântico da língua permite essas relações com o mundo, pela expressão da frase, sempre particular, que se liga às coisas fora da língua. A *forma*, então, diz respeito à organização sintagmática da palavra na frase; o *sentido* diz respeito à ideia e à referência decorrente dessa sintagmatização, desse agenciamento de palavras. De acordo com Benveniste, "o sentido de uma frase é sua ideia, o sentido de uma palavra é seu emprego" (*PLG II*: 231). O modo semântico está ligado à atividade do locutor e implica a construção de referência no agenciamento sintagmático.

Então, no domínio semântico, "o sentido se realiza formalmente na língua pela escolha, pelo agenciamento de palavras, por sua organização sintática, pela ação que elas exercem umas sobre as outras. Tudo é dominado pela condição do sintagma, pela ligação entre os elementos do enunciado destinado a transmitir um sentido dado, numa circunstância dada" (*PLG II*: 230).

Como se pode ver, Benveniste, em "A forma e o sentido na linguagem", complexifica as relações entre *forma* e *sentido*. Ou seja, os domínios semiótico e semântico estão no centro da reflexão das noções de *forma* e *sentido*. Signo e frase ganham espaço nessa reflexão, enquanto unidades semiótica e semântica, respectivamente.

EXEMPLO DE ABORDAGEM DE *FORMA* E *SENTIDO*

A partir da reflexão apresentada, é possível exemplificar a abordagem proposta por Benveniste para o estudo de *forma* e *sentido*, considerando os dois textos-base, tomados como referência, no item anterior, para construir o conceito dessas noções gêmeas.

Quanto ao texto de 1964, sugere-se observar o exemplo de abordagem apresentado neste *Guia*, no termo *níveis da análise linguística*, em que se percebe as noções de *forma* e *sentido* sendo trabalhadas nas relações integrativas e distributivas entre as unidades de mesmo nível e entre as unidades de nível diferente.

Quanto ao texto de 1966, Benveniste, ao discutir os domínios semiótico e semântico, traz o estatuto diferente da mesma entidade lexical, dependendo de como é tomada: como signo ou como palavra. Benveniste (*PLG II*: 233) esclarece: "Ora, as palavras, instrumentos da expressão semântica, são materialmente os signos do repertório semiótico." A saber que esses signos devem ser utilizados como palavras para noções particulares, em circunstâncias específicas.

Benveniste (*PLG II*: 232) exemplifica:

> as palavras contraem valores que em si mesmas elas não possuíam e que são até mesmo contraditórios com aqueles que elas possuem em outros lugares [...]. Isto é tão comum que nós nem tomamos consciência; tal o liame entre "ter" e "perder" em "eu tenho perdido", entre "ir" e "vir" em "ele vai vir", entre "dever" e "receber" em "ele deve receber". O processo da auxiliação no verbo ilustra bem esta transformação que as condições de emprego podem produzir no sentido mesmo das palavras agenciadas pela sintagmatização. Assim, o "sentido" da frase está na totalidade da ideia percebida por uma compreensão global; a "forma" se obtém pela dissociação analítica do enunciado processada até as unidades semânticas, as palavras. Isto explica por que os signos menos delimitados no interior do repertório semiótico da língua, como "ser", "fazer", "coisa", "isto", tenham como palavras a mais alta frequência de emprego.

Isso mostra a necessidade de uma descrição distinta para cada unidade linguística, segundo o domínio no qual está colocada, dependendo de como é tomada: como signo ou como palavra. Isso evidencia o duplo sistema, constantemente em ação na língua, exigindo um esforço para se separar o que é do domínio de um e do outro.

Leituras complementares: Flores et al. (2009); Flores (2013a).

Capítulos relacionados: Estrutura; Níveis da análise linguística; Semiótico/semântico; Signo.

FUNÇÃO

Larissa Colombo Freisleben
Valdir do Nascimento Flores

O QUE É *FUNÇÃO*?

Na produção de Benveniste, encontramos diversos usos do termo *função* que em alguns contextos é utilizado com sentidos correntes em linguística, mas que também assume nuances específicas que merecem ser bem compreendidas. Há uma noção específica e inovadora de *função* na produção teórica de Benveniste que está sempre relacionada à questão da significação, embora assuma contornos particulares em suas diferentes reflexões. Trata-se, portanto, de uma noção que se localiza tanto em um plano geral, diretamente ligado à propriedade da linguagem de significar, quanto em um plano específico, ligado às funções de significar que os mecanismos linguísticos têm nas línguas.

GUIA PARA COMPREENSÃO DE *FUNÇÃO*

O termo *função*, na obra de Benveniste, em especial nos artigos de *PLG I* e *II*, adquire diferentes sentidos. Devemos, portanto, levar em conta o "em torno" da palavra em seus textos. Vejamos alguns exemplos desses usos:

a. Usos que evocam a tradição gramatical (normalmente, no plural), mas que agregam alguma nuance teórica. São exemplos o título do capítulo 12 do *PLG I*, "Para a análise das funções casuais: o genitivo latino" (*PLG I*: 12) e o título da Parte 5 de *PLG I* e *II*, "Funções sintáticas". Esses usos estão ligados à tradição, na medida em que se trata de pensar o papel de um elemento (morfema, palavra etc.) em uma dada estrutura gramatical, mas com um sentido a mais, explicado por Benveniste, inclusive, no *Prefácio* do *PLG I*, quando menciona o conteúdo da *Terceira parte* dos volumes: "as noções de estrutura e de função constituem o objeto dos ensaios seguintes, que se apoiam sucessivamente sobre as variações de estrutura nas línguas e sobre as manifestações intralinguísticas de algumas funções" (*PLG I*: s.p.). Isto é, nas variadas estruturas das línguas se manifestam, intralinguisticamente, as *funções*.

b. Usos que têm predominantemente valor descritivo. Por exemplo: "podem-se construir línguas sobre línguas, o que se chama de metalínguas, línguas que servem para descrever uma língua, que é sua única função" (*PLG II*: 35). Por fim, as expressões "função sintática", "função semântica" "função de possuidor", "função de possuído" (*PLG II*: 161), entre outras, em que vemos um valor descritivo.

c. Usos em contextos que colocam em implicação *língua, línguas* e *linguagem* e termos a esses relacionados como *discurso, exercício da linguagem, fala, exercício do discurso* etc. estão ou textualmente presentes ou implicados. Por exemplo, em (1), abaixo:

(1) Tanto para o sentimento ingênuo do falante como para o linguista, a linguagem tem como função "dizer alguma coisa". O que é exatamente essa "alguma coisa" em vista da qual a linguagem está articulada, e como é possível delimitá-la em relação à própria linguagem? O problema da significação está posto (Benveniste, 1966a: 7, tradução nossa).

Em (1), as três ocorrências de "linguagem" não se recobrem conceitualmente: a "linguagem" que tem por função "dizer alguma coisa" tem sentido próximo a "discurso", "fala", "língua em uso"; a "linguagem" que está "articulada" tem sentido próximo de "língua", "sistema linguístico"; a "própria linguagem" parece ter sentido de "faculdade humana, característica universal e imutável do homem" (*PLG I*: 20). A noção de *função* implica aí, portanto, três dessas instâncias de "linguagem". Além disso, a *função* de "dizer alguma coisa" está ligada ao "problema da significação".

Essa noção de *função* relaciona-se, assim, com o núcleo da teoria de Benveniste, a *significação*, ou melhor, a indagação de "como a língua significa", núcleo esse determinado pelo próprio Benveniste, quando, em carta de 20 de abril de 1953, endereçada à Fundação Rockefeller para solicitar apoio a um projeto, explica:

> Todas as pesquisas que fiz nesses últimos anos e o projeto que formulei têm em vista o mesmo propósito. [...] Em termos sumários, minha preocupação é saber como a língua "significa" e como ela "simboliza". As tendências atuais de uma certa escola de linguistas pretendem analisar a língua sobre a base da distribuição e das combinações formais. Parece-me que é tempo de abordar com métodos novos o conteúdo dessas formas e de ver segundo quais princípios ele é organizado (Benveniste, 1953 apud Brunet; Mahrer, 2011: 35, tradução nossa).

É nesse sentido que definimos no item anterior que a especificidade da noção benvenistiana de *função* tem a ver com a propriedade da linguagem de significar. Dito de outro modo, a *função* da linguagem é significar, o que configura uma propriedade geral da linguagem. Além disso, a propriedade da linguagem de significar se realiza nas línguas. É isso que lemos em (2), a seguir:

> (2) Antes de qualquer coisa, a linguagem significa, tal é seu caráter primordial, sua vocação original que transcende e explica todas as funções que ela assegura no meio humano. Quais são essas funções? Tentemos enumerá-las? Elas são tão diversas e tão numerosas que enumerá-las levaria a citar todas as atividades de fala, de pensamento, de ação, todas as realizações individuais e coletivas que estão ligadas ao exercício do discurso: para resumi-las em uma palavra, eu diria que, bem antes de servir para comunicar, a linguagem serve para *viver*. Se nós colocamos que à falta de linguagem não haveria nem possibilidade de sociedade, nem possibilidade de humanidade, é precisamente porque o próprio da linguagem é, antes de tudo, significar. Pela amplitude desta definição pode-se medir a importância que deve caber à significação (*PLG II*: 222).

Em (2), além de vermos confirmada a ideia presente em (1) – que definimos em termos de propriedade da linguagem que se realiza nas línguas –, notamos que a *função* de significar assegura *funções* que permitem o *viver* em sociedade, *ligadas ao exercício do discurso*.

Por fim, vejamos o que diz Benveniste em (3):

(3) Todas as línguas têm em comum certas categorias de expressão que parecem corresponder a um modelo constante. As formas que revestem estas categorias são registradas e inventariadas nas descrições, mas suas funções não aparecem claramente senão quando se as estuda no exercício da linguagem e na produção do discurso. São categorias elementares, independentes de toda determinação cultural e nas quais vemos a experiência subjetiva dos sujeitos que se colocam e se situam na e pela linguagem. Tentaremos aqui esclarecer duas categorias fundamentais do discurso, aliás necessariamente ligadas, a de pessoa e a de tempo (*PLG II*: 68).

Nessa passagem, há, de um lado, a ideia de que existem categorias comuns a todas as línguas; que essas categorias correspondem a um *modelo constante*; que o que varia são as *descrições* das formas que essas categorias podem assumir. Por fim, as *funções* que desempenham essas categorias aparecem no discurso. Tempo e espaço seriam, então, exemplos de categorias a serviço da grande função de significar, própria à linguagem.

Em termos de síntese, diríamos que a noção de *função* em Benveniste pode autorizar, em primeiro lugar, ver que a linguística de Benveniste comporta um âmbito universal, do domínio da linguagem, que se apresenta de maneira diversificada nas diferentes línguas; em segundo lugar, ver que esse âmbito universal, a linguagem, pode ser descrito em termos de propriedades entendidas como categorias; em terceiro lugar, ver que essas categorias podem ser tomadas como constitutivas da grande *função* de significar que garantiria, por sua vez, a realização das *funções* no exercício do discurso nas diferentes línguas.

Esses princípios poderão ser mais esclarecidos através de exemplos; é o que faremos no item seguinte, através do estudo de Benveniste acerca da distinção entre *enunciação histórica* e *enunciação de discurso*, elaborada no artigo "As relações de tempo no verbo francês", de 1959, e republicado no *PLG I*.

EXEMPLO DE ABORDAGEM DE *FUNÇÃO*

Em "As relações de tempo no verbo francês", Benveniste busca compreender quais são as relações que atravessam a organização dos tempos verbais em francês, chegando à distinção entre *enunciação histórica* e *enunciação de discurso*. O que permite que Benveniste chegue a essa formulação é a existência de dois tempos narrativos em francês: o passado composto (*passé composé)* e o passado simples (*passé simple*). Tradicionalmente, interpretavam-se esses dois tempos como concorrentes.

A explicação de Benveniste é diferente: não há concorrência entre o passado simples e o passado composto. As duas formas caracterizam, em francês, respectivamente os planos da *enunciação histórica* e da *enunciação de discurso*. A primeira é assim definida por Benveniste:

> A enunciação *histórica*, hoje reservada à língua escrita, caracteriza a narrativa dos acontecimentos passados. Esses três termos, *narrativa, acontecimento, passado,* devem ser igualmente sublinhados. Trata-se da apresentação dos fatos sobrevindos a um certo momento do tempo, sem nenhuma intervenção do locutor na narrativa. Para que possam ser registrados como se tendo produzido, esses fatos devem pertencer ao passado. Sem dúvida, seria melhor dizer: desde que são registrados e enunciados numa expressão temporal histórica estão caracterizados como passados. **A intenção histórica constitui realmente uma das grandes funções da língua**: imprime-lhe a sua temporalidade específica, cujas marcas formais devemos agora assinalar (*PLG I*: 262, itálicos do autor, negrito nosso).

A *enunciação histórica*, em francês, é caracterizada pelo uso dos tempos aoristo, o imperfeito (incluindo o condicional), o mais-que-perfeito e o prospectivo; são excluídos o presente, o perfeito e o futuro. Já a *enunciação de discurso* é definida como "toda enunciação que suponha um locutor e um ouvinte e, no primeiro, a intenção de influenciar, de algum modo, o outro" (*PLG I*: 267), e permite todos os tempos com exceção do aoristo.

Nas definições dos dois planos da enunciação, há, simultaneamente, descrição do sistema verbal do francês contemporâneo e uma distinção geral, não restrita ao francês. Benveniste é um linguista que considera que a linguística tem um objeto duplo: é, ao mesmo tempo, ciência das línguas e da linguagem. Toda sua produção é marcada pelo estudo concomitante das línguas e da linguagem, e isso se relaciona à noção de função que lemos nesse texto. Benveniste faz descrições específicas da língua francesa – quando, por exemplo, descreve quais são os tempos verbais que caracterizam um e outro plano. No entanto, a distinção estabelecida por Benveniste nesse texto é baseada em noções muito gerais – como as categorias de pessoa e tempo – que não se restringem ao francês.

Vejamos como isso nos leva a ler uma noção específica de *função*. Na formulação do plano da *enunciação histórica*, Benveniste fala em uma *intenção histórica*: "A **intenção histórica** constitui realmente uma das **grandes funções da língua**: imprime-lhe a sua temporalidade específica, cujas marcas formais devemos agora assinalar" (*PLG I*: 262, negritos nossos). A *intenção histórica* é caracterizada por Benveniste como "uma das grandes **funções** da língua". O termo *função*, aqui, tem um sentido muito particular. A noção de *intenção histórica*, essa grande *função* da língua, pode ser depreendida se observarmos como Benveniste caracteriza o plano da *enunciação histórica:* na verdade, a *intenção histórica* pode ser lida como uma possibilidade de apagamento das marcas de autorreferência.

Benveniste afirma que o plano da enunciação histórica "impõe uma delimitação particular às duas categorias verbais do tempo e da pessoa tomadas em conjunto" (*PLG I*: 262). Como ocorre essa delimitação? A enunciação histórica "[...] exclui toda forma linguística 'autobiográfica'. O historiador não dirá jamais *eu* nem *tu* nem *aqui* nem *agora*, porque não tomará jamais o aparelho formal do discurso que consiste em primeiro lugar na relação de pessoa *eu:tu*" (*PLG I*: 262). Na enunciação histórica, encontram-se quase exclusivamente formas de terceira pessoa. Benveniste também afirma que, em francês, o aoristo "é o tempo do acontecimento fora da pessoa de um narrador" (*PLG I*: 267); sua marca temporal "é o momento do acontecimento" (*PLG I*: 270); e que "a dimensão do presente é incompatível com a intenção histórica" (*PLG I*: 271). Disso tudo, podemos depreender que o plano da enunciação histórica é caracterizado pela ausência de marcas autorreferenciais, ou seja, marcas que fazem referência à instância de enunciação que as compõem. É por isso que Benveniste afirma que, na enunciação histórica, "[...] não há mais, então, nem mesmo narrador. Os acontecimentos são apresentados como se produziram, à medida que aparecem no horizonte da história. Ninguém fala aqui; os acontecimentos parecem narrar-se a si mesmos" (*PLG I*: 267). Isso decorre de um *efeito* do apagamento das marcas de autorreferência que constitui o plano da enunciação histórica. Ou seja: trata-se de uma distinção relacionada à questão da autorreferência e da referência.

O que se nota, nesse artigo, é que a noção de *função* com a qual Benveniste opera é bastante específica. Se "a *intenção histórica* é uma das grandes funções da língua", entendemos que a noção de *função* comporta um componente geral, ou seja, da ordem da linguagem, porque a *intenção histórica* tem um caráter geral, próprio às categorias de linguagem. Essa função – a *intenção histórica* – se manifesta nas línguas de formas diferentes. Como podemos ver, trata-se de uma noção de *função* diferente das outras noções correntes em linguística. Nessa acepção, que também comparece em outros momentos da produção de Benveniste, a *função* é uma categoria geral prevista na linguagem e realizada nas línguas que organiza a experiência do falante de uma certa maneira.

Leituras complementares: Normand (1996); Flores; Freisleben (2023).

Capítulos relacionados: Discurso; Enunciação; Enunciação histórica/enunciação de discurso; Pessoa e não pessoa; Tempo.

INSTÂNCIA
DE DISCURSO

Márcia Boabaid

O QUE É *INSTÂNCIA DE DISCURSO*?

A definição de *instância de discurso* em Benveniste não é dada, mas construída ao longo de sua obra. À medida que o termo é utilizado, novos sentidos se entrelaçam, moldando um núcleo comum sem perder sua essência. Esse aspecto indica que é uma expressão recorrente, porém não se limita a uma definição específica, o que requer, antes de tudo, compreender a necessidade de transitar entre conceitos.

O termo *instância de discurso*, segundo Benveniste, diz respeito ao ato de dizer, cada vez único pelo qual a língua é atualizada em fala pelo locutor. Esse movimento indica que, ao apropriar-se do aparelho formal da enunciação, o locutor cria uma referência única e irrepetível, possibilitando a semantização da língua. Esse processo revela os índices de pessoa (a relação *eu-tu*), os índices de ostensão (*este, aqui*) e as formas temporais (*agora*), que são geradas *na* e *pela* enunciação.

Os textos "A natureza dos pronomes", "Da subjetividade na linguagem" e "O aparelho formal da enunciação" fornecem uma base importante para compreender *instância de discurso*.

GUIA PARA COMPREENSÃO DE *INSTÂNCIA DE DISCURSO*

Benveniste, ao empregar o termo *instância de discurso*, na maioria das vezes o associa à enunciação, que está relacionada à linguagem e ao sujeito falante. Isso pode ser identificado em algumas ocorrências, como no texto "A natureza dos pronomes". Vejamos:

os pronomes não constituem uma classe unitária, mas espécies diferentes segundo o modo de linguagem do qual são os signos. Uns pertencem à sintaxe da língua, outros são característicos daquilo a que chamaremos as 'instâncias do discurso', isto é, os atos discretos e cada vez únicos pelos quais língua é atualizada em palavra por um locutor (*PLG I*: 277).

Nesse trecho, a noção de *instância de discurso* de Benveniste – isto é, os atos discretos e cada vez únicos pelos quais a língua é atualizada em palavra por um locutor – é muito próxima do que ele desenvolve como enunciação em "O aparelho formal da enunciação". Nesse último, a enunciação é definida como o "colocar em funcionamento a língua por um ato individual de utilização" (*PLG II*: 82), ou seja, "este ato é o fato do locutor que mobiliza a língua por sua conta" (*PLG II*: 82). Isso possibilita compreender que a expressão *instância de discurso* se desdobra no processo de reflexão proposto pelo autor.

Para entender a *instância de discurso* e sua evolução no pensamento de Benveniste, é essencial revisitar algumas ocorrências em seus textos, começando com "A natureza dos pronomes".

> *Eu* significa "a pessoa que enuncia a presente instância de discurso que contém *eu*. Instância única por definição, e válida somente na sua unicidade" (*PLG I*: 278).

> *Eu* só pode ser identificado pela instância de discurso que o contém e somente por aí (*PLG I*: 278-279).

> *Eu* é "o indivíduo que enuncia a presente instância de discurso que contém a instância linguística *eu*" (*PLG I*: 279).

> Introduzindo-se a situação de "alocução", obtém-se uma definição simétrica para *tu,* como o "indivíduo alocutado na presente instância de discurso contendo a instância linguística *tu*" (*PLG I*: 279).

> Essa referência constante e necessária à instância de discurso constitui o laço que une a *eu/tu* uma série de "indicadores" (*PLG I*: 279).

Com base nesses usos, podem-se identificar algumas características: unicidade da relação *eu-tu,* em que o *eu* é identificado apenas na *instância de discurso* que o contém e o *tu* é simétrico ao *eu*; o tempo e o espaço simultâneos à atualização enunciativa, referindo-se ao momento presente; e a sincronia dos indicadores de subjetividade, refletindo a posição que cada um ocupa na linguagem.

Benveniste não considera os pronomes como uma classe unitária, mas sim espécies diferentes dependendo do *modo de linguagem* do qual são os signos. Ele distingue entre os pronomes do modo sintático da língua e os associados ao modo *instância de discurso*, este último relacionado aos atos individuais de fala. Quanto ao *eu*, Benveniste destaca diferenças formais entre esse pronome e um nome referente a uma noção lexical, mostrando que a primeira pessoa inclui o locutor "ao próprio *processus* da enunciação" (*PLG I*: 278, destaque do autor), pois o "*eu* é o indivíduo que enuncia a presente instância de discurso que contém a instância linguística *eu*" (*PLG I*: 279).

A partir disso, estabelece-se a situação de alocução, criando uma definição simétrica em relação ao *tu*, visto "como o indivíduo alocutado na presente instância de discurso contendo a instância linguística *tu*" (*PLG I*: 279). Isso marca "a acentuação da relação discursiva com o parceiro, seja este real ou imaginado, individual ou coletivo" (Benveniste, 1970: 87). Nesse sentido, a relação entre *eu* e *tu*, como categorias de linguagem, vincula-se à sua posição na linguagem, unindo *eu/tu* a uma série de "indicadores" de natureza sui-referencial, revelando a temporalidade e a espacialidade presentes na subjetividade. Essas definições confirmam que *eu* e *tu* não têm referência fixa fora do contexto da enunciação, ou seja, dependem da situação particular de discurso em que são utilizados, caracterizando a linguagem pela intersubjetividade e subjetividade.

A unicidade da relação *eu-tu* surge do próprio ato de enunciação: ao enunciar, o *eu* se dirige ao *tu* em circunstâncias de pessoalidade, temporalidade e espacialidade singulares, todas submetidas à *instância de discurso* em que são empregadas. A posição assumida pelo locutor na enunciação é única e irrepetível, pois *eu* e *tu* só podem ser definidos em relação ao que Benveniste chama de *realidade do discurso*.

Segundo o autor, "o essencial é, portanto, a relação entre o indicador (de pessoa, de tempo, de lugar, de objeto mostrado etc.) e a presente instância de discurso" (*PLG I*: 280). Essas formas não se referem à realidade objetiva, mas à enunciação única que as contém e refletem seu próprio uso. Benveniste se refere aos "signos 'vazios', não referenciais com relação à 'realidade', sempre disponíveis, e que se tornam 'plenos' assim que um locutor os assume em cada instância do seu discurso" (*PLG I*: 280). Esses signos são instrumentos da "conversão da linguagem em discurso" (*PLG I*: 280). Desse modo, é "identificando-se como pessoa única pronunciando *eu* que cada um dos locutores se propõe alternadamente como 'sujeito', pois o emprego tem como condição a situação de discurso e nenhuma outra" (*PLG I*: 280-281). Isso se torna evidente, exemplifica Benveniste, quando consideramos que, de outra forma, a expressão da subjetividade de cada indivíduo ficaria comprometida, uma vez que "haveria praticamente tantas línguas quantos indivíduos e a comunicação se tornaria estritamente impossível" (*PLG I*: 281).

No texto "Da subjetividade na linguagem", lemos que "é na linguagem e pela linguagem que o homem se constitui como *sujeito*; porque só a linguagem fundamenta a realidade, na *sua* realidade que é a do ser, o conceito de 'ego'" (*PLG I*: 286, itálicos do autor). Nele, Benveniste expressa a ideia de subjetividade como a "capacidade do locutor para se propor como 'sujeito'" (*PLG I*: 286), que não se define pelo sentimento de ser ele mesmo, mas pelo exercício da língua, pois o homem se constitui na e pela linguagem. Essa faculdade possibilita ao homem falar de si e do mundo a partir de um ponto de vista subjetivo e social, sem se tornar individual. Assim, a subjetividade é entendida por contraste com outros homens e por assumirmos uma posição na linguagem diferente da posição daquele com quem falamos. Observemos:

> A que, então, se refere o *eu*? A algo de muito singular, que é exclusivamente linguístico: *eu* se refere ao ato de discurso individual no qual é pronunciado, e lhe designa o locutor. É um termo que não pode ser identificado a não ser dentro do que, noutro passo, chamamos uma **instância de discurso**, e que só tem referência atual. A realidade à qual ele remete é a realidade do discurso. É na **instancia de discurso** na qual *eu* designa o locutor que este se enuncia como "sujeito" (*PLG I*: 288, itálicos do autor, negritos nossos).

Assim, a *instância de discurso* é fundamental para definir todas as coordenadas que identificam o *sujeito*, abrangendo não apenas o uso de pronomes como *eu* e *tu*, mas também outros elementos contextuais que situam o ato de fala, como tempo e espaço. É a subjetividade que, ao se manifestar como enunciação, converte o locutor em *sujeito*. Dessa forma, a enunciação é o ato que realiza essa transformação, enquanto a *instância de discurso* fundamenta esse ato e revela o *sujeito*.

Os dois artigos citados, ao examinarem a subjetividade na linguagem, abordam as marcas formais associadas às categorias linguísticas de pessoa, tempo e espaço, indicando que a *instância de discurso* é a possibilidade de o homem se constituir como *sujeito*. Em "O aparelho formal da enunciação", são discutidas as condições de emprego da língua, enfatizando que a "enunciação é este colocar em funcionamento a língua por um ato individual de utilização" (*PLG II*: 82) e o discurso é sua expressão.Parte superior do formulário Nesse ato, o locutor se declara como tal e assume o papel de *sujeito* (*eu*), implantando necessariamente um outro como seu alocutário (*tu*) e, pela necessidade de referir, estabelece uma "certa" relação com o mundo (*ele*), o que possibilita ao outro correferir. Parte superior do formulário Considerando esse processo, podemos pontuar três aspectos: (1) a relação entre enunciação e língua, revelando que a língua se manifesta por meio da ação de um falante; (2) a realização efetiva da língua acontece somente em uma instância de discurso e, a partir dela, um locutor atinge um alocutário, ou seja, torna-se *sujeito*; e (3) o locutor, ao ativar uma enunciação de retorno, automaticamente constrói um centro de referência interno.

Agora, vamos analisar duas ocorrências de *instância de discurso* em "O aparelho formal da enunciação".

> O ato individual pelo qual se utiliza a língua introduz em primeiro lugar o locutor como parâmetro nas condições necessárias da enunciação. Antes da enunciação, a língua não é senão possibilidade de língua. Depois da enunciação, a língua é efetuada em uma **instância de discurso**, que emana de um locutor, forma sonora que atinge um ouvinte e que suscita uma outra enunciação de retorno (*PLG II*: 83-84, negrito nosso).

> O ato individual de apropriação da língua introduz aquele que fala em sua fala. Este é um dado constitutivo da enunciação. A presença do locutor em sua enunciação faz com que cada **instância de discurso** constitua um centro de referência interno. Esta situação vai se manifestar por um jogo de formas específicas cuja função é de colocar o locutor em relação constante e necessária com sua enunciação (*PLG II*: 84, negrito nosso).

Sobre essas passagens vale considerar algumas questões:

a.   enunciação e instância de discurso se relacionam: a primeira é o ato que transforma locutor em sujeito; a segunda fundamenta esse ato e revela o *sujeito*;

b.   ato é como o locutor se torna indispensável à enunciação, realizando o ato individual de utilização da língua;

c.   o locutor se apropria da língua e se enuncia, concretizando o ato de enunciação;

d.   a língua é efetuada em uma instância de discurso, onde o locutor produz o ato da enunciação e o alocutário responderá com outra enunciação;

e.   a apropriação da língua pelo locutor instaura o *tu*, referenciado pelo discurso, transformando o locutor em um colocutor.

A *instância de discurso* é o espaço-tempo em que o *eu* é identificado ao locutor, assemelhando-se à ideia de produção inicial de um enunciado. Essa situação cria a referência, recriada na enunciação, pois "cada instância de discurso [constitui] um centro de referência interno" (*PLG II*: 84), que produz, a cada vez, as pessoas (*eu-tu*), o espaço (*aqui*) e o tempo (*agora*). Benveniste sugere que a "situação" está ligada à *instância de discurso*, que engloba o *eu-tu-aqui-agora*, categorias estabelecidas a cada ato da enunciação.

Nas discussões até aqui, percebemos que, segundo Benveniste, a ancoragem subjetiva do homem na linguagem está baseada na enunciação, que fornece estruturas apropriadas para organizar e operacionalizar as relações entre os sujeitos. Essas estruturas são mobilizadas pela *instância de discurso* e atualizadas por meio de índices linguísticos específicos. Benveniste se distancia de abordagens que definem as noções de tempo, espaço e pessoa como reflexos da realidade extralinguística e considera que os indicadores de subjetividade remetem ao ato enunciativo em que estão inseridos.

EXEMPLO DE ABORDAGEM DE *INSTÂNCIA DE DISCURSO*

Cada *instância de discurso* possui um centro de referência interno, identificado por índices de pessoa (pronomes pessoais), índices de ostensão (pronomes demonstrativos) e os tempos verbais (o presente linguístico e suas formas verbais associadas). Esses elementos permitem que o discurso seja apropriado por quem assume a posição de locutor em diferentes situações, evidenciando a formação de instâncias enunciativas. Isso possibilita que cada *instância de discurso* se individualize em relação à situação de fala específica, traduzindo a posição que cada um deve ocupar na linguagem para ser falante.

Um primeiro aspecto a ser considerado é que cada *eu* corresponde a um ser único, e a realidade à qual se referem *eu* e *tu* é a do discurso. Benveniste destaca que "a forma *eu* só tem existência linguística no ato de palavra que a profere" (*PLG I*: 279) e *eu* é "o indivíduo que enuncia a presente instância de discurso que contém a instância linguística *eu*" (*PLG I*: 279). Como formulação quase síntese, define: "é ego que diz 'ego'" (*PLG I*: 288). Isso se aplica também ao *tu*, ao apontar que a situação de alocução possibilita uma "definição simétrica para *tu*, como 'indivíduo alocutado na presente instância de discurso contendo a instância linguística *tu*'" (*PLG I*: 279).

O segundo aspecto é que as pessoas *eu-tu* são autorreferenciais, pois referem-se a si mesmas, são posições na linguagem, ou seja, estão em relação "[...] à instância única que o [s] manifesta" (*PLG I*: 280). Isso permite entender que existem, "[...] na medida em que são atualizados na *instância de discurso*, em que marcam para cada uma das suas próprias instâncias o processo de apropriação pelo locutor" (*PLG I*:

281). As diversas indicações que unem *eu* e *tu* derivam das mesmas propriedades (advérbios e locuções adverbiais), marcando a "relação entre o indicador (de pessoa, de tempo e de lugar, de objeto mostrado etc.) e a *presente* instância de discurso" (*PLG I*: 280, destaque do autor) que o realiza.

Com esse percurso feito, foi possível verificar os traços gerais da *instância de discurso* e, a partir disso, delinear o movimento de análise considerando três propriedades fundamentais.

Em primeiro lugar, a unicidade da relação *eu-tu* é destacada, pois o *eu* é identificado somente na *instância de discurso* que o contém, sendo o *tu* simétrico ao *eu*. Em seguida, observamos a temporalidade e espacialidade simultâneas à atualização enunciativa, referindo-se ao momento presente. Além disso, a sincronia dos indicadores de subjetividade reflete a posição que cada um ocupa na linguagem. O falante, assumindo o papel de locutor, apropria-se da língua, e essa realidade está vinculada à *instância de discurso* assumida no ato de fala. Ao fazer isso, o locutor implanta o outro (*tu*), instituindo a configuração enunciativa. Por fim, o locutor emprega a língua e assume a condição de *sujeito*, sendo a língua ordenada temporalmente a partir da instância de discurso, que está especialmente relacionada às categorias de tempo e espaço.

Analisar a *instância de discurso* implica entender que a língua se realiza quando o locutor produz o ato da enunciação, e o alocutário responde com outra enunciação, revelando o exercício da linguagem na enunciação. Esse ato realiza essa transformação, enquanto a instância de discurso fundamenta o ato e revela o *sujeito*. Portanto, todas as análises da *instância de discurso* devem considerar como fundamental o eixo pessoa e as categorias de tempo e espaço.

Leituras complementares: Flores (2013a); Flores et al. (2009).

Capítulos relacionados: Aparelho formal da enunciação; Enunciação; Subjetividade; Pessoa e não pessoa; Semântica da enunciação.

INSTITUIÇÃO

Gabriela Barboza

O QUE É *INSTITUIÇÃO*?

Conjunto de práticas exercidas em uma dada sociedade por um dado tempo, que tem valor coletivo de norma. Ainda que seu estudo esteja ligado a outros campos do saber, para Benveniste, as instituições interessam estritamente do ponto de vista linguístico; as contribuições antropológicas, históricas e sociológicas são tarefas de outros cientistas. Para além da definição tradicional de instituição como ligada aos grandes aspectos da organização social, como direito, governo e religião, Benveniste promove uma ampliação de sua concepção, ao considerar, "também aquelas, menos aparentes, que se desenham nas técnicas, nos modos de vida, nas relações sociais, nos processos de fala e de pensamento" (*VOC I*: 9).

GUIA PARA COMPREENSÃO DE *INSTITUIÇÃO*

A palavra *instituição* figura em boa parte da obra de Benveniste de modo periférico e não teórico. Entretanto, ela começa a ter mais relevância e adquire estatuto de conceito, para o linguista, nos trabalhos ligados aos estudos de linguística histórico-comparada do indo-europeu e aos estudos sobre língua e sociedade. É possível encontrar *instituição*, direta ou indiretamente, em diversas obras, como *Noms d'agent et noms d'action en indo-européen*, *Titres et noms propres en indo-iranien*, *Origines de la formation des noms en indo-européen*, *Langues, cultures, réligions* – títulos menos conhecidos do público brasileiro –, mas principalmente em *PLG I e II*, *VOC I e II* e *Últimas aulas* – obras com as quais o leitor brasileiro está familiarizado e nas quais, em alguma medida, instituição é considerada teoricamente.

De fato, é com a publicação de *O vocabulário das instituições indo-europeias* que *instituição* assume lugar de protagonismo, na justa medida em que se relaciona com o vocabulário das práticas instituídas em diferentes sociedades do mundo indo-europeu, como o título dos dois volumes da obra nos permite observar. Dito de outro modo, o título já nos antecipa que não serão investigadas as instituições indo-europeias *per se*, senão seu vocabulário. Considerando o caráter introdutório deste guia, antes de nos debruçarmos sobre a temática da instituição na reflexão linguística de Benveniste, julgamos necessário esclarecer, ao leitor iniciante, a que nos referimos quando falamos de indo-europeu. Pensamos que sua compreensão é crucial para o encaminhamento do restante da discussão.

Em linhas gerais, indo-europeu é um termo amplamente difundido na linguística para se referir a uma língua ancestral hipotética da qual descende uma grande família de línguas atestadas (ou seja, que têm documentos), como espanhol, inglês, português, francês, russo, punjabi, bengali, persa, macedônio etc. Trata-se, melhor dito, de uma suposição de língua – também conhecida como protolíngua – cuja existência só pode ser evidenciada nas "línguas filhas": é uma língua de que não se tem registro escrito, mas que, devido às semelhanças apontadas pelo método de reconstrução, via rastros deixados pelo tempo em documentação de línguas muito diferentes, aventa-se a hipótese de que a origem comum seja o indo-europeu. Benveniste (*VOC I*: 7) define o indo-europeu "[...] como uma família de línguas oriundas de uma língua comum e que se diferenciam por separação gradual". O linguista segue sua definição e toma o indo-europeu, em seu conjunto, como "um imenso acontecimento global", que "se decompõe no decorrer dos séculos numa série de histórias distintas, cada qual referente a uma língua particular" (*VOC I*: 7).

Decorre dessa compreensão de língua ancestral hipotética atestada pelas "línguas filhas" que a noção de indo-europeu é puramente linguística: só se pode falar de sociedade e instituições indo-europeias pela existência das palavras. É o próprio Benveniste quem nos permite chegar a essa conclusão reveladora da potência das contribuições da linguística para o estudo do humano, ao considerar admirável que "possamos designar com segurança os povos que fizeram parte da comunidade inicial e reconhecê-los [...] como indo-europeus. **A razão disso é a língua, e apenas a língua**" (*VOC I*: 7, negrito nosso). Essa concepção de indo-europeu é reiterada em outros momentos pelo linguista, como quando afirma que "[a] noção de indo-europeu vale, primeiramente, como noção linguística e, se podemos estendê-la a outros aspectos da cultura, será também a partir da língua" (*VOC I*: 8).

Esclarecidas as condições de existência do indo-europeu como povo que só existe por sua língua, encaminhamo-nos ao debate em torno de *instituição*, objeto central deste capítulo. Cabe ressaltar, desde já, que, se o indo-europeu é uma hipótese de língua estabelecida a partir de reconstruções de línguas aparentadas, as instituições também estão na dependência de sua suposição linguística.

De modo geral, a maioria das sociedades conta com algumas formas de organização estabelecidas que definem o cerne de seu sistema de vida. Tais formas de arranjo da vida em comunidade, por seu caráter rotineiro e disciplinador, adquirem valor de regra: ao mesmo tempo que instituem condutas desejadas em um dado período histórico, são instituídas por grupos daquele mesmo período – ou seja, tornam-se instituições. É geral a todas as sociedades a instituição de práticas ligadas aos âmbitos familiar, religioso, econômico, político, curativo etc., mas é particular a cada sociedade o modo como tais relações são estabelecidas. Essa distinção é importante para que não se confunda a instituição como condição de existência de práticas instituídas de modo geral com as instituições específicas de cada povo.

No caso das instituições indo-europeias, não é diferente. Benveniste, porém, expande sua concepção de instituição para além das organizações sociais tradicionalmente reconhecidas ao considerar como tal "também aquelas, menos aparentes, que se desenham nas técnicas, nos modos de vida, nas relações sociais, nos processos de fala e de pensamento" (*VOC I*: 9). De certo modo, o linguista parece não diferenciar as práticas sociais cotidianas das instituições clássicas estabelecidas por lei: toda atividade social compartilhada em uma dada comunidade pode ser entendida como instituição, independentemente de que seja estabelecida por seus pares na vida cotidiana ou por entidades de poder – basta que sejam reconhecidas como princípios gerais que organizam e dão coesão a determinado grupo.

As instituições a que se dedica Benveniste – a saber: economia, parentesco, sociedade, poder, direito e religião (da ordem do geral) – para examinar o vocabulário comum de diferentes sociedades indo-europeias são verificadas nas diferentes línguas faladas por essas sociedades (da ordem do específico). O que diferencia o tratamento das instituições indo-europeias pelo prisma benvenistiano de perspectivas externas à linguística é o fato de que – é importante repeti-lo – somente a língua permite a existência das instituições e é capaz de indicar possibilidades de formas de organização do povo pesquisado. As instituições, nesse caso, vivem somente pelas palavras que nomeiam as práticas, os mitos e os ritos de sua sociedade. Elas não existem senão pela língua.

O programa de pesquisa conduzido por Benveniste para investigar o vocabulário das instituições indo-europeias é colocado em operação pela dupla de conceitos *designação* e *significação*. De fato, são esses dois termos que fazem as análises da formação e da organização do léxico funcionar e que, a partir disso, permitem demonstrar, por meio de correspondências de palavras, "uma evolução profunda das instituições, o surgimento de novas atividades ou concepções" (*VOC I*: 9). É por esse método, por exemplo, que Benveniste revela – ao tratar das diferentes possibilidades de pertença social a partir do estudo de vocábulos do indo-europeu que designam "família", "clã", "tribo" e "país" em iraniano antigo, latim, grego e sânscrito – que o sentido de tais nomeações indo-europeias sofreu transformações consideráveis. "Por meio dessas mudanças podemos discernir um grande fato de civilização, uma transformação nas próprias instituições, indiretamente traduzida no vocabulário" (*VOC I*: 305).

Em "Estrutura da língua e estrutura da sociedade", Benveniste estabelece a distinção de níveis para que se possa ensejar relações entre língua e sociedade. O nível histórico refere-se a línguas e sociedades (no plural) em sua empiria e concretude – como língua e sociedade portuguesa, guarani, francesa etc. O nível fundamental, por sua vez, diz respeito, em relação à língua (no singular), ao "sistema de formas significantes, à organização de uma dada coletividade" (*PLG II*: 96), e, em relação à sociedade, "à coletividade humana, base e condição primeira da existência dos homens" (*PLG II*: 96). Por perceber correspondências entre língua e sociedade no fundamental, o linguista propõe que suas relações sejam estudadas nesse nível.

Estabelecido o nível sobre o qual se trabalhará, Benveniste esclarece que, para a relação que propõe, a primeira será considerada "somente como meio de análise da sociedade" (*PLG II*: 97). A partir disso, formula duas proposições conjuntas, que passa a defender e explicitar: "em primeiro lugar, a língua é o interpretante da sociedade; em segundo lugar, a língua contém a sociedade" (*PLG II*: 97). De certo modo, as proposições feitas pelo linguista a respeito das relações entre língua e sociedade no nível fundamental (ou seja, como princípios gerais que regem a humanidade) são exaustivamente evidenciadas nas análises do vocabulário das instituições indo-europeias, ou seja, das línguas e sociedades no nível histórico – único meio possível de acesso a tais princípios. "O vocabulário conserva testemunhos insubstituíveis sobre as formas e as fases da organização social, sobre os regimes políticos, sobre os modos de produção que foram sucessiva ou simultaneamente empregados" (*PLG II*: 100).

Se a língua é o interpretante da sociedade e de todos os outros sistemas semióticos, por dedução lógica, ela também o é a respeito das instituições.

Em síntese, *instituição indo-europeia* é um termo que está intimamente ligado à relação entre língua e sociedade, na medida em que, de certo modo, a palavra comporta-as em sua própria constituição – trata-se de uma implicação *ab ovo* –, já que a única possibilidade de se supor a existência de povo, sociedade e instituição indo-europeia é exclusivamente por meio dos vocábulos que nomeiam tais fenômenos e formas de organização. Ainda que não fosse seu objetivo oferecer uma imagem concreta da sociedade indo-europeia comum (no sentido de sociedade histórica) – uma vez que não se detém nas fontes históricas senão na medida em que são contextos necessários à compreensão dos vocábulos –, a aplicação de seu método de análise do vocabulário das instituições, por meio dos operadores designação e significação, teve profundas repercussões para além do campo da linguística, tornando-se referência incontornável não somente para linguistas indo-europeístas, mas também para historiadores, sociólogos, antropólogos, filósofos, literatos etc.

Em suma, testemunhamos, com análises de vocabulário do indo-europeu de Benveniste, um modo de compreender a constituição e o desenvolvimento das estruturas organizadoras da vida social (as instituições), tendo em vista que, para ele, "a língua engloba a sociedade de todos os lados e a contém em seu aparelho conceitual" (*PLG II*: 100).

EXEMPLO DE ABORDAGEM DE *INSTITUIÇÃO*

No *VOC I* e *II*, os exemplos de abordagem de instituição são abundantes e estão presentes em absolutamente todos os capítulos dos dois volumes, uma vez que todos os fenômenos sociais evidenciados no livro são considerados instituições. Nos *PLGs*, os exemplos também são muito vastos, ainda que em número menor do que no *VOC*. Selecionamos mostras de dois capítulos: o primeiro, oriundo do livro I "A economia", seção 2 "Dar e tomar" – "Dádiva e troca" de *VOC I*; o segundo – "Dom e troca no vocabulário indo-europeu" –, da seção "Léxico e cultura" de *PLG I*.

Ambos os capítulos selecionados estão diretamente ligados entre si, em maior ou menor grau, pois tanto um quanto o outro se dedicam a analisar os fenômenos religiosos, econômicos e jurídicos relacionados a "dar" e "trocar" no vocabulário de línguas indo-europeias. Essa discussão é, de certo modo, a contribuição da linguística benvenistiana aos estudos iniciados pelo sociólogo e antropólogo Marcel Mauss (1872-1950) em seu *Ensaio sobre a dádiva*. Na leitura que Benveniste fez de Mauss, dom e troca podem ser vistos como um jogo "determinado por regras, que se fixam em instituições de todas as ordens. Uma vasta rede de ritos de festas, de contratos, de rivalidades organiza as modalidades dessas transações" (*PLG I*: 348).

Após tratar do vocabulário ligado ao "dom" em grego, Benveniste se volta à instituição germânica da guilda, que corresponde a uma reunião festiva de uma "'irmandade' reunida para uma comunhão voluntária" (*VOC I*: 69). Ao colocar em relação palavras de diferentes línguas germânicas relacionadas ao fenômeno do dom – como *gjald* [recompensa, castigo, pagamento] (islandês antigo), *jold* [banquete de corporação] (frísio), *gelt* [pagamento, sacrifício] (alto alemão antigo), *gild* [tributo de reciprocidade, contribuição obrigatória] (gótico) –, consegue refazer as diferentes designações e significações as quais a prática da guilda assumiu ao longo do tempo. Para ele, os diferentes sentidos que levaram à guilda permitem, pelo menos, duas observações: a) seu vocabulário indica que se trata de um fenômeno com aspectos ligados a, pelo menos, três instituições, economia, direito e religião; b) como se trata de um sistema de prestações recíprocas que é, ao mesmo tempo, livre e obrigatória, o "dom", nesse caso – principalmente devido à ideia da reciprocidade –, pode ser considerado uma espécie de "troca".

No que concerne ao vocabulário de "troca", resumidamente, após relacionar o fenômeno à palavra latina *munus* – com sentidos associados a "função, ofício, tarefa, valor" – e a *daps* [banquete sagrado] (latim), *tafn* [animal de sacrifício] (antigo islandês), *tawn* [festa] (armênio), δαπάνη [despesa] (grego), Benveniste constata que há um vocabulário bastante vasto para especificar tais relações econômicas, de modo que "se deve considerar cada língua por si mesma" (*PLG I*: 360). O linguista aponta, porém, um termo indo-europeu cuja significação foi mais constante no rastro do tempo: trata-se do vocábulo que designa "valor". Em grego, tem a forma ἀλφάνω [valor, ganhar, obter lucro], em sânscrito, *arh-* [valer, ser digno], em lituano *algà* [preço, salário]. Enumerados diversos exemplos, Benveniste assevera que "valor", em sua expressão indo-europeia mais antiga, significa "valor de troca". Tal valor é devido a quem "dispõe legalmente de um ser humano" (*PLG I*: 360) – por exemplo, dote pago por uma filha dada em casamento, prisioneiro colocado à venda. Benveniste encerra sua argumentação com apontamentos sobre "valor de troca" que mostram a íntima relação entre língua e sociedade: "por aí se entrevê a origem muito concreta, numa parte ao menos do domínio indo-europeu, de uma noção ligada a certas instituições, numa sociedade fundada sobre a escravidão" (*PLG I*: 360). Assistimos, em suas análises de vocabulário, à demonstração de exemplos do papel da língua como interpretante da sociedade, tal como o define em "Estrutura da língua e estrutura da sociedade": "O vocabulário conserva testemunhos insubstituíveis sobre as formas e as fases da organização social, sobre os regimes políticos, sobre os modos de produção que foram sucessiva ou simultaneamente empregados" (*PLG II*: 100).

Leituras complementares: Barboza (2018); Flores (2019); Lamberterie (1997); Malamoud (1971, 2016); Watkins (1984).

Capítulos relacionados: Cultura; Designação/significação; Língua(gem) e sociedade.

LÍNGUA

Paula Ávila Nunes

O QUE É *LÍNGUA*?

Para Benveniste, há duas formas de se conceber língua: "como sistema de signos" ou como "a linguagem assumida como exercício pelo indivíduo" (*PLG I*: 281). Assim, embora Benveniste siga a tradição saussuriana de concepção de língua como um sistema de signos, ou seja, um conjunto de elementos (signos) regidos por regras de combinação (gramática) dessas unidades, ele também considera que essa língua só existe quando empregada por um falante específico, em um tempo e espaço determinados. Por isso, língua, para Benveniste, é sempre língua-discurso, uma vez que se refere a um sistema abstrato e, concomitantemente, ao emprego desse sistema por um sujeito.

GUIA PARA A COMPREENSÃO DO CONCEITO DE *LÍNGUA*

A concepção benvenistiana de língua deve tributo a outro grande teórico do campo linguístico: Ferdinand de Saussure. Foi o pensador suíço quem teorizou mais sistematicamente as diferenças entre *língua* (e *línguas*), *fala* e *linguagem*, deixando claro que uma não se confunde com a outra. Embora Benveniste empregue *linguagem*, por vezes, como sinônimo de *língua*, em casos muito específicos, como quando faz referência à "linguagem como sistema de signos" e à "linguagem como assumida como exercício pelo indivíduo" (*PLG I*: 281), os dois termos não se recobrem em sua teoria.

Em "Vista d'olhos sobre o desenvolvimento da linguística", Benveniste explicita com clareza como a noção de língua pode ser entendida a partir da concepção saussuriana:

> a língua forma um *sistema*. Isso vale para qualquer língua, qualquer que seja a cultura onde se use, em qualquer estado histórico que a tomemos. Da base ao topo, desde os sons até as complexas formas de expressão, a língua é um arranjo sistemático de partes. Compõe-se de elementos formais articulados em combinações variáveis, segundo certos princípios de *estrutura*. [...] uma língua jamais comporta senão um número reduzido de elementos de base, mas esses elementos, em si mesmos pouco numerosos, prestam-se a grande número de combinações (*PLG I*: 22, itálicos do autor).

A partir desse excerto, podemos já observar um aspecto importante: para Benveniste, *língua* e *línguas* são termos diferentes. Enquanto o primeiro se refere a uma abstração teórica, a essa língua que forma um sistema, o segundo está ligado aos idiomas empíricos, a "qualquer língua", para usar sua expressão. Assim, as línguas, no plural, são formas factuais, embora também relativamente abstratas, de manifestação e organização da língua em sua concepção mais genérica. Poder-se-ia dizer que *língua* é um conceito mais amplo, portanto, do que *línguas*, que pressupõe sempre um qualificador: língua portuguesa, língua na modalidade oral, língua de sinais etc.

De forma análoga, a ideia de *língua* tampouco se confunde com a de *linguagem*, termo que Benveniste usa para se referir à faculdade humana de simbolizar, conforme ele mesmo explicita na segunda parte do artigo em questão. A língua, em sentido amplo, e as línguas, em sentido específico, seriam, portanto, a manifestação dessa faculdade de simbolizar, o que leva Benveniste a concluir: "todos os tipos de línguas adquirem direitos iguais de representar a linguagem" (*PLG I*: 6).

Se, até aqui, temos uma teorização que acompanha de perto os postulados saussurianos, isso não significa, todavia, que a concepção de Benveniste sobre língua equivalha, *pari passu*, àquela de Saussure. Isso porque Benveniste, desde o início de sua elaboração teórica, tem em mente uma questão até então deixada de lado pelos linguistas da época. Interroga-se ele: "a linguagem tem como função 'dizer alguma coisa'. O que é exatamente essa 'coisa' em vista da qual se articula a língua, e como é possível delimitá-la em relação à própria linguagem? Está proposto o problema da significação (*PLG I*: 8).

Língua

O "problema da significação" irá perpassar toda a construção da teoria benvenistiana. Poder-se-ia dizer, inclusive, que a própria concepção de enunciação é a saída que o autor encontra para esse "problema". Isso pode ser observado em um percurso de duas partes: na primeira, em relação ao aspecto formal da língua e, na segunda, em relação à enunciação propriamente dita. Acompanhemos esse percurso.

Em artigo bastante complexo, mas essencial, intitulado "Os níveis da análise linguística", de 1962, Benveniste enfatiza que "o *sentido* é de fato a condição fundamental que todas as unidades de todos os níveis devem preencher para obter *status* linguístico" (*PLG I*: 130). Embora aparentemente simplória, essa observação é capital, uma vez que não considera a língua apenas como um conjunto de formas, mas um conjunto de formas dotadas de sentido: "quando reduzimos uma unidade aos seus constituintes, reduzimo-la aos seus elementos *formais*" (*PLG I*: 135, destaques do autor). No entanto, a proposta de Benveniste não reside em decompor a língua em unidades cada vez menores, como era de praxe na linguística, sobretudo a estruturalista, de sua época, mas em observar também os níveis superiores, ou seja, como cada unidade integra, do fonema ao sintagma, níveis cada vez mais complexos.

Sem entrar numa análise mais minuciosa do artigo em questão, tarefa aquém dos propósitos aqui, importa apenas destacar que a relevância desse texto repousa em indicar que uma análise de língua deve levar em conta, portanto, dois aspectos que serão cruciais no desenvolvimento de sua teoria a partir daí: a forma e o sentido.

Para além dessa novidade que Benveniste traz aos estudos linguísticos, há ainda uma outra, que pode ser observada no mesmo texto. Ao pensar na organização das unidades linguísticas em elementos superiores, Benveniste se depara com um limite: a frase. Atesta ele: "[o]s fonemas, os morfemas, as palavras (lexemas) podem contar-se; existem em número finito. As frases, não" (*PLG I*: 139). Portanto, conclui:

> A frase, criação indefinida, variedade sem limite, é a própria vida da linguagem em ação. Concluímos que se deixa com a frase o domínio da língua como sistema de signos e se entra num outro universo, o da língua como instrumento de comunicação, cuja expressão é o discurso. Eis aí verdadeiramente dois universos diferentes, embora abarquem a mesma realidade, e possibilitem duas linguísticas diferentes, embora os seus caminhos se cruzem a todo instante (*PLG I*: 139).

Reside aqui, de forma textualmente mais clara, a virada que Benveniste imprime aos estudos linguísticos: o problema da significação exige do linguista não apenas considerar os aspectos formais e de sentido das línguas – o que ainda pode ser feito por uma linguística que aborde a língua como sistema de signos, como era vigente até então –, mas também o fato de que a língua é empregada em discurso. Acontece que, para tratamento dessa língua-discurso, a linguística precisa ser outra, embora seu caminho ainda se cruze com a primeira. Essa "outra linguística" é, precisamente, o que Benveniste vai desenvolver sob a ótica da enunciação.

Percebe-se, a partir desse breve esboço, o porquê de o conceito de "língua" em Benveniste ser distinto de outros escopos teóricos do campo dos estudos da linguagem: a língua, para ele, contempla forma e sentido e, ao fazê-lo, não pode ignorar se tratar de uma língua-discurso.

EXEMPLO DE ABORDAGEM DE *LÍNGUA*

Para compreender o conceito de língua na obra benvenistiana, é interessante que o leitor inicie pelo texto já citado, "Os níveis da análise linguística". Em sequência, outro artigo importante é "A forma e o sentido na linguagem", de 1966. Embora dirigido a filósofos, é nessa conferência que Benveniste elabora com mais detalhamento a relação que as noções de forma e sentido têm com a compreensão de língua. É nesse texto também que desenvolve um acréscimo muito importante em sua teoria, o de que "há para a língua duas maneiras de ser língua no sentido e na forma" (*PLG II*: 229), o que ele chamará de "a língua como semiótica" e a "língua como semântica". Em texto posterior, de 1969, intitulado "Semiologia da língua", o autor nomeará esses dois aspectos como dois universos de significação. Essa diferenciação lança luz ao entendimento dessas duas formas de concepção da língua. Em relação à língua como semiótica, realça o critério de identificação: "o que o signo significa não dá para ser definido. Para que um signo exista, é suficiente e necessário que ele seja aceito e que se relacione de uma maneira ou de outra com os demais signos. A entidade considerada significa? A resposta é sim ou não. [...] 'Chapéu' existe? Sim. 'Chaméu' existe? Não" (*PLG II*: 227).

Já para a língua como semântica, ressalta como tal visada permite a concepção de língua como discurso, ou seja, em funcionamento:

> A semiótica se caracteriza como uma propriedade da língua; a semântica resulta de uma atividade do locutor que coloca a língua em ação. O signo semiótico existe em si, funda a realidade da língua, mas ele não encontra aplicações particulares; a frase, expressão do semântico por excelência, não é *senão* particular. Com o signo tem-se a realidade intrínseca da língua; com a frase liga-se às coisas para fora da língua; e enquanto o signo tem por parte integrante o significado, que lhe é inerente, o sentido da frase implica referência à situação de discurso e à atitude do locutor (*PLG II*: 230, itálico do autor).

Em resumo, para Benveniste, a análise linguística envolve dois processos: 1) o de reconhecimento (plano semiótico), que apenas admite uma resposta binária (sim ou não); e 2) o de compreensão (plano semântico), que só pode resultar de uma análise precisa de cada enunciado particular. No primeiro caso, trata-se de identificar determinada unidade como integrante de um sistema linguístico: *árvore* existe no sistema linguístico do português, sendo, portanto, unidade desse sistema. *Órvore*, não. No segundo, "trata-se de perceber a significação de uma enunciação nova" (1989: 66): o signo "árvore" ganha contornos de sentido específicos em enunciações e agenciamentos sintáticos particulares: uma árvore de jacarandá não é igual a uma árvore de natal, uma árvore genealógica, uma árvore sintática, uma árvore conceitual ou uma árvore brônquica. Esses exemplos revelam, inclusive, como a língua não é apenas uma estrutura (menos ainda uma nomenclatura, como enfatizava Saussure), pois o caráter analógico (isto é, o emprego da ideia de "árvore" para representar, por analogia, ramificações, por exemplo) é um dos aspectos fundamentais das línguas humanas.

Exatamente por isso, Benveniste critica uma linguística que descreva apenas as unidades da estrutura: "a segmentação do enunciado em elementos discretos [o que se realiza no plano semiótico] não leva a uma análise da língua, da mesma forma que uma segmentação do universo físico não leva a uma teoria do mundo físico" (*PLG I*: 13). Com isso, Benveniste enfatiza que a linguística, como ciência da linguagem e das línguas, não pode conceber a língua apenas como estrutura (o que ele restringe ao universo semiótico de significação, necessário, embora não suficiente), mas deve também compreender seu emprego (o universo semântico de significação). Eis porque, para ele, língua é sempre língua-discurso, pois não se trata de um sistema apenas, mas de um sistema colocado em uso por um falante particular, gerando sentidos sempre novos que restam ser especificados.

A leitura desses três textos em sequência permite ao leitor conferir o pensamento de Benveniste em formação, acompanhando a complexificação de sua teoria, que culminará, ainda, num último texto sugerido: "O aparelho formal da enunciação", de 1970.

Leituras complementares: Flores (2013a, 2019).

Capítulos relacionados: Enunciação; Estrutura; Forma e sentido; Linguagem; Níveis da análise linguística; Semiótico/semântico.

LINGUAGEM

Paula Ávila Nunes

O QUE É *LINGUAGEM*?

Benveniste compreende a linguagem como a mais alta faculdade (capacidade simbólica) humana, exclusiva e inerente à espécie, distinguindo-a das demais, sendo, por isso, também o próprio instrumento da comunicação intersubjetiva.

GUIA PARA A COMPREENSÃO DE *LINGUAGEM*

Embora, em alguns momentos, possamos evidenciar o emprego de "linguagem" em contextos em que o linguista claramente está se referindo à língua (ver capítulo "Língua" neste volume), os dois conceitos não se recobrem na teoria de Benveniste: "[...] a linguística tem esse duplo objeto: é ciência da linguagem e ciência das línguas. Essa distinção, que nem sempre se faz, é necessária: a linguagem, faculdade humana, característica universal e imutável do homem, não é a mesma coisa que as línguas, sempre particulares e variáveis, nas quais se realiza" (*PLG I*: 20).

Iniciemos por apontar que o termo *linguagem*, na concepção do autor, refere-se a uma faculdade única e exclusivamente humana: "aplicada ao mundo animal, a noção de linguagem só tem crédito por um abuso de termos" (*PLG I*: 60). Por isso, como o próprio título do artigo "Comunicação animal e linguagem humana" sugere, é somente o humano que *fala* (e se enuncia), mesmo que outros animais se *comuniquem*, dado que seu modo de expressão não apresenta "os caracteres e as funções da linguagem humana" (*PLG I*: 60).

Também é digno de nota o fato de que Benveniste, na esteira do que fazem outros linguistas, resguarda o termo "linguagem" para se referir à faculdade humana de adquirir, compreender e falar uma língua, não sendo, assim, um conceito aplicável ao que, no senso comum (e mesmo em outras teorias), se chama de "linguagem". Fenômenos como "linguagem musical", "linguagem fotográfica", "linguagem pictórica" etc. são mencionados pelo autor como outros *sistemas semióticos* (ou semiológicos) (*PLG II*). Feitas essas observações, passemos à compreensão de como o conceito aparece na obra de Benveniste.

Uma das instâncias mais claras da perspectiva do autor sobre a linguagem se dá na entrevista concedida por ele a Guy Dumur para a *Le Nouvel Observateur*, em 1968 – momento em que sua reflexão já apresentava bastante maturidade – e publicada no *PLG II* sob o título de "Esta linguagem que faz a história". Salta aos olhos, inicialmente, uma subversão que Benveniste comete em relação à proposta saussuriana de que a língua deveria ser o objeto da linguística, ao contrário da linguagem, que é *heteróclita*. Benveniste, ao contrário, é taxativo: "A linguística é a tentativa de compreender este objeto evanescente: a linguagem, para estudá-la como se estudam os objetos concretos" (*PLG II*, p. 29). E acrescenta: "Tudo que diz respeito à linguagem é objeto da linguística", "pois a linguística se ocupa do fenômeno que constitui a linguagem" (*PLG II*, p. 29). Tal referência permite-nos dizer sobre Benveniste aquilo que ele mesmo asseverou acerca de Saussure: Benveniste não é um começo, mas é um outro tipo de começo. Evidentemente, a linguagem sempre esteve no rol de interesses, científicos ou especulativos, de pensadores dos mais diversos campos, com especial atenção dos gramáticos, filólogos e, posteriormente, a partir do trabalho de Saussure, dos linguistas propriamente ditos. O outro começo que Benveniste imprime a esse contexto diz respeito a recuperar os objetos teóricos excluídos por outras visadas sobre a linguagem, que davam privilégio à língua e à estrutura. A linguística que Benveniste irá desenvolver considera, decerto, tais aspectos, mas vai muito além deles, tratando de temas como a linguagem, a enunciação, a subjetividade etc. O próprio autor nos explica: "a linguagem é também um fato humano; é, no homem, o ponto de interação da vida mental e da vida cultural e ao mesmo tempo o instrumento dessa interação. Uma outra linguística poderia estabelecer-se sobre os termos deste trinômio: língua, cultura, personalidade" (*PLG I*: 17).

A relação da linguagem com a cultura e a subjetividade (personalidade) é clara: "A sociedade não é possível a não ser pela língua; e, pela língua, também o indivíduo. O despertar da consciência na criança coincide sempre com a aprendizagem da linguagem" (*PLG I*: 27) Esse *despertar da consciência* a que se refere Benveniste se apresenta de pelo menos duas formas em sua teoria. Primeiramente, no sentido de que a linguagem "representa a mais alta forma de uma faculdade que é inerente à condição humana, a faculdade de simbolizar" (*PLG I*: 27). Portanto, a "aprendizagem da linguagem" implica que, entre o falante e a realidade, se interponha esse sistema de representações.

Nessa conjuntura, Benveniste enfatiza que a aquisição da linguagem vai de par, portanto, com a entrada do humano na cultura, sendo condição para esta: "À medida que se torna capaz de operações intelectuais mais complexas [pela aquisição da linguagem], integra-se [a criança] na *cultura* que a rodeia. Chamo cultura ao *meio humano*, tudo o que, do outro lado do cumprimento das funções biológicas, dá à vida e à atividade humanas forma, sentido e conteúdo" (*PLG I*: 31, destaques do autor).

É na esteira desse raciocínio que temos também a segunda concepção de "despertar da consciência": a linguagem é o próprio fundamento da humanidade, e, por conseguinte, da subjetividade. É conhecida a passagem de "Da subjetividade na linguagem" em que Benveniste afirma que "a linguagem está na natureza do homem, que não a fabricou", sendo, portanto, a linguagem que "nos ensina a própria definição do homem" (*PLG I*: 285). Isso nos leva, novamente, à ideia de cultura, visto que a linguagem só pode se realizar em um contexto intersubjetivo: "A consciência de si mesmo só é possível se experimentada por contraste. [...] A linguagem só é possível porque cada locutor se apresenta como *sujeito*, remetendo a ele mesmo como *eu* no seu discurso" (*PLG I*: 286, destaques do autor).

Mais do que uma teoria linguística, portanto, o fato de Benveniste compreender a linguagem como o fundamento da intersubjetividade e da cultura (e, consequentemente, da subjetividade) humanas abre portas para o estudo das implicações antropológicas que derivam dessa compreensão, sendo uma importante contribuição de Benveniste às ciências da linguagem.

EXEMPLO DE ABORDAGEM DE *LINGUAGEM*

Por ser basilar na obra de Benveniste, como é em qualquer teorização linguística, o conceito de "linguagem" é discutido e teorizado em um momento mais inicial das reflexões do autor. Por isso, seus textos de maior interesse para entendimento de sua visão sobre linguagem se encontram no *PLG I*, que concentram escritos da década de 1950 e início da década de 1960.

Um percurso interessante de leitura para entender a dimensão do termo "linguagem" no conjunto da obra de Benveniste é iniciar pelo já citado "Comunicação animal e linguagem humana". Nesse pequeno texto, já temos, logo na primeira linha, a proposição que irá nortear a teorização do autor: "aplicada ao mundo animal, a noção de linguagem só tem crédito por abuso de termos" (*PLG I*: 60). Com isso em mente, Benveniste explicita quais as características que fazem com que a linguagem humana não encontre manifestações análogas em qualquer outro sistema de comunicação empregado por qualquer outra espécie, enfatizando um aspecto que será preponderante em sua teoria: a relação dialogal constitutiva da enunciação: "A mensagem das abelhas não provoca nenhuma resposta do ambiente, mas apenas uma certa conduta, que não é uma resposta. Isso significa que as abelhas não conhecem o diálogo, que é a condição da linguagem humana" (*PLG I*: 65).

A ausência do caráter dialogal na "linguagem" das abelhas acentua a razão de a enunciação estar *na linguagem*, sendo sua mola propulsora, dado que só há conversão de língua em discurso em função do caráter intersubjetivo e dialogal próprio da linguagem humana. Além disso, como bem frisa o autor, as abelhas não podem fazer referência a uma mensagem, apenas a dados da realidade. A linguagem humana, ao contrário, tem como característica básica ser simbólica, isto é, "propiciar um substituto da experiência que seja adequado para ser transmitido sem fim no tempo e no espaço" (*PLG I*: 65). Isso realça outra característica específica da linguagem humana: o caráter metalinguístico. Não só a linguagem é empregada como substituto a uma experiência, que pode ser narrada ou mesmo inventada, como também permite que uma mensagem seja emitida em relação a outra mensagem, algo impossível no sistema rudimentar das abelhas.

Outro aspecto importante relativo ao conceito de "linguagem" em Benveniste é a forma como o autor integra a linguagem no rol de estudos da sua forma de fazer linguística, contrastando-a com outras abordagens teóricas de proeminência até aquele momento, recomenda-se a leitura de "Tendências recentes em linguística geral". Por fim, é útil comparar essa dimensão àquela exposta em artigo publicado quase uma década depois, "Vista d'olhos sobre o desenvolvimento da linguística". Além de, de uma certa maneira, dar prosseguimento ao intuito de "Tendências...", ou seja, de discutir o próprio fazer da linguística, em termos de objeto, método e alcance, Benveniste é também muito mais específico em suas definições não apenas de linguagem, mas de outros termos de interesse correlato, como língua, níveis de análise etc.

Leituras complementares: Flores (2013a, 2019).

Capítulos relacionados: Antropológico; Forma e sentido; Função; Signo; Subjetividade.

LÍNGUA(GEM)
E PENSAMENTO

Filipe Almeida Gomes

O QUE É *LÍNGUA(GEM)* E *PENSAMENTO*?

Os estudos em torno da obra do linguista sírio-francês Émile Benveniste impõem o reconhecimento de uma premissa metodológica: é preciso estar atento à flutuação terminológica e/ou conceitual presentes nos escritos do autor e, ao mesmo tempo, é preciso considerar que essa flutuação pode ocorrer tanto no interior de um único texto quanto na passagem de um texto para outro. Prova disso, certamente, é a flutuação que, não raras vezes, vemos incidir sobre os termos "língua" e "linguagem".

Com efeito, a mencionada premissa metodológica se instaura como um desafio a ser vencido pelo estudioso de Benveniste. Entretanto, mais do que o caráter desafiador, vale assinalar que tal premissa tende a conferir maior credibilidade às reflexões.

Assim, é a partir da referida premissa metodológica que buscamos dar sustentação a uma compreensão mais ajustada da relação entre língua, linguagem e pensamento, tal como a lemos nos escritos de Benveniste. Mais precisamente, buscamos dar sustentação ao entendimento de que a língua, enquanto "um arranjo sistemático de partes" (*PLG I*: 22) – que pode se realizar em uma língua específica, isto é, em "uma estrutura linguística definida e particular" (*PLG I*: 31) –, é o molde para o pensamento e que a sua realização, na forma de discurso, é o que permite à linguagem, enquanto faculdade humana, tornar o pensamento intersubjetivamente comunicável.

Nas próximas páginas, portanto, ganham lugar de destaque três ensaios presentes em *PLG I*, a saber: "Tendências recentes em linguística geral"; "Categorias de pensamento e categorias de língua"; "Vista d'olhos sobre o desenvolvimento da linguística".

GUIA PARA COMPREENSÃO
DE *LÍNGUA(GEM)* E *PENSAMENTO*

No texto "Tendências recentes em linguística geral", enquanto versa sobre os avanços alcançados pela linguística sincrônica – com seu caráter descritivo –, Benveniste põe em cena, brevemente, uma importante questão. Segundo o linguista,

> as "categorias mentais" e as "leis do pensamento" não fazem, em grande parte, senão refletir a organização e a distribuição das categorias linguísticas. Pensamos um universo que a nossa língua, em primeiro lugar, modelou. As modalidades da experiência filosófica ou espiritual estão sob a dependência inconsciente de uma classificação que a língua opera pelo simples fato de ser língua e de simbolizar (*PLG I*: 7).

Como se pode observar, Benveniste traz à baila, nesse trecho, a relação entre língua e pensamento. Mais precisamente, o linguista, mesmo que de passagem, assume que só concebemos o mundo a partir de um recorte inicial já efetuado por determinada língua.

Ainda que essa consideração seja um tanto instigante, é necessário ressaltar que, no referido trabalho de 1954, Benveniste não se detém nessa questão. Seu comentário é apenas a indicação de mais um dos tantos temas que, potencialmente, ganhavam espaço em virtude do avanço de "uma reflexão familiarizada com a diversidade dos tipos linguísticos" (*PLG I*: 7).

Nessas condições, portanto, é apenas no ensaio "Categorias de pensamento e categorias de língua" que nosso autor tratará da relação entre língua e pensamento de modo mais detido. Em termos esquemáticos, é possível dizer que, nesse texto, Benveniste executa três ações: (1) constata a existência de uma compreensão generalizada a respeito do tema; (2) demonstra a fragilidade dessa compreensão; (3) propõe uma compreensão alternativa, mais consistente de um ponto de vista linguístico.

Estritamente falando, a compreensão generalizada cuja existência é constatada por Benveniste não é outra coisa senão a

> convicção, largamente divulgada e ela própria inconsciente como tudo o que diz respeito à linguagem, de que pensar e falar são duas atividades distintas por essência, que se conjugam pela necessidade prática da comunicação, mas que têm

cada uma o seu domínio e as suas possibilidades independentes, consistindo as da língua nos recursos oferecidos ao espírito para o que chamamos a expressão do pensamento (*PLG I*: 68).

Tal como se pode notar pelo excerto supracitado, Benveniste assume a existência de um entendimento difundido, que consiste em supor uma espécie de simetria entre língua e pensamento. E essa simetria, é possível dizer, estaria ancorada na alegação de que tanto o pensar quanto o falar teriam domínios e possibilidades próprias, específicas.

A fragilidade dessa compreensão, de acordo com Benveniste, está justamente no seu caráter ilusório, ou seja, no fato de que ela é uma *ilusão de simetria*. Afinal, aos olhos do linguista, a convicção generalizada sobre a relação entre língua e pensamento coloca a língua em posição de vassala do pensamento, anunciando, no que se refere à língua, uma exclusiva condição de transmissibilidade. Em outras palavras, por detrás da alegação de uma suposta simetria entre língua e pensamento, há, na verdade, um entendimento que coloca a língua em posição de simples instrumento de transmissão do pensamento.

Para Benveniste, então, é importante colocar em cena uma compreensão alternativa, mais afinada de um ponto de vista linguístico. Longe de supor que a "forma linguística" é "apenas a condição de transmissibilidade" do pensamento, cabe ter em mente que ela é, antes de tudo, "a condição de realização do pensamento. Não captamos o pensamento se não já adequado aos quadros da língua" (*PLG I*: 69). Tal consideração, é preciso dizer, não significa que uma determinada língua tenha a possibilidade de restringir o que se pode pensar; significa, isso sim, que uma determinada língua tem a possibilidade de moldar o pensamento, isto é, lhe conferir uma forma que, a princípio, é peculiar, em razão da estrutura dessa língua. Assim, resta verdadeira a ideia de que *não há limites para o que se pode dizer* – está escrito: "podemos dizer tudo, e podemos dizê-lo como queremos" (*PLG I*: 68) – e, consequentemente, a ideia de que *não há limites para o que se pode pensar* – afinal, também está escrito: "é o que se pode dizer que delimita e organiza o que se pode pensar" (*PLG I*: 76).

Convém registrar que, após versar sobre a relação entre língua e pensamento, Benveniste finaliza "Categorias de pensamento e categorias de língua" trazendo à baila a questão da linguagem, ou, mais precisamente, a relação entre linguagem, língua e pensamento. Ainda assim, é no texto "Vista d'olhos sobre o desenvolvimento da linguística" que se pode ver em mais detalhes a maneira como a linguagem passa a ser articulada com língua e pensamento na reflexão de nosso autor.

No terceiro parágrafo do referido texto, Benveniste faz uma afirmação mais clara sobre o que entende por "linguagem". Conforme pontua, "a linguagem, faculdade humana, característica universal e imutável do homem, não é a mesma coisa que as línguas, sempre particulares e variáveis, nas quais se realiza" (*PLG I*: 20).

Essa afirmação permite ao autor dedicar toda a primeira parte de "Vista d'olhos sobre o desenvolvimento da linguística" a uma série de considerações sobre a língua. Assim, Benveniste destaca o fato de que qualquer língua, enquanto uma realização particular e variável da linguagem, efetiva-se por meio de unidades – ou, se se quiser, "entidades linguísticas" –, as quais podem ser articuladas de diferentes maneiras, de acordo com princípios estruturais característicos da língua em questão.

Como complemento a essa primeira parte, em que o destaque é dado à "*forma* linguística", Benveniste (*PLG I*: 26) avança uma segunda parte, em que o relevo é atribuído à "*função* da linguagem". Em outras palavras, na segunda parte do texto, o objeto da "vista d'olhos" proposto por Benveniste deixa de ser a linguística que se ocupa dos fatos de língua e passa a ser, então, a linguística que se ocupa das funcionalidades da linguagem.

E é exatamente nesse ponto que a relação entre linguagem, língua e pensamento ganha maiores contornos. Além de reforçar seu entendimento de que a linguagem se manifesta sempre em uma língua, nosso autor sustenta que ela "representa a mais alta forma de uma faculdade que é inerente à condição humana, a faculdade de *simbolizar*" (*PLG I*: 27). Essa faculdade, nos diz o autor, é "fonte comum do pensamento, da linguagem e da sociedade" (*PLG I*: 29).

Ora, uma vez que, para Benveniste (*PLG I*: 30), tal faculdade "atinge a sua realização suprema na linguagem" – e, portanto, em uma língua –, é possível considerar que a reflexão do linguista sírio-francês não consiste em somente afirmar a distinção entre linguagem e pensamento. Com efeito, Benveniste assume que algo coloca a linguagem em posição privilegiada. E esse algo, é preciso dizer, é o fato de que a linguagem, por se efetivar sempre em línguas, não se restringe, como é o caso do pensamento, a uma classificação da realidade – isto é, a uma "transformação simbólica dos elementos da realidade ou da experiência em *conceitos*" (*PLG I*: 29) –, mas, junto a isso, possibilita ao homem "torna[r] a experiência interior [...] acessível a outro numa expressão articulada e representativa" (*PLG I*: 30).

Frente a tudo o que foi visto, parece razoável admitir que, pelo menos desde 1954, Benveniste advoga um mesmo entendimento. Para o autor, ainda que uma determinada língua não possa restringir o que se pode pensar, ela se revela um molde para o pensamento – isso, aliás, volta a aparecer no ensaio "A forma e o sentido na linguagem", de 1966 (*PLG II*: 233). E esse entendimento, ao menos desde 1963, está articulado com outro: o entendimento de que é justamente a realização em determinada língua que permite à linguagem tornar o pensamento intersubjetivamente comunicável.

Finalmente, para uma síntese aceitável, cabe relembrar a afirmação a seguir:

> a linguagem reproduz o mundo, mas submetendo-o à sua própria organização. [...] E isso pelo próprio fato de ser a linguagem articulada, consistindo de um arranjo orgânico de partes, de uma classificação formal dos objetos e dos processos. O conteúdo que deve ser transmitido (ou se se quiser, o "pensamento") é decomposto, assim, segundo um esquema linguístico. A "forma" do pensamento é configurada pela estrutura da língua. E a língua por sua vez revela dentro do sistema de suas categorias a sua função mediadora (*PLG I*: 26-27).

EXEMPLO DE ABORDAGEM DE *LÍNGUA(GEM)* E *PENSAMENTO*

Em relação aos dois entendimentos de Benveniste apontados anteriormente, parece que somente o primeiro – isto é, o entendimento de que as línguas podem moldar o pensamento, ainda que não lhes seja facultada a possibilidade de restringir o que se pode pensar – reclama demonstração. A propósito disso, então, é possível dizer que há exemplificação no próprio ensaio "Categorias de pensamento e categorias de língua", de Benveniste.

Ali, nosso autor argumenta que as ideias expressas, na língua grega, por meio do verbo correspondente a "ser" – por exemplo, as ideias de *identidade* e *existência* – instigam uma determinada reflexão filosófica, nomeadamente, a metafísica iniciada com os gregos. Essa reflexão filosófica certamente poderia ser feita em outra língua. Entretanto, em uma língua como o ewe, que é um tanto mais distante do grego e na qual há "praticamente cinco verbos distintos para corresponder aproximadamente às funções" (*PLG I*: 78) que o grego reúne sob o verbo equivalente a "ser", essa reflexão tende a ganhar contornos próprios, tende a "articular-se de maneira totalmente diferente" (*PLG I*: 79). E isso, é preciso reforçar, não implica que uma língua seja melhor do que outra, mas, sim, que a estrutura linguística tende a moldar o pensamento, ou, dito de outro modo, que "a língua fornece a configuração fundamental das propriedades reconhecidas nas coisas pelo espírito" (*PLG I*: 76).

Leituras complementares: Flores (2019); Flores, Gomes e Hoff (2022).

Capítulos relacionados: Estrutura; Língua; Linguagem; Subjetividade.

LÍNGUA(GEM)
E SOCIEDADE

Fábio Aresi

O QUE É *LÍNGUA(GEM)* E *SOCIEDADE*?

Embora seja possível encontrar, de uma maneira ou de outra, a relação entre língua(gem) e sociedade sendo comentada por Benveniste em textos seus de diferentes temas e diferentes épocas, é no artigo intitulado "Estrutura da língua e estrutura da sociedade", de 1968, que essa relação é tratada como objeto central, como o título da obra torna evidente, e é nele que encontramos sua conceitualização mais bem elaborada. Após reconhecer a relação de implicação mútua entre língua e sociedade e descartar a possibilidade de uma correlação em nível estrutural entre uma e outra, Benveniste adota um ponto de vista original: "[...] tomaremos língua e sociedade em sincronia e numa relação semiológica: a relação do interpretante com o interpretado. E formularemos estas duas proposições conjuntas: em primeiro lugar, a língua é o interpretante da sociedade; em segundo lugar, a língua contém a sociedade" (*PLG II*: 97).

Assim, entende-se que, para Benveniste, língua e sociedade formam um conceito relacional cujo ponto de vista (semiológico: da significação e da relação de interpretância) permite ao linguista olhar para a sociedade através do prisma da língua, vendo, no modo de organização desta, o modo de organização daquela.

GUIA PARA A COMPREENSÃO
DE *LÍNGUA(GEM)* E *SOCIEDADE*

A primeira constatação que se depreende da leitura dos textos do autor a respeito do par língua/sociedade é a de sua *indissociabilidade*. Como já dito, a relação entre língua e sociedade é um tema que perpassa a reflexão linguística de Benveniste. Em muitos de seus textos, a implicação mútua entre o par é salientada. No texto "Vista d'olhos sobre o desenvolvimento da linguística", de 1963, surpreendemos passagens como: "De fato, é dentro da, e pela, língua que indivíduo e sociedade se determinam mutuamente" (*PLG I*: 27); "A sociedade não é possível a não ser pela língua" (*PLG I*: 27); "Língua e sociedade não se concebem uma sem a outra" (*PLG I*: 31). Antes ainda, em um texto de 1954 intitulado "Tendências recentes em linguística geral", Benveniste já colocava como um interrogante da linguística a relação entre as estruturas da língua e da sociedade: "O problema consistirá antes em descobrir a base comum à língua e à sociedade, os princípios que regem essas duas estruturas, definindo-se primeiro as unidades que, numa e noutra, se prestariam à comparação, ressaltando-se-lhes a interdependência" (*PLG I*: 15-16).

Este é praticamente um resumo do programa sobre o qual o linguista viria a se ocupar em seu texto de 1968, "Estrutura da língua e estrutura da sociedade". Nele, Benveniste inicia sua reflexão justamente a partir dessa interdependência entre língua e sociedade: se, de um lado, "a linguagem [leia-se língua] exige e pressupõe o outro" (*PLG II*: 93), o que estabelece a sociedade como um pressuposto, de outro lado, "a sociedade só se sustenta pelo uso comum de signos de comunicação" (*PLG II*: 93), o que, nesse caso, coloca como pressuposto a própria língua.

A indissociabilidade entre língua e sociedade permite a hipótese de que se possa encontrar, entre a estrutura de uma e de outra, correlações precisas e constantes (hipótese esta que se apresenta inclusive na passagem aqui citada do texto "Tendências recentes em linguística geral"). No entanto, uma sumária demonstração por parte de Benveniste é suficiente para revelar a incomensurabilidade entre as estruturas, tanto do ponto de vista sincrônico quanto diacrônico.[1] Para o linguista, a dificuldade de se estudar a relação língua/sociedade reside, antes de tudo, em uma questão de ordem nocional: os termos *língua* e *sociedade* recobrem, cada um, duas noções diferentes, as quais é de suma importância manter claramente reconhecidas quando se busca abordar esse problema. Trata-se de uma diferenciação fundamental, a qual conduzirá à perspectiva semiológica elaborada pelo autor:

> Existe de uma parte a sociedade como dado empírico, histórico. Fala-se da socie-
> dade chinesa, da sociedade francesa, da sociedade assíria; existe de outra parte a
> sociedade como coletividade humana, base e condição primeira da existência dos
> homens. Da mesma maneira existe a língua como idioma empírico, histórico, a
> língua chinesa, a língua francesa, a língua assíria; e existe a língua como sistema
> de formas significantes, condição primeira da comunicação (*PLG II*: 96).

Há, portanto, para cada uma das entidades, dois níveis: um deles, *histórico*; o outro, *fundamental*. Em nível histórico, "entre uma língua histórica e uma sociedade histórica, não se pode estabelecer correlação como um signo de necessidade" (*PLG II*: 96). As noções de língua e de sociedade que interessarão a Benveniste, em sua perspectiva semiológica, serão aquelas relativas ao nível fundamental.

Uma vez tomadas língua e sociedade em sua acepção fundamental, Benveniste se pergunta: "Como poderemos supor a relação da língua e da sociedade para esclarecer pela análise de uma (a língua), a análise da outra (a sociedade)?" (*PLG II*: 97). Intui-se, através desse questionamento, que a abordagem a ser proposta para o estudo da relação entre língua e sociedade implica necessariamente uma análise da sociedade através da análise da língua. Pensar a sociedade através da análise da língua significa, para Benveniste, tomar "língua e sociedade em sincronia e numa relação semiológica: a relação do interpretante com o interpretado" (*PLG II*: 97).

Essa aproximação efetuada por Benveniste entre língua e sociedade, a partir de um ponto de vista semiológico, o leva a formular duas "proposições conjuntas": "Em primeiro lugar, a língua é o interpretante da sociedade; em segundo lugar, a língua contém a sociedade" (*PLG II*: 97). Com a primeira das proposições, depreende-se os componentes e suas respectivas funções: a língua, tomada enquanto sistema de formas significantes, ocupa o lugar de interpretante; a sociedade, pensada enquanto princípio de coletividade humana, assume a posição de interpretado. Com a segunda proposição, Benveniste explica a razão fundamental dessa interação: a língua é o interpretante e a sociedade é o interpretado, porque o modo de organização da sociedade está contido no modo de organização da língua.

Colocar a relação entre língua e sociedade nesses termos significa tomar a língua ao mesmo tempo como o *operador* de uma análise da sociedade – uma vez que será *por meio da língua* que a sociedade será interpretada, dada a sua capacidade de significância – e como o próprio *objeto* dessa análise – uma vez que, assumindo-se que a sociedade está contida na língua, o estudo da sociedade pode ser empreendido através do estudo da própria língua.

Assim, para Benveniste, a relação língua/sociedade constitui, antes de tudo, um ponto de vista sobre a linguagem/língua, pois se trata sempre de uma *análise da língua*, análise esta que enseja também uma análise da sociedade (sempre na e pela língua).

EXEMPLO DE ABORDAGEM DE *LÍNGUA(GEM)* E *SOCIEDADE*

Ainda em seu texto "Estrutura da língua e estrutura da sociedade", Benveniste apresenta algumas possibilidades de abordagem da relação entre língua e sociedade desde o ponto de vista semiológico. Uma delas é a que o linguista denomina o "semantismo social", que "consiste na verdade, principalmente, mas não exclusivamente, em designações, em fatos de vocabulário" (*PLG II*: 100). Segundo Benveniste, "o vocabulário conserva testemunhos insubstituíveis sobre as formas e as fases da organização social, sobre os regimes políticos, sobre os modos de produção que foram sucessiva ou simultaneamente empregados, etc." (*PLG II*: 100). Trata-se, portanto, de uma perspectiva de análise da relação entre língua e sociedade que, assentada sobre a propriedade semiológica de interpretância da língua, busca determinar em que medida o conjunto de designações que compõem o vocabulário de determinada língua pode ser tomado como testemunho da organização da sociedade que se serve dessa língua, e para a qual ela representa a realidade.

Exemplos desse estudo da relação língua/sociedade a partir do vocabulário das línguas são abundantes no conjunto da obra benvenistiana. Os *VOC I* e *II* apresentam uma volumosa quantidade de estudos do léxico das línguas indo-europeias, assim como a sexta parte de *PLG I* e *II*, intitulada "Léxico e cultura".

A título de demonstração, no texto "Dois modelos linguísticos da cidade", de 1970, Benveniste parte justamente de uma problematização acerca da relação entre língua e sociedade para analisar a gênese da palavra francesa "*cité*" [cidade]. O linguista mostra que, se, por um lado, o termo "cidade" das línguas neolatinas está ligado lexicalmente ao termo "*civitas*" do latim, por outro, o modelo de derivação (ou seja, a relação entre um termo de base e um termo derivado) que tais línguas assumiram foi o da língua grega, sendo "*cité*" [cidade] o termo primeiro e "*citoyen*" [cidadão] o termo derivado. Trata-se do inverso do que ocorre em latim, em que é "*civis*" [cidadão] que dá origem ao termo "*civitas*" [cidade].

Tal análise demonstra que, por trás da aparente facilidade e clareza em remeter lexicalmente "*cité*" a "*civitas*" tal como a comparação genética geralmente é feita, esconde-se na verdade um problema que, se examinado de perto, permite evidenciar dois modelos de cidade distintos, ou seja, duas formas de organização social que divergem profundamente em seus princípios.

No modelo de derivação do latim, o termo primeiro é "*civis*", cuja tradução mais aproximada seria, segundo Benveniste, a de "concidadão", uma vez que "*civis*" designa, muito antes da condição de pertencimento do homem a uma cidade, uma condição de *reciprocidade* de um homem em relação a outro homem. Benveniste constata, através dos empregos da palavra "*civis*" em textos e dicionários latinos, que o termo se constrói frequentemente em conjunto com um pronome possessivo (*civis meus, civis nostris*), o que demonstra que ele possui, muito antes de uma designação objetiva, um valor recíproco: "[...] é civis, para mim, aquele de quem eu sou civis. Daí civis meus" (*PLG II*: 280). Portanto, só existiria *civis* diante de outro *civis*. Nas palavras do linguista: "Não existe, pois, civis fora desta dependência recíproca. É-se civis de um outro civis antes de ser civis de uma certa cidade" (*PLG II*: 283). É dessa noção inter-humana de *civis* que deriva "*civitas*", termo abstrato que designa, portanto, uma coletividade: o 'conjunto dos cives'" (*PLG II*: 283). A ordem social seria aqui, assim, a de cidade enquanto produto de uma coletividade de homens em relação recíproca de "concidadania".

No modelo de derivação do grego adotado pelas línguas neolatinas, a relação é inversa:

> [...] o dado primeiro é uma entidade, a *polis*. Esta, corpo abstrato, *Estado*, fonte e centro da autoridade, existe por si mesma. Ela não se encarna nem num edifício, nem numa instituição, nem numa assembleia. É independente dos homens, e sua única sede material é a extensão do território que a fundamenta (*PLG II*: 285, itálicos do autor).

De "*polis*" deriva o termo "*polítēs*", designando por sua vez um estatuto de pertencimento à *polis*. Nas palavras de Benveniste:

> [...] é *polítēs* aquele que é membro da polis, que dela participa de direito, que recebe dela encargos e privilégios. Este estatuto de participante em uma entidade primordial é algo de específico, ao mesmo tempo referência de origem, lugar de pertença, título de nascimento, condição de estado; tudo emana dessa condição de dependência da pólis, necessária e suficiente para definir o *polítēs* (*PLG II*: 285).

Portanto, e em resumo, se o modelo de derivação do latim permite evidenciar um modelo de ordem social no qual a cidade figura como resultado coletivo de homens em relação de reciprocidade, o modelo de derivação do grego permite ver a cidade como entidade primordial e autônoma que confere aos homens seu estatuto de pertencimento. No primeiro caso, "cidadão" diz respeito à relação do homem com outro homem, sendo um concidadão do outro; da coletividade dessas relações, surge a "cidade". No segundo caso, "cidadão" diz respeito à relação de dependência do homem com a cidade à qual pertence; desta cidade, tomada como entidade abstrata primordial, surge o "cidadão". Nas línguas ocidentais, foi o modelo de derivação grego que sobreviveu, e mesmo nas línguas neolatinas, as quais se valeram, em sua construção lexical, do termo latino *civitas*", este constitui sempre o termo primário, e não mais secundário.

Leituras complementares: Aresi (2018, 2021); Barboza (2018); Flores (2013a); S. Silva (2020).

Capítulos relacionados: Antropológico; Cultura; Designação/significação; Interpretância; Semiologia.

Nota

[1] A partir do ponto de vista sincrônico, Benveniste conclui que "línguas de estruturas comparáveis servem a sociedades muito diferentes entre si" (*PLG II*: 94), e que "línguas, ao contrário, muito afastadas por seu tipo uma da outra, vivem e se desenvolvem em sociedades que compartilham o mesmo regime social" (*PLG II*: 94). Do ponto de vista diacrônico, a conclusão é a de que "vê-se também que língua e sociedade evoluem separadamente. Uma mesma língua permanece estável através das reviravoltas sociais mais profundas" (*PLG II*: 94).

LINGUAGEM E POÉTICA

Sabrina Vier

O QUE É *LINGUAGEM E POÉTICA*?

Como linguagem, a poesia é a "arte de significações" (*BD*: 458) e "A arte não tem outro fim senão o de abolir o 'sentido comum' e fazer experimentar outra realidade, mais verdadeira, que não teríamos sabido descobrir sem o artista" (*BD*: 642). Essa outra realidade coloca em cena o "caráter radicalmente específico da língua poética em todos os seus aspectos e em sua estrutura inteira" (*BD*: 680).

Por manter a aparência de uma língua, a poesia imita a denotação do uso comum, "mas remete a uma 'realidade' inteiramente fictícia, que é criada pela sensibilidade e emoção" do poeta (*BD*: 540). Há uma importante distinção – e não oposição! – a se considerar: "Na linguagem ordinária, as palavras significam a ideia; na linguagem poética, as palavras iconizam a emoção" (*BD*: 134).

As palavras do poeta têm uma função: ser uma realidade segunda – a realidade da imaginação e da emoção, que as palavras "criam ao exprimi-la", não existindo "a não ser a partir do momento em que o poeta a enuncia", ou seja, a realidade é "interior às palavras" (*BD*: 558). Porque a poesia é uma linguagem carregada de emoção, ela suscita, ela evoca, comportando o não dizer e o não saber.

GUIA PARA COMPREENSÃO DE *LINGUAGEM E POÉTICA*

Em 2004, foram depositados, na Biblioteca Nacional da França, manuscritos de Benveniste[1] sobre a linguagem poética – um total de 367 fólios em uma pasta. Dentro dela, há uma outra pasta, em que está escrito, pela mão do linguista, *Baudelaire*. A hipótese de Chloé Laplantine, pesquisadora que publicou os manuscritos (*BD*), é de que o dossiê contenha traços de uma pesquisa do final dos anos 1960, momento de intensa produção do linguista, mas que pode ter iniciado antes disso.

Em 1956, por exemplo, em "Observações sobre a função da linguagem na descoberta freudiana", a poesia aparece como ponto de reflexão: "O que Freud perguntou em vão à linguagem 'histórica' teria podido, em certa medida, perguntar ao mito ou à poesia" (PLG I: 90). Também em 1963, em "Vistas d'olhos sobre o desenvolvimento da linguística": "O homem sentiu sempre – e os poetas frequentemente cantaram – o poder fundador da linguagem, que instaura uma realidade imaginária, anima as coisas inertes, faz ver o que ainda não existe, traz de volta o que desapareceu" (*PLG I*: 27).

Um verso de Charles Baudelaire integra o artigo "Semiologia da língua", de 1969, momento em que Benveniste pensa a relação entre sistemas semiológicos distintos: "'Les perfums, les couleurs et les sons se répondent'.[2] Estas 'correspondências' não estão senão em Baudelaire, elas organizam seu universo poético e a imagem que o reflete" (Benveniste, 1974: 61).[3]

Dos 48 textos dos dois volumes dos *PLGs*, encontramos excertos literários em 13. De 15 autores literários citados, há 11 poetas, ou seja, o que encontramos nos manuscritos pode ser pensado como um *continuum* na pesquisa linguística empreendida por Benveniste. Mas há um ponto importante a se destacar: somente o verso de Baudelaire traz uma problematização linguística a partir da arte.

Em entrevista a Guy Dumur, em 1968, Benveniste é questionado se a linguagem poética tem interesse para a linguística: "Imensamente. Mas este trabalho apenas começou. Não se pode dizer que o objeto de estudo, o método a ser empregado já estejam claramente definidos. Há tentativas interessantes mas que mostram a dificuldade de se abandonarem categorias utilizadas para a análise da linguagem ordinária" (*PLG II*: 37).

Os manuscritos sobre a linguagem poética são uma dessas tentativas interessantes de abordar a linguagem poética, em um estudo linguístico, a partir da arte, e não da linguagem ordinária. A hipótese é de que este estudo geraria um artigo para a revista *Langages*:

> 1/10/67
>
> A língua de Baudelaire
>
> Baudelaire é o poeta da interioridade do ser, de / sua verdade profunda, dos sofrimentos do homem na / natureza e na sociedade. Sua poesia visa a *descrever / a interioridade*, as aspirações, os sonhos, os delírios, as lembranças / aplicando-lhes o *estilo que convém à exterioridade*. [...] (*BD*: 426, itálicos do autor).

Em uma lista intitulada "Artigos prometidos", datada de 1967, lê-se "Langages/ (A língua de Baudelaire)" (*BD*: 762). Sabe-se, hoje, que esse texto foi solicitado por Roland Barthes, que organizou o número 12 da revista, publicada em dezembro de 1968, *Linguística e literatura*. No entanto, esse artigo jamais foi publicado.

Colocando em rede diferentes termos, definições e noções presentes nos manuscritos, muitos pontos de reflexão sobre a linguagem poética podem ser levantados. Destaco aqui dois: a língua de Baudelaire e a língua poética.

Sobre a língua de Baudelaire, por meio da análise de poemas de *As flores do mal* e de alguns poemas de *Pequenos poemas em prosa*, Benveniste busca o fundamento da poética baudelairiana. Para isso, propõe listas de palavras e anotações sobre comparações, sonoridade, rimas, tempo, que colocam em cena o que ele denomina de "imagens criativas". Essas imagens apontam para as "correspondências", que são o princípio que estrutura o universo poético baudelairiano.

A partir desse princípio, busca a natureza e o funcionamento da língua poética. Quanto à natureza, argumenta que o material do poeta é a palavra: o poeta usa a palavra como material, "[...] explorando as *imagens* / que elas suscitam em virtude do sentido ou da sonoridade" (*BD*: 670, destaque do autor). A palavra-material relaciona-se com a palavra do uso ordinário, mas ela não diz da emoção, ela dá a emoção a partir da evocação suscitada pela palavra do uso ordinário. Assim, a unidade da língua poética é a palavra como ícone.

Como unidade, a palavra é a mesma do uso ordinário. No entanto, quando em uso, ou seja, quando material do poeta, a palavra é o ícone. Não há, então, duas línguas: uma língua ordinária e uma língua poética. Ao usar "poética" após "língua", Benveniste marca que a poética diz de uma realidade segunda instaurada pela língua: o universo poético. É preciso, pois, ultrapassar a noção de signo como princípio único e adentrar na emoção por meio da palavra como ícone.

A palavra como ícone em estado isolado não produz versos. É necessário que ela funcione como ícone – como unidade do poema – para significar. Assim, no uso ordinário, temos o *signo*: *significante* e *significado*; no uso poético, a *iconia*: *iconizante* e *iconizado*. A palavra na poesia toca o signo e o transcende, ou seja, a palavra como iconia toca o signo para poder impulsionar-se a outro universo de significação, o da evocação. Assim,

> *Forma* e *sentido* se distribuem de maneira diferente / em poesia do que na linguagem comum.
>
> Deve-se partir do nível do *signo*.
>
> O signo poético é bem, materialmente, idêntico / ao signo linguístico. Mas a decomposição do signo em / significante - significado não basta: é necessário

acrescentar / uma dimensão nova, a da *evocação*: <que refere> não à 'realidade' (conceito da linguagem / comum) mas à 'visão poética da realidade'

Assim à relação *significante | significado | referente* / a linguagem poética acrescenta (ou substitui) *evocador | evocado | emoção* <inicial> (*BD*: 138, itálicos do autor).

A poesia evoca uma emoção associada às palavras-imagens que a portam e a iconizam. Assim, a iconia – o ato de iconizar a emoção – é o princípio de funcionamento do poema. Esse funcionamento deve ser pensado a partir do iconizante – a imagem – e do iconizado – a emoção. Por isso o poeta dá a emoção e não diz a emoção: o ícone instaura correspondências suscitadas pela emoção.

Por fim, em diálogo com o signo, há o sintagma e o paradigma poemático. O sintagma está para o iconizado – a emoção – e vai além dos limites gramaticais do uso ordinário, compreendendo a comparação, a evocação, a rima. O paradigma está para o iconizante – a imagem; assim, a escolha das palavras está para o semântico e para a emoção.

EXEMPLO DE ABORDAGEM DE *LINGUAGEM* E *POÉTICA*

Em 1924, em uma resenha sobre a tradução francesa dos *Cadernos de Malte Laurids Brigge*, de Rilke, Benveniste destaca que é necessária uma virtude de exorcismo para que as categorias analíticas não se sobreponham à linguagem poética: deve-se, pela evocação, analisar as palavras do poeta atravessadas por misteriosas correspondências.

Porque cada língua poética cria evocações únicas, acredito que seja mais produtivo aqui trazer pontos de atenção:

3/10/67

Poesia

Poder-se-ia dizer que, em poesia, o signo se torna símbolo? / Em todo caso, parece-me que, *em poesia*:

1º) Não há signo isolado que, em si, possa ser considerado como / próprio da língua poética ou que realize o efeito poético / (exceto alguns clichês "espada" "onda" "azul celeste")

2º) Tudo está na junção. A obra do poeta consiste literalmente / em reunir as palavras em conjuntos submetidos à medida.

3º) O linguista portanto tem que estudar: 1º) o princípio dessa sintag- / mática particular. 2º) as relações de significado assim obtidas.

Princípios

1º) Em poesia a distinção da forma e do conteúdo (supondo-se que ela / tenha em si um sentido) é eliminada. O "fundo" da poesia é sua "forma".

2º) Em poesia o conjunto prevalece e determina a unidade.

3º) Em poesia (aqui se inicia a passagem mais difícil) a relação entre / significado e denotado (fundamento da semiótica - na verdade a / limitar-se na <à> linguagem ordinária) não funciona.

4º) De fato - no ponto de partida de todo propósito razoável na poesia, / precisa-se colocar o seguinte: o signo é sempre conceitual. Ele é inteligível (*BD*: 428, itálicos do autor).

O que vimos a partir dos manuscritos? Benveniste estudou os poemas e a língua *de* Baudelaire para encontrar o discurso *de* Baudelaire. A partir desse encontro, cabe ao linguista estudar o princípio da sintagmática particular da língua de cada poeta e as relações de significado obtidas a partir dessa sintagmática.

Não nos esqueçamos de que a relação entre significado e significante – fundamento do semiótico – no poema não funciona. Por que não funciona? Simplesmente porque é a arte, e não a língua, que comanda o poético: poesia, a arte das significações.

Leituras complementares: Knack (2020); Neumann (2020); Vier (2016).

Capítulos relacionados: Interpretância; Metassemântica; Semiologia, Semiótico/semântico; Símbolo.

Notas

[1] Os manuscritos vieram a público de duas maneiras: em 2008, via tese de doutorado da linguista Chloé Laplantine, e, em seguida, em 2011, via publicação da editora Lambert-Lucas (Benveniste: 2011). Neste capítulo, faço uso da publicação realizada pela editora.

[2] Na tradução de Ivan Junqueira, "Os sons, as cores e os perfumes se harmonizam".

[3] Utilizo aqui a versão em francês, "[...] et l'imagerie qui le reflete" (Benveniste, 1974: 61), pois a versão brasileira apresenta "[...] e a criação que o reflete" (*PLG II*: 62).

LÍNGUAS

Sara Luiza Hoff

O QUE É *LÍNGUAS*?

É possível inferir que, para Benveniste, as línguas são organismos linguísticos complexos particulares, variáveis, empíricos e históricos, que permitem a realização e a compreensão da linguagem.

GUIA PARA COMPREENSÃO DE *LÍNGUAS*

A definição acima não é fornecida por Benveniste. No entanto, embora ele não apresente um conceito definitivo do que são as línguas, há, em diversos de seus artigos, algumas indicações que permitem chegar a um possível conceito.

Em "Estrutura da língua e estrutura da sociedade", Benveniste (*PLG II*: 96, grifos nossos) propõe que existem duas maneiras de considerar o termo "língua": "existe a língua como *idioma empírico, histórico*, a língua chinesa, a língua francesa, a língua assíria; e existe a língua como sistema de formas significantes, condição primeira da comunicação". Assim, ao falar em "línguas", o que está em consideração, para ele, é a primeira maneira.

Em "Vista d'olhos sobre o desenvolvimento da linguística", ele afirma que é necessário considerar que "a linguagem, faculdade humana, característica universal e imutável do homem, não é a mesma coisa que *as línguas, sempre particulares e variáveis*, nas quais se realiza" (*PLG I*: 20, grifos nossos). Em "A classificação das línguas", ele caracteriza as línguas como conjuntos *complexos*, que podem ser classificados por critérios muito distintos (*PLG I*: 119). Em "Estruturalismo e linguística", ele enfatiza a distinção entre os sistemas: "não há duas línguas que organizem as cores da mesma maneira" (*PLG II*: 21).

No Prefácio do *PLG I*, encontra-se uma passagem fundamental, que, além de definir "línguas", observa a relevância que têm para a linguística. Benveniste (*PLG I*) afirma que "a reflexão sobre a linguagem só produz frutos quando se apoia, primeiro, sobre as línguas reais", sendo que "o estudo desses *organismos empíricos, históricos, que são as línguas permanece o único acesso possível à compreensão dos mecanismos gerais e do funcionamento da linguagem*". Em função disso, para Benveniste (*PLG I*: 20, grifos nossos),

> a linguística tem duplo objeto: é a ciência da linguagem e a ciência das línguas. [...] *É das línguas que se ocupa o linguista e a linguística é em primeiro lugar a teoria das línguas.* [...] os problemas infinitamente diversos das línguas têm em comum o fato de que, a um certo grau de generalidade, põem sempre em questão a linguagem.

Assim, as línguas desempenham um papel essencial: sem elas, não há linguística. Desse modo, "o linguista tem necessidade de conhecer o maior número possível de línguas para definir a linguagem" (*PLG II*: 30).

É indispensável notar que advém, da necessidade de conhecer as línguas, uma premissa importante: Benveniste (*PLG I*: 6) prevê que "todos os tipos de línguas adquirem direitos iguais de representar a linguagem". Todas as línguas, independentemente de suas características, têm o potencial de contribuir igualmente para a linguística. Segundo Benveniste (*PLG I*: 6), "a exploração das mais antigas línguas atestadas mostra-as tão completas como, e não menos complexas que, as línguas de hoje; a análise das línguas 'primitivas' revela nelas uma organização altamente diferenciada e sistemática"; além disso, "a linguística, tornando-se descritiva, dispensa igual interesse a todos os tipos de línguas, escritas ou não escritas, e a esse interesse precisa adaptar os seus métodos. Trata-se, com efeito, de saber em que consiste e como funciona uma língua" (*PLG I*: 22). Assim, línguas modernas e línguas antigas, línguas vivas e línguas já extintas, línguas com ampla literatura e línguas sem registros escritos, línguas de todas as famílias e de todas as regiões são fontes aceitáveis para conhecer o funcionamento da língua e da linguagem, o que se comprova pela grande quantidade de línguas presentes em sua obra.[1]

Portanto, as línguas ocupam um lugar de destaque na reflexão de Benveniste, que indica, em vários momentos, a relevância delas para as suas análises. É o que ocorre, por exemplo, no início de "A frase relativa, problema de sintaxe geral", quando ele afirma que, para estudar esse tipo de frase, não pretende fazer uma comparação das estruturas formais das línguas, já que

> o método é totalmente outro. Nas diversas línguas consideradas separadamente, cada uma por si mesma e no seu funcionamento próprio, a análise da frase relativa mostra uma estrutura formal organizada por uma função, que nem sempre é visível. O problema está em desvendar essa função. Pode-se chegar a isso observando-se que frequentemente a frase relativa tem, no sistema linguístico que se considera, as mesmas marcas formais que outro sintagma, de denominação totalmente diferente, e que não se pensaria pudesse ser-lhe aparentado. Guiada por essa analogia formal, a interpretação da frase relativa torna-se possível em termos de função. É uma mesma relação *interna* que nos propomos focalizar em primeiro lugar. Se chegarmos a mostrar, além do mais, que essa mesma relação existe idêntica no interior de línguas de tipos diferentes, ficará estabelecida a possibilidade de um modelo de comparação sintática entre línguas heterogêneas (*PLG I*: 228-229, itálico do autor).

Observa-se, então, que, para Benveniste, fazer linguística implica o estudo das línguas, sendo que estas devem, ao mesmo tempo, ser consideradas individualmente, por elas mesmas, sem ignorar a diversidade de línguas que as cercam, buscando demonstrar as semelhanças e diferentes entre os sistemas e enfatizando as relações, as funções e o sentido dos elementos sob análise, o que permite a formulação de teorizações sobre a língua e a linguagem.

EXEMPLO DE ABORDAGEM DE *LÍNGUAS*

Ao ler a obra de Benveniste, observa-se que as línguas são utilizadas de maneiras diferentes nas suas análises. Em alguns casos, elas são somente mencionadas, sem maiores explicações; há instâncias em que há explicações mais ou menos detalhadas sobre alguma propriedade de uma dada língua e há momentos em que são fornecidos exemplos de estruturas linguísticas específicas.

Semelhantemente, o objetivo do uso das línguas também varia. Há textos em que elas têm papel mais destacado e forte presença, servindo para introduzir problemáticas e comprovar hipóteses do linguista e agindo como um ponto de apoio para fornecer explicações e conclusões. Por outro lado, há artigos em que as línguas aparecem apenas pontualmente, sendo utilizadas para ilustrar e validar as proposições teóricas estabelecidas de antemão, tornando a reflexão mais acessível aos leitores.

Assim, é possível perceber que o uso das línguas é muito difundido: exemplos de diferentes línguas aparecem em *todas* as obras de Benveniste e em textos bastante diversificados, relativos a diferentes domínios do conhecimento (como demonstrado em Hoff (2023)).

Encontra-se um exemplo de análise linguística em que várias línguas estão presentes em "A frase relativa, problema de sintaxe geral", já mencionado na seção anterior. O texto principia com a determinação do problema a ser tratado – a frase relativa – e com exposições metodológicas, em que Benveniste reforça a necessidade de investigar o funcionamento de cada língua, observando as relações internas aos sistemas, sendo a demonstração de eventuais semelhanças entre as línguas um subproduto dessa pesquisa. Em seguida, ele explica que escolheu línguas que

> não representam de maneira nenhuma um conjunto unitário e certamente não são a totalidade das línguas que se poderiam utilizar. Há provavelmente outras cujo testemunho tenha sido ainda mais concludente. Quisemos apenas dar algumas amostras de línguas, escolhidas de propósito entre tipos muito contrastantes, nas quais os traços que nos interessavam sobressaíam por si mesmos, sem longos comentários. Só por último examinamos os fatos indo-europeus, para nos libertarmos de uma análise tradicional e para fundar a definição sobre critérios de uma objetividade maior (*PLG I*: 229).

Então, Benveniste apresenta as formas da frase relativa em várias línguas – ewe, tunica, navajo, chippewyan, sumeriano e árabe –, para depois se voltar ao indo-europeu, problematizando o esquema que é tomado como modelo para a frase relativa nas línguas dessa família, que, segundo Benveniste (*PLG I*: 235, itálico do autor),

> consistia de um pronome aposto ao antecedente nominal e que regia uma frase verbal. O tipo é: sânscr. *ayám ... yo jajā́na rodasī*, "aquele, que gerou céu e terra" (RV. I, 160, 4); gr. *ἄνδρα... ὅς μάλα πολλὰ πλάγχθη*, "o homem que tanto errou" (α I); lat. *Numitori, que stirpis maximus erat* [= "a Númitor, que era o maior da sua estirpe] (Liv. I, 3,10). É claro que não se contestará que esse tipo é amplamente empregado [...]. A questão está em saber se esse estado pode ser reportado tal qual ao indo-europeu [...].

Benveniste, no entanto, sabe que a resposta para essa questão é negativa, pois "o simples inventário dos dados conhecidos pelas línguas mais antigas já mostra que os empregos do 'pronome relativo' não coincidem com os quadros da 'frase relativa', que o ultrapassam amplamente e que não podem reduzir-se ao modelo que nos é hoje familiar", sendo, assim, necessário "revermos a nossa definição"

(*PLG I*: 235-236), interrogando criticamente um saber já consolidado. Para isso, ele analisa frases em que aparecem pronomes relativos em línguas indo-europeias, como védico, avéstico, grego homérico, hitita e latim. Por meio de muitos exemplos, Benveniste conclui que, nessas línguas, o pronome relativo é utilizado com função de determinação, ligando-se a frases verbais e a formas nominais e adjetivais.

A partir dessa constatação, Benveniste pode encerrar o seu texto, afirmando que tanto o indo-europeu quanto as demais famílias de línguas analisadas no artigo adotam a mesma estrutura sintática para expressão da frase relativa, o que leva a uma reflexão sobre o objeto da linguística comparada: "O que há de comparável em sistemas linguísticos completamente diferentes entre si são *funções*, assim como as relações entre essas funções, indicadas por marcas formais" (*PLG I*: 244, grifo nosso). Para Benveniste (*PLG I*: 244), "a frase relativa, de qualquer maneira que se prenda à antecedente (por um pronome, uma partícula, etc.) se comporta como um 'adjetivo sintático' determinado, do mesmo modo que o pronome relativo desempenha o papel de um 'artigo sintático' determinativo", o que demonstra que "[...] as unidades complexas da frase podem, em virtude de sua função, distribuir-se nas mesmas classes de formas nas quais se ordenam as unidades simples, ou palavras, em virtudes de seus caracteres morfológicos".

Assim, nota-se que Benveniste sustenta a sua pesquisa em análises de línguas empíricas, que permitem que ele introduza problemáticas e comprove hipóteses a respeito da forma da frase relativa. Portanto, as línguas são fundamentais para a pesquisa, permitindo chegar a uma conclusão mais geral, sobre a relação entre a organização formal das frases e a função das unidades que a compõem.

Leituras complementares: Aresi (2020); Barboza (2023); Flores (2019); Hoff (2023).

Capítulos relacionados: Classificação das línguas; Função; Língua; Linguagem; Tradução.

Nota

[1] O inventário catalogado em minha tese de doutorado lista 470 línguas, mencionadas por Benveniste em 11 dos seus livros (ver Hoff, 2023).

LINGUÍSTICA

Valdir do Nascimento Flores

O QUE É *LINGUÍSTICA*?

Muitas são as passagens, em especial em *PLG I* e *II*, em que Benveniste apresenta seu entendimento sobre "linguística". Entre todas, a mais evidente é a que se encontra em "Vista d'olhos sobre o desenvolvimento da linguística". Ali, lemos: "Comecemos por observar que a linguística tem duplo objeto: é ciência da linguagem e ciência das línguas" (*PLG I*: 20). A isso acrescenta o autor: "Essa distinção, que nem sempre se faz, é necessária: a linguagem, faculdade humana, característica universal e imutável do homem, não é a mesma coisa que as línguas, sempre particulares e variáveis, nas quais se realiza. É das línguas que se ocupa o linguista e a linguística é em primeiro lugar a teoria das línguas" (*PLG I*: 20).

Podemos considerar que essa definição, além de ser a mais evidente, é a mais abrangente que Benveniste dá sobre linguística. No entanto, apesar da transparência dessa formulação, há muito a ser detalhado, o que já fazemos de início.

Em primeiro lugar, a linguística, aos olhos de Benveniste, tem *duplo objeto*; diferentemente de Saussure, que a considera como objeto único, a *língua* (Saussure, 1975: 15-18). Em segundo lugar, esse *duplo objeto* não implica *dois objetos,* mas *um* que apresenta dois componentes. Em terceiro lugar, cada um desses componentes tem uma característica distinta: de um lado, a universalidade (a linguagem); de outro, a particularidade (as línguas).

Se seguimos esse raciocínio, podemos fazer ainda algumas indagações. Por exemplo: por que caberia ao linguista se ocupar das línguas se o objeto é duplamente composto pelas línguas e pela linguagem? Ou também: por que a linguística é, em primeiro lugar, teoria das línguas? Isso não implicaria teorizar sobre apenas uma parte do objeto?

Essas aparentes contradições se desvanecem se prestamos atenção em um ponto fundamental: para Benveniste, a linguagem *se realiza* nas línguas, e isso é explícito na passagem que citamos. Nesse sentido, é possível dizer que as línguas contêm a linguagem. Ora, é por isso que, em sua opinião, o linguista se ocupa das línguas, e a linguística faz, primeiramente, teoria delas. Dito de outro modo, o duplo objeto se apresenta ao linguista na análise que esse faz das línguas. Isso fica mais claro quando Benveniste (*PLG I*: 20) prossegue dizendo: "dentro da perspectiva em que nos aqui colocamos, veremos que essas vias diferentes [linguagem e línguas] se entrelaçam com frequência e finalmente se confundem, pois os problemas infinitamente diversos das línguas têm em comum o fato de que, a um certo grau de generalidade, põem sempre em questão a linguagem".

Nesse sentido, as línguas são a via de acesso à linguagem. Isso está posto para Benveniste desde o "Prefácio" do *PLG I*, quando afirma que "a reflexão sobre a linguagem só produz frutos quando se apoia, primeiro, sobre as línguas reais" (Benveniste, 1988), o que parece se confirmar em todas as análises que faz em sua obra. Por isso, a linguística *é ciência da linguagem e ciência das línguas*.

GUIA PARA COMPREENSÃO DA *LINGUÍSTICA*

Em linhas gerais, a noção benvenistiana de *linguística* pode ser melhor compreendida tomando-se como ponto de partida duas perspectivas de leitura: a primeira, que busca ver como Benveniste se posiciona em relação à linguística de seu tempo; a segunda, que busca ver o que Benveniste diz a respeito da linguística que quer fazer. Falemos um pouco sobre cada uma.

Em "Tendências recentes em linguística geral", Benveniste (*PLG I*: 4) pretende apresentar "os problemas que estão hoje no centro das pesquisas da linguística geral, sobre a noção que têm os linguistas sobre o seu método e sobre o sentido que assumem as suas gestões". Com esse objetivo, ele faz um apanhado bastante completo e detalhado da pesquisa existente em seu tempo. Nesse texto, vemos que, inicialmente, o linguista corrobora algumas atitudes de seus colegas, mesmo que em sentido amplo. Por exemplo, Benveniste parece estar de acordo com a necessidade de formalização do objeto da linguística: "Dizer que a linguística tende a tornar-se científica não é apenas insistir sobre uma necessidade de rigor, comum a todas as disciplinas. Trata-se, em primeiro lugar, de uma mudança de atitude em relação ao objeto, que se definirá por um esforço para formalizá-lo" (*PLG I*: 7).

Em "Vista d'olhos sobre o desenvolvimento da linguística", vê-se a mesma compreensão: a linguística "visa a se constituir como ciência – formal, rigorosa, sistemática" (*PLG I*: 22).

No entanto – e essa é uma característica da linguística benvenistiana –, quem lê "formal" em Benveniste não pode crer que isso exclui o trabalho com a significação: "Podem-se, pois, conceber muitos tipos de descrição e muitos tipos de formalização, mas todos devem necessariamente supor que o seu objeto, a língua, é dotado de significação, que em vista disso é que é estruturado e que essa condição é essencial ao funcionamento da língua entre os outros sistemas de signos" (*PLG I*: 13).

Quer dizer, em Benveniste, a linguística sempre terá como preocupação maior a questão da significação. É isso que vemos se voltamos a "Tendências recentes sobre o desenvolvimento da linguística".

Nele, Benveniste defende que, apesar da diversidade de escolas e de teorias linguísticas, é possível perceber que há preocupações semelhantes entre os linguistas que buscam *sistematizar os seus processos*, ainda que o façam em perspectivas teóricas diferentes. Benveniste fala em três preocupações que são, na verdade, questões fundamentais. A primeira é sobre o objeto da linguística: "1ª Qual é a tarefa do linguista, a que ponto quer ele chegar, e o que descreverá sob o nome de língua?" (*PLG I*: 8); a segunda é sobre o método da linguística: "2ª Como se descreverá esse objeto? É preciso forjar instrumentos que permitam apreender o conjunto dos traços de uma língua dentro do conjunto das línguas manifestadas e descrevê-los em termos idênticos?" (*PLG I*: 8); a terceira é sobre a função da língua/linguagem: "3ª Tanto para o sentimento ingênuo do falante como para o linguista, a linguagem tem como função 'dizer alguma coisa'. O que é exatamente essa 'coisa' em vista da qual se articula a língua, e como é possível delimitá-la em relação à própria linguagem? Está proposto o problema da significação" (*PLG I*: 8).

Conclusão: o problema da significação é uma das questões fundamentais da linguística, segundo Benveniste. E isso inclui a sua própria linguística.

Nessa direção, podemos afirmar que a linguística de Benveniste, independentemente do prisma a partir do qual a examinamos, é sempre uma linguística que coloca no centro a questão da significação; mais exatamente, a questão de como a língua significa. É isso que está em "A forma e o sentido na linguagem": "que a língua significa, isso quer dizer que a significação não é alguma coisa que é-lhe dada por acréscimo, ou em maior medida do que outra atividade; esse é o seu próprio ser; se ela não fosse isso, ela não seria nada" (Benveniste, 1974: 219, tradução nossa). É também isso que vemos em uma carta de Benveniste, datada de 20 de abril de 1953, endereçada à Fundação Rockefeller para solicitar apoio a um projeto, em que Benveniste associa a ideia de significar a simbolizar: "todas as pesquisas que fiz nesses últimos anos e o projeto que formulei têm em vista o mesmo propósito. [...] Em termos sumários, minha preocupação é saber como a língua 'significa' e como ela 'simboliza'" (Benveniste, 1953 apud Brunet; Mahrer, 2011: 35, tradução nossa).

Por fim, como roteiro para o entendimento da ideia benvenistiana de linguística, o leitor se beneficiaria bastante da leitura dos textos da primeira parte de *PLG I* e *II*, "Transformações da linguística"; o primeiro capítulo de *Últimas aulas* também pode auxiliar.

EXEMPLO DE ABORDAGEM DE *LINGUÍSTICA* EM BENVENISTE

O estudo dos pronomes – feito por Benveniste entre as décadas de 1940 e 1950 e distribuído em vários artigos por ele escritos nessa época – é um bom exemplo de sua linguística que contempla a linguagem e as línguas e que coloca a significação no centro da discussão. Trata-se, em especial, da célebre distinção pessoa/não pessoa segundo a qual o *eu-tu* faria parte da categoria de pessoa – modo de enunciação para as instâncias de discurso que remetem a si mesmas –, e o *ele* faria parte da não pessoa – modo de enunciação possível para as instâncias de discurso que não rementem a si mesmas, uma referência objetiva, portanto.

O artigo "A natureza dos pronomes" é ilustrativo disso. Nesse texto, Benveniste inicia dizendo sobre os pronomes: "a universalidade dessas formas e dessas noções faz pensar que o problema dos pronomes é ao mesmo tempo um problema de linguagem e um problema de línguas, ou melhor, que só é um problema de línguas por ser, em primeiro lugar, um problema de linguagem" (*PLG I*: 277).

Está definido, de princípio, o prisma: simultaneamente da linguagem e das línguas. Em seguida, ele acrescenta que o *eu* é um locutor que "significa 'a pessoa que enuncia a presente instância de discurso que contém *eu*'" (*PLG I*: 278) e o *tu* é o alocutário, "o indivíduo alocutado na presente instância de discurso contendo a instância linguística *tu*" (*PLG I*: 279). A partir disso, Benveniste generaliza o seu raciocínio: não se trata realmente de "pronome" no sentido tradicional, mas de posições na linguagem:

> Essas definições visam *eu* e *tu* como uma categoria de linguagem e se relacionam com a sua posição na linguagem. Não consideramos as formas específicas dessa categoria nas línguas dadas, e pouco importa que essas formas devam figurar explicitamente no discurso ou possam aí permanecer implícitas (*PLG I*: 279).

Bem entendido, isso significa que Benveniste considera que as posições de locutor e alocutário, definidas pela referência à instância de discurso que os contêm, são posições na linguagem, portanto uma categoria de linguagem, e independem das formas que assumem em línguas específicas as quais são, por sua vez, a via de acesso a essa categoria.

Por fim, cabe observar que a análise de Benveniste coloca no centro a questão da significação, uma vez que a distinção pessoa/não pessoa está diretamente ligada ao tipo de referência que fazem: autorreferência no primeiro caso (referência a si mesma); referência *a não importa quem ou não importa o que* no segundo caso (referência objetiva).

Leituras complementares: Flores (2013a, 2019); Normand (2009).

Capítulos relacionados: Enunciação; Função; Linguagem; Línguas; Pessoa e não pessoa.

NÍVEIS DA
ANÁLISE LINGUÍSTICA

Carmem Luci da Costa Silva

O QUE É *NÍVEIS DA ANÁLISE LINGUÍSTICA*?

A expressão *níveis da análise linguística* comparece como título de capítulo da terceira parte – *Estruturas e análises* – do *PLG I*. O texto foi apresentado, inicialmente, em 1962, no evento *Proceedings of the 9th International Congress of linguists*, e, após, publicado em 1964.

A noção de nível, para Benveniste, é um operador adotado pelo linguista para a descrição coerente de uma língua como "sistema orgânico de signos linguísticos" (*PLG I*: 127), dotados de forma e sentido e condizente com a natureza *articulada* da linguagem e com o caráter discreto dos seus elementos. Esse operador determina os procedimentos de análise das unidades linguísticas por meio de relações que as unem.

A análise consiste, inicialmente, em duas operações, a *segmentação* e a *substituição*. No primeiro caso, a porção a ser analisada é segmentada até se chegar a uma porção não decomponível. Paralelamente, cada elemento segmentado poderá ser alterado por outro via substituições admissíveis no sistema de uma dada língua. Essas operações podem ser ilustradas com a palavra "gato".

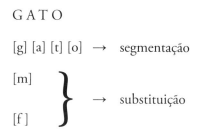

No funcionamento da língua, há elementos segmentáveis e substituíveis, os fonemas, por exemplo; e elementos que são apenas substituíveis (os traços distintivos ou merismas). Com essas operações, é possível distinguir os níveis: fonemático, no qual se praticam as duas operações; e o hipofonemático, que envolve somente a operação de substituição. Há aqui os dois níveis inferiores da análise: o dos fonemas, nível *fonemático*, e o dos traços distintivos, *nível merismático*.

Esse método é o que Benveniste chama de distribuição. No entanto, o linguista problematiza o fato de se aceitar determinadas construções – como "gato branco" – e se rejeitar outras – como "gato branci". Por isso, questiona-se e responde a seu questionamento: "de onde vem a autoridade dessa decisão? Da condição linguística do *sentido*, ao qual deve satisfazer a delimitação da nova unidade de nível superior" (*PLG I*: 130, grifo do autor).

Assim, o sentido é, para o linguista, indispensável na análise linguística. Uma unidade fará parte de uma unidade de nível superior somente se for identificada (ter sentido), nesse nível superior, para o falante nativo.

Ainda, o linguista observa que, pelo fato de serem discretas, as entidades linguísticas se articulam em duas espécies de relação: *distribucionais* (entre elementos de mesmo nível) e *integrativas* (entre elementos de níveis distintos). Por meio dessas relações, Benveniste chega às distinções entre *constituinte* e *integrante*, noções que delimitam o nível superior da análise, a frase, e o limite inferior, o dos traços distintivos. No primeiro caso, o traço distintivo ou merisma define-se por ser integrante do fonema e por não comportar constituintes. Já a frase, nível superior da análise, define-se por seus constituintes e por não integrar um nível superior.

Para Benveniste, as operações de análise – *dissociação* e *integração* – vão em direções opostas: "ao encontro ou da forma ou do sentido das mesmas entidades linguísticas" (*PLG I*: 135). Essas noções, fundamentais para a reflexão sobre língua, presente na perspectiva linguística benvenistiana, têm as seguintes definições:

> A *forma* de uma unidade linguística define-se como a sua capacidade de dissociar-se em constituintes de nível inferior.
>
> O *sentido* de uma unidade linguística define-se como a sua capacidade de integrar uma unidade de nível superior (*PLG I*: 135-136, itálicos do autor).

Forma e sentido, assim, funcionam como propriedades conjuntas, necessárias e simultâneas, inseparáveis no funcionamento da língua. As suas relações mútuas revelam-se na estrutura dos níveis linguísticos – *merismático* (dos merismas ou dos traços distintivos), *fonemático* (do fonema), *morfemático* (do morfema) e *categoremático* (da frase como proposição), relações percorridas pelas operações descendentes e ascendentes da análise graças à natureza articulada da linguagem.

Ao chegar ao último nível superior, a frase, Benveniste trata das duas acepções de frase. Na primeira acepção, a frase funciona como proposição do nível categoremático (língua-sistema) e se caracteriza pela sua predicação. Nesse caso, comporta, formalmente, constituintes, mas não integra outro nível superior. A frase distingue-se, desse modo, de outras entidades por não se configurar como unidade distintiva em relação a outras frases, fato que ocorre com os fonemas, os morfemas e as palavras (lexemas). Na segunda acepção, a frase, no domínio do discurso, exerce diferentes funções no mundo, que correspondem a diferentes atitudes do locutor: funções interrogativa, assertiva e imperativa. Nesse caso, é uma unidade do discurso, na medida em que pode funcionar como um segmento do discurso, mas não como unidade distintiva em relação a outras unidades do mesmo nível.

Ao chegar a essa distinção de frase, Benveniste trata de dois aspectos do *sentido*. O primeiro envolve o sentido na língua-sistema pela capacidade de cada unidade de integrar um nível superior. Essa abordagem do sentido se vincula à pergunta "tem sentido?", questão relacionada ao universo intralinguístico de um sistema partilhado pelos falantes, que identificam/reconhecem unidades de sua língua. O segundo aspecto envolve a língua-discurso em sua capacidade de produzir significação entre os falantes, quando empregada em diferentes situações. Essa abordagem vincula-se à seguinte pergunta do falante em exercício da língua: "qual sentido?" Isso porque a língua em emprego carrega, ao mesmo tempo, *sentido*, por conter palavras em relação produtoras de significação, e *referência*, por fazer remissão a uma determinada situação e por manifestar diferentes funções do discurso, evocando distintas atitudes do locutor.

Assim, no universo sistêmico, os níveis, com suas unidades, compõem, para Benveniste, o sistema de uma língua como uma "arquitetura singular das partes no todo" (*PLG I*: 127). No universo discursivo, Benveniste concebe a língua na vida dos falantes como exercendo diferentes funções inter-humanas na integração do indivíduo à sociedade.

GUIA PARA COMPREENSÃO
DE *NÍVEIS DA ANÁLISE LINGUÍSTICA*

A reflexão de Émile Benveniste sobre os níveis de análise linguística, de um lado, dialoga, com a linguística do início dos anos 1960, questão presente em textos contemporâneos ao texto "Os níveis da análise linguística"; de outro lado, apresenta uma concepção de língua própria, com a inclusão do sentido na análise linguística por meio da consideração das relações integrativas.

Em "Vista d'olhos sobre o desenvolvimento da linguística", publicado em 1963, Benveniste também defende que a língua tem um caráter descontínuo e coloca em jogo unidades discretas distintivas, que fazem parte de um "certo *nível*, de modo que cada unidade de um nível definido se torna subunidade do nível superior" (*PLG I*: 24). A reflexão apresentada nessa parte do texto caracteriza-se como uma espécie de síntese desenvolvida no texto "Os níveis da análise linguística", conforme segue:

> Pode dizer-se que a língua se caracteriza menos pelo que exprime do que pelo que distingue em todos os níveis:
>
> – distinção dos lexemas permitindo levantar o inventário das noções designadas;
>
> – distinção dos morfemas fornecendo o inventário das classes e subclasses formais;
>
> – distinção dos fonemas dando o inventário das distinções fonológicas não significantes;
>
> – distinção dos "merismas" ou traços que ordenam os fonemas em classes.
>
> Isso é o que faz com que a língua seja um sistema em que nada signifique em si e por vocação natural, mas em que tudo signifique em função do conjunto (*PLG I*: 24).

Nesse texto, Benveniste aborda a questão dos níveis, após ter delineado sobre o desenvolvimento da linguística, desde o nascimento da reflexão linguística na filosofia ocidental na Grécia Antiga, passando pelos estudos de gramática comparada, até chegar ao *Curso de linguística geral*, de Ferdinand de Saussure (1916). Trata-se, a partir de Saussure (1916), conforme Benveniste, de estudar em que consiste e como funciona uma língua.

No texto "Tendências recentes em linguística geral", publicado originalmente em 1954, década anterior à publicação de "Os níveis da análise linguística", Benveniste, ao trazer a novidade do enfoque saussuriano, ressalta a importância primordial da noção de sistema e da solidariedade dos elementos de uma língua. A partir disso, apresenta diferentes tendências da linguística, destacando a influência de Saussure na Europa e a de Bloomfield na América. Benveniste observa a presença, na linguística bloomfieldiana, das noções de segmentação e de substituição, noções relacionadas às operações de análise dos níveis. Ainda, nesse texto, aborda o estudo de Trubetzkoy, com destaque às noções de equilíbrio e tendência. Para Benveniste, em sua leitura de Trubetzkoy,

> A solidariedade de todos os elementos faz com que cada incidência sobre um ponto atinja todo o conjunto das relações e produza, mais cedo ou mais tarde, um novo arranjo [...]. Dessa forma, soluciona-se o conflito tão vivamente afirmado por Saussure entre diacronia e sincronia. Essa concepção de estrutura organizada na sua totalidade completa-se com a noção de hierarquia entre os elementos da estrutura (*PLG I*: 10).

Observa-se, nesse trecho, que Benveniste traz a noção hierárquica entre os elementos da estrutura na concepção de língua de Trubetzkoy. Ao abordar a obra de Harris, Benveniste pontua os processos de seleção dos fonemas e dos morfemas a partir das condições formais de distribuição, ambiente, substituição, complementaridade, segmentação, correlação etc. Novamente, observa-se a influência, na reflexão de Benveniste, em "Os níveis de análise linguística", das noções do método da linguística estrutural de Harris (1951), como *distribuição*, *substituição* e *segmentação*. No entanto, Benveniste problematiza, já nesse texto, a relação língua e discurso, conforme abordagem de Harris (1951): "o trabalho do linguista se apoia realmente sobre o discurso, implicitamente assimilado à língua. Esse ponto, fundamental, deveria ser discutido a par com uma concepção particular de estrutura admitida pelos partidários desse método" (*PLG I*: 11-12). Além disso, questiona o fato de linguistas dessa tendência centrarem-se na forma e ignorarem a significação:

> Esquemas de distribuição, por mais rigorosamente que se estabeleçam, não constituem uma estrutura, assim como inventários de fonemas e de morfemas, definidos por segmentação em cadeias de discurso, não representam a descrição de uma língua. O que nos apresentam efetivamente é um método de transcrição e de decomposição material aplicado a uma língua que seria representada por um conjunto de textos orais e cuja significação o linguista ignoraria (*PLG I*: 12).

Para Benveniste, com efeito, há muitos tipos de descrição e de formalização de uma língua, "mas todos devem necessariamente supor que o seu objeto, a língua, é dotado de significação [...] e que essa é a condição essencial ao funcionamento da língua" (*PLG I*: 13).

Embora – em "Os níveis da análise linguística" – Benveniste evoque termos e noções presentes em tendências da ciência linguística após Saussure, apresenta uma concepção de língua e uma preocupação com o método de análise próprias, que prospectam uma nova tendência em linguística: a inclusão do sentido como delimitador da forma nas análises linguísticas e uma concepção de língua, que inclui sistema e discurso.

Nessa linha, ganham, em "Os níveis da análise linguística", destaques as seguintes problematizações: a da posição funcional intermediária da palavra, a do duplo aspecto do sentido e a da dupla acepção de frase. No primeiro caso, destaca a dupla propriedade da palavra, que, de um lado, pode ser decomposta em fonemas e, de outro, é um constituinte da frase, efetuando-lhe a significação não como unidade autônoma: "a palavra pode assim definir-se como a menor unidade significante livre susceptível de efetuar uma frase, e de ser ela mesma efetuada por fonemas" (*PLG I*: 132). A palavra pode constituir, conforme o linguista, enunciados empíricos, caso diferente quando considerada como "lexema", analisada em estado isolado.

No segundo caso, acerca da dupla acepção de sentido, Benveniste defende, de um lado, o sentido como definidor de uma unidade linguística por sua capacidade integrativa e, de outro lado, o sentido como ligado ao domínio do discurso, quando as frases se relacionam a situações concretas e particulares. Esses dois sentidos estão ligados a dois questionamentos realizados pelo falante: *tem sentido? Qual sentido?* O primeiro questionamento relaciona-se ao fato de o falante identificar uma unidade como vinculada a um sentido implícito e inerente ao sistema linguístico e às suas partes. O segundo questionamento está ligado à determinação do sentido quando a língua está em emprego, sentido sempre particular em cada situação discursiva.

No terceiro caso, a dupla acepção de frase, Benveniste apresenta a frase, de um lado, como o último nível da análise linguística (o nível categoremático) e como proposição, que apresenta constituintes (fonemas, morfemas e palavras-lexemas), mas não integra um nível superior; de outro lado, a frase como a língua em ação presente na comunicação entre os falantes e como unidade do discurso.

Nessas três problematizações, contempla-se um Benveniste refletindo ora sobre a língua como sistema, ora sobre a língua como discurso, pois os termos *sentido, palavra* e *frase* ganham noções específicas e distintas, conforme são considerados na análise linguística: se a partir do universo do sistema intralinguístico ou se a partir do universo do discurso. São, como diz o linguista, "dois universos diferentes, embora abarquem a mesma realidade, e possibilitem duas linguísticas diferentes, embora os seus caminhos se cruzem a todo o instante" (*PLG I*: 139).

Essas problematizações de Benveniste são embriões que retornam no capítulo 15 do *PLG II*, intitulado "A forma e o sentido na linguagem". Esse texto foi apresentado originalmente no *Actes du XIIIe Congrès des Sociétés de Philosophie de langue française*, em 1966, e publicado em *Le langage II*, em 1967. Nesse texto, Benveniste (1989) desenvolve a distinção entre *forma* e *sentido* na língua-sistema e na língua-discurso. No primeiro caso, retoma a estrutura formal da língua no sistema, enfatizando a identificação das unidades (formas) como ligadas à identificação (sentido) por quem manuseia a língua como nativo. No segundo caso, o da língua-discurso, trata da forma, como agenciamento de unidades no uso, e do sentido, como a ideia expressa pela frase no uso, que, por conter referência, também reporta a uma situação.

Verifica-se, assim, que, com o texto "Os níveis da análise linguística", Benveniste, de um lado – juntamente a outros textos, contemporâneos a essa publicação –, estabelece um debate com a linguística saussuriana e pós-saussuriana para constituir uma visão própria de língua; de outro lado, produz um embrião de uma concepção própria de língua – sistema e discurso – como comportando as noções gêmeas de *forma* e *sentido*.

EXEMPLO DE ABORDAGEM
DE *NÍVEIS DA ANÁLISE LINGUÍSTICA*

A partir do apresentado nos itens anteriores, é possível exemplificar a abordagem proposta por Benveniste para a análise linguística. Na proposta do linguista, torna-se importante destacarmos as seguintes noções:

- *Operador da análise*: nível linguístico.
- *Operações de análise*: segmentação e substituição.
- *Princípio da análise linguística*: forma e sentido articulam-se em toda a extensão da língua nas funções de constituinte e integrante.
- *Relações e funções observadas na análise*: constituinte e integrante.

A noção de *nível* é essencial para a determinação do procedimento de análise, pois, para Benveniste, essa noção faz justiça à natureza articulada da linguagem, presente na língua, e ao caráter discreto dos elementos (unidades) de um sistema linguístico.

O *nível*, como operador, está presente na análise a seguir. Antes de passarmos a essa análise, cabe, porém, uma observação: obviamente a frase analisada não aparece no texto de Benveniste. Nele, o autor dá exemplos independentes, geralmente da língua francesa, que se sucedem na medida em que o modelo vai sendo apresentado.

Para ilustrar aqui o conjunto da proposta de Benveniste, consideramos mais didático partir de uma frase da língua portuguesa. Vale, no entanto, registrar que, com exceção da frase que serve de ponto de ancoragem da análise, toda a reflexão a seguir vem de Benveniste e de seu texto "Os níveis da análise linguística".

Com a enchente de maio de 2024, o gato da minha vizinha subiu no telhado.

Essa frase comporta unidades de diferentes níveis. Podemos destacar a palavra (lexema), como "gato"; morfemas, como "-o", que marca a desinência de gênero masculino no nível morfemático e diferentes fonemas, como [g] [a] [t] [o], no nível fonemático. Seguindo o procedimento de análise, se trocarmos o traço distintivo (merisma) fechado por aberto também se altera o fonema [o] para o fonema [a]. Essas substituições formais, consequentemente, alteram o sentido, pois o morfema passa a ser "-a", indicador de desinência de gênero feminino, e a palavra (lexema) passa de "gato" para "gata".

Nas mudanças, foram realizadas operações de análise, visto ter sido segmentada a forma "gato" em fonemas [g] [a] [t] [o] e, após, ter ocorrido a substituição de um fonema por outro, troca que resultou em alterações do morfema de desinência de gênero e, consequentemente, da palavra. Com a segmentação e a substituição, Benveniste chega à conclusão de que tais operações não têm o mesmo alcance, pois a substituição pode operar em elementos não segmentáveis (caso dos merismas ou traços distintivos). Assim, podemos substituir um traço distintivo ou merisma por outro (caso da substituição aberto e fechado), mas cada traço não pode ser segmentado para obtenção de outra unidade.

Ao proceder à análise, por meio das operações de segmentação e substituição, Benveniste problematiza a identificação de uma forma na operação de substituição das unidades. Por que rejeitamos algumas formas e elegemos outras? De onde viria a autoridade para a tomada de decisão? Segundo o linguista, a autoridade para a delimitação de uma nova unidade de nível superior vem da condição do *sentido*. Se na substituição de [o] por [a], fosse realizada outra substituição como troca de [o] por [i], um falante nativo do português não identificaria a forma "gati" e a rejeitaria como pertencente ao sistema do português. Por isso, defende a consideração do sentido na análise por concebê-lo como condição fundamental para as unidades de todos os níveis obterem *status* linguístico.

A partir da problematização sobre a identificação de unidades, com destaque para a importância do sentido na análise linguística, Benveniste apresenta o seguinte princípio: forma e sentido articulam-se em toda a extensão da língua, ou seja, em todos os níveis. Assim, a dissociação/segmentação conduz à análise da constituição da forma de um nível inferior, e a integração leva a que se chegue a unidades dotadas de sentido de um nível superior. Quando dissociamos a forma "gato", chegamos a formas de nível inferior, como os fonemas [g] [a] [t] [o]. Quando integramos o fonema [o], no final da forma [g] [a] [t] [o], há integração, no nível morfemático, para a formação do morfema "-o", que carrega o sentido de desinência do gênero masculino. Essa noção de sentido atrela-se à propriedade da língua de comportar unidades dotadas de significação, porque são distintivas e opositivas em relação a outras unidades. São, desse modo, identificáveis (e analisáveis) "para os locutores nativos, de quem essa língua é *a* língua" (*PLG I*: 137, grifo do autor). Tal acepção de sentido é inerente ao sistema linguístico e às suas partes. É o que se pode denominar de sentido sistêmico ou intralinguístico.

Ao abordar a natureza intermediária da palavra: de poder ser decomposta ou segmentada em níveis inferiores e de poder integrar uma unidade superior, a frase, Benveniste admite duas relações fundamentais para a análise linguística – *distribucionais* (relações de unidades de mesmo nível) e *integrativas* (relações entre unidades de níveis diferentes). Essas relações acarretam duas funções importantes das unidades linguísticas: *constituinte* e *integrante*. Para definir os elementos constitutivos de uma unidade, é necessário segmentá-la e identificá-la como pertencente a outra unidade de nível superior da qual preenche uma função integrativa. Assim, o fonema [o] tem *status* de fonema porque funciona como integrante de "gato" em níveis superiores, como o nível morfemático, que comporta o morfema "-o". Ainda, a palavra "gato" pode integrar um nível superior, "gato da vizinha", e adquirir novo sentido. A distinção das funções de constituinte e integrante delimitam as diferenças entre os níveis inferior (traço distintivo/merisma) e o superior (frase), visto que o merisma se define como integrante enquanto a frase se define por conter constituintes dos níveis inferiores. Essas relações entre constituinte e integrante são governadas, salienta o linguista, pelo princípio relacional e interdependente de forma e sentido.

Além da acepção intralinguística e sistêmica do sentido em relação às unidades (formas) da língua, Benveniste destaca outra acepção de sentido, a do domínio da língua em ação, isto é, do domínio do discurso. Com efeito, ao entrar em emprego, a língua constitui situações concretas e específicas, caso da frase *Com a enchente de maio de 2024, o gato da minha vizinha subiu no telhado*, que faz remissão a uma situação específica e concreta vinculada à ação de um gato particular, que se relaciona à vizinha do locutor, produtor de uma frase assertiva. Essa frase assertiva evoca a atitude de certeza do locutor ao interlocutor sobre o fato asseverado.

O nível categoremático, o da frase, é o último nível da análise linguística. A frase não pode ser distintiva em relação a outras frases e não pode ser inventariada (caso dos fonemas e morfemas). Por isso, a frase contém unidades, mas não é uma unidade. É segmento do discurso.

Nesse caso, quando se está no domínio do sistema, a pergunta feita é "tem sentido?"; quando se está no domínio do discurso, a pergunta é "qual sentido?". Em termos de análise, Benveniste destaca que a primeira pergunta envolve a identificação de unidades no sistema pelo falante nativo como distintivas e opositivas em relação a outras, enquanto a segunda pergunta envolve lidar com a dupla propriedade da frase: sentido e referência. No primeiro caso, está enformada de significação, visto que as formas agenciadas produzem sentido na relação e, no segundo caso, há remissão a situações específicas e concretas, que produzem a referência do discurso, e há atualização de modalidades da frase (assertiva, interrogativa e imperativa), que correspondem às funções inter-humanas do discurso (transmitir conhecimento, obter informação ou realizar apelos e ordenar).

Em termos de análise, no final do texto, Benveniste destaca duas abordagens de análise distintas: a do locutor e a do linguista. O primeiro, o locutor, parte da unidade superior, pois considera a dupla propriedade da frase – sentido e referência – para responder à pergunta "Qual sentido?". Após essa análise global, parte para a análise de outras unidades a partir da frase no exercício do discurso. Já o segundo, o linguista, parte das unidades menores para chegar à unidade maior, exemplo de análise empreendido pelo próprio linguista Benveniste no texto "Os níveis da análise linguística".

Leituras complementares: Flores (2009, 2010, 2013a); Silva (2023).

Capítulos relacionados: Forma e sentido; Língua; Referência; Semiótico/semântico; Significação/designação.

NOMES DE AÇÃO

Sara Luiza Hoff

O QUE É *NOMES DE AÇÃO*?

Segundo Benveniste, os nomes de ação (ou nomes verbais) são nomes ditos "abstratos" que se dividem em duas categorias: uma, também chamada "nome de atividade", se refere à ação subjetiva, relacionada à disposição, aptidão, vocação ou capacidade do sujeito que a realiza, que está destinado à função de exercer tal atividade; a outra, que pode ser denominada "nome de operação", aponta para a noção do processo como realização objetiva, indicando a atualização concreta, a prática efetiva, da noção idealizada no plano conceitual.

GUIA PARA COMPREENSÃO DE *NOMES DE AÇÃO*

A noção de *nomes de ação* é discutida por Benveniste na segunda parte da obra *Noms d'agent et noms d'action en indo-européen*, que, por sua vez, é caracterizada, por Benveniste, como a segunda publicação oriunda de sua tese de doutoramento, cuja temática era a gramática comparada do indo-europeu. A primeira publicação, datada de 1935, intitula-se *Origines de la formation des noms en indo-européen* e aborda a morfologia dos nomes, propondo uma teoria da raiz no indo-europeu. A segunda obra, por sua vez, é "publicada bem tardiamente",[1] em 1948 (em função, principalmente, da Segunda Guerra Mundial), e seu "título foi modificado para responder melhor ao conteúdo: não se trata mais, dessa vez, de restituir as formas, mas de interpretar as funções" (Benveniste, 1993: 5).

Noms d'agent et noms d'action en indo-européen se divide em três partes: a primeira é dedicada aos nomes de agente; a segunda, aos nomes de ação; e a terceira, aos comparativos e superlativos. Em cada uma das partes, segundo Benveniste (1993: 5-6), ocorre "uma confrontação" entre duas construções, por meio de uma análise sincrônica que visa "identificar, para cada categoria, um jogo de valores contrastantes de onde emergem duas noções distintas", revelando "uma simetria profunda entre as duas categorias" analisadas. A justificativa para a escolha desse método reside em um princípio: "quando duas formações vivas funcionam em competição, elas não podem ter o mesmo valor; e, correlativamente: funções diferentes atribuídas a uma mesma forma devem ter uma base comum", sendo que "cabe aos linguistas encontrar esses valores, geralmente pouco aparentes e muitas vezes muito escondidos" (Benveniste, 1993: 6).

Portanto, Benveniste (1993: 64) busca pensar sobre a *função* e a *significação* das diferentes construções de nomes de ação, que "ajudaram a criar grande parte do vocabulário abstrato e permitiram o desenvolvimento de conceitos essenciais e também de novas espécies gramaticais", constituindo, assim, "uma das categorias mais interessantes do indo-europeu, aparentemente a mais clara, cujo estudo suscita questões intralinguísticas ou extralinguísticas de grande alcance".

Essa reflexão é feita por meio da análise de termos em diversas línguas, começando pelas formas gregas com sufixo -τύς, passando pelos termos homéricos em -σις e por palavras em védico, avéstico, latim, gótico e irlandês antigo, entre outras línguas, para se encerrar com o exame de nomes de ação simples e compostos com os sufixos *-ti* e *-tu* em indo-europeu.

Por meio das análises, Benveniste conclui que, ao invés de ser um conceito único, os nomes de ação compreendem duas categorias com valores e empregos distintos:

> *-tu* denota a ação subjetiva, emanando de um sujeito e realizando-a, como predestinação ou disposição interna, desdobramento de uma virtualidade ou prática de uma aptidão pessoal, direcionada sempre no mesmo sentido;
>
> *-ti* indica a ação objetiva, executada fora do sujeito por uma realização acabada em si mesma e sem continuidade; capaz de caracterizar qualquer noção "efetiva" no plano noético ou em uma acepção concreta (Benveniste, 1993: 112, itálicos do autor).

Desse modo, a primeira categoria é representada pela subjetividade e pela vocação e aptidão do sujeito para realização de uma atividade, enquanto o segundo tipo se caracteriza pela objetividade e pela realização concreta de uma operação. Portanto, como diz Benveniste (1993: 89, destaques do autor), "a forma avéstica *jyātu-*, que corresponde à sânscr. *jīvátu-* (conformada secundariamente a *jīva-*), tem o 'mesmo valor de 'capacidade, meio de vida', não de 'vida vivida'", enquanto "a forma em *-ti-* [...] significa sempre o fato de viver efetivamente, desta ou daquela maneira: *ajyāti-* 'a não vida'"; em latim, "*actio* é a 'ação', a 'colocação em movimento' objetiva; mas *actus*, o 'fato de *se* mover': *actus mellis* 'escoamento do mel' (Lucr. III 192)" (Benveniste, 1993: 97, destaques do autor). Assim, Benveniste demonstra que os nomes de ação se distinguem não somente do ponto de vista morfológico, mas também em termos de sentido.

EXEMPLO DE ABORDAGEM DOS *NOMES DE AÇÃO*

Entre os múltiplos exemplos examinados por Benveniste ao longo da segunda parte de *Noms d'agent et noms d'action en indo-européen*, é possível destacar uma análise em particular, pela conclusão que emerge dela. No capítulo VI da obra, Benveniste se dedica a analisar os nomes homéricos terminados em –σις, apresentando uma listagem bastante extensa de termos e de suas traduções, como no seguinte exemplo: "ἄνυσις 'ação de concretizar, conclusão' B 347 ἄνυσις οὐκ ἔσσεται αὐτῶν 'esses projetos não serão realizados'; δ 544 οὐκ ἄνυσις τινα δήοεν 'não chegamos a nada (ao chorar)'" (Benveniste, 1993: 75).

Isso leva à conclusão de que "a significação geral das palavras em -σις é assegurada pelo exame dos empregos homéricos: *é a noção abstrata do processo concebido como realização objetiva*" (Benveniste, 1993: 80, grifo do autor), ou seja, os nomes em -σις pertencem ao segundo tipo de nomes de ação identificados pelo linguista.

Após definir o sentido desses termos, Benveniste passa a questionar as definições dadas pelo linguista dinamarquês Jens Holt para a mesma classe de nomes. Para Holt, o sufixo pode ser utilizado de três maneiras, expressando possibilidade, indicando o caráter geral do fato ou em um sentido restrito, apontando, respectivamente, para a ação não realizada, a ação concomitantemente realizada e não realizada e a ação realizada. Benveniste (1993: 84, grifo do autor) manifesta discordância, afirmando que "é difícil compreender: como um mesmo sufixo pode se prestar a *três* usos, tão diferentes". Para o linguista, "na verdade, aplicadas à análise dos usos homéricos, essas noções revelam-se fugidias, inadequadas para definir rigorosamente as palavras, frequentemente contraditórias para os mesmos usos e inutilmente sutis" (Benveniste, 1993: 84), sendo importante

> estar atento às confusões que sempre podem se estabelecer entre "língua" e "fala", entre o valor próprio de uma formação – valor estável e geralmente simples – e as múltiplas acepções que ela recebe das circunstâncias de emprego. Quando os nomes em -σις se apresentam em frases relativas ao futuro ou que anunciam uma eventualidade, com verbos no futuro ou no subjuntivo, ou quando eles aparecem, pelo contrário, em frases nas quais a ideia do tempo está ausente, resulta daí que devemos atribuir a esses nomes em um caso um emprego de "possibilidade" e, no outro, um emprego "gnômico"? De modo algum, porque a eventualidade ou a não temporalidade afeta exclusivamente o *evento* descrito, mas não interessa em nada o valor da palavra em -σις. Este deve ser constante e será definido, por um lado, em relação à forma da qual deriva e, por outro, em relação aos outros sufixos que a mesma base poderia admitir. Seja o enunciado no futuro ou no perfeito, seja positivo ou negativo, o valor do sufixo permanece o mesmo no nível da "língua". Em particular, se, em virtude de um enunciado negativo (tipo οὔ τοι ἔστι φύσις), a palavra em -σις parece contribuir para a expressão de uma possibilidade ("tu não tens nenhuma chance de fugir"), deve-se tomar cuidado para não imputar esse valor de "possibilidade" a -σις; é simplesmente uma acepção ocasional (na "fala") cuja negação é, muitas vezes, o instrumento e que se reproduziria tão bem com um substantivo de qualquer outra formação. Deixando de delimitar claramente o valor e o emprego, de distinguir o significado inerente ao sufixo e as situações variáveis às quais o enunciado dá expressão, dedicamo-nos às incertezas ou às sutilezas (Benveniste, 1993: 84-85, itálicos do autor).

Assim, Benveniste alerta que o problema da definição total do valor de uma unidade na língua é muito complexo, sendo necessário considerar detidamente os contextos de uso da palavra, classificando-os conforme a sua natureza, e refletindo sobre a forma como é utilizada, descartando situações anômalas e circunstanciais, determinando o que diz respeito a instâncias discursivas específicas e o que toca efetivamente a instância da língua, permitindo chegar ao valor próprio da unidade estudada. No caso específico analisado por Benveniste (1993: 85), ele acredita que "na língua homérica, as características principais do valor de -σις já emergem de uma confrontação entre -σις e -τύς", sufixo estudado pelo linguista no capítulo anterior de *Noms d'agent et noms d'action en indo-européen*, o que permite que ele afirme que quando comparamos -σις com -τύς, vemos que -τύς exprime o oposto do que caracteriza -σις: as palavras em -τύς sempre carregam um valor subjetivo e expressam o processo como uma modalidade (capacidade etc.) *do sujeito*. Em termos de "fala", indicam o processo como exercício ou profissão de quem o pratica. Assim, ὄρχησις é a noção de dança como dado objetivo, como um conjunto efetivo de movimentos realizados, enquanto ὄρχητύς é a dança como capacidade ou como exercício de quem a pratica. Desse modo, parece que chegamos ao princípio de uma definição simples, coerente e estável para o estado da língua considerada. E quando essa mesma oposição se revela no uso de outras línguas, somos levados a pensar que ela, ao mesmo tempo, se confirma em si mesma e que se aplica ao indo-europeu (Benveniste, 1993: 86, itálico do autor).

Observa-se, assim, que a reflexão sobre os nomes de ação não somente diz respeito aos estudos comparados do indo-europeu, mas também serve para pensar sobre o modo de estabelecer o valor das unidades na língua, considerando, para isso, não somente o valor que elas têm na língua, mas também o emprego dessas unidades no discurso.

Leituras complementares: Deroy (1950); Hoff (2023); Lejeune (1950); Montaut (1992); Watkins (1984).

Capítulos relacionados: Função; Línguas; Nomes de agente.

Nota

[1] Todas as traduções de textos em francês neste capítulo são de minha autoria.

NOMES DE AGENTE

Sara Luiza Hoff

O QUE É *NOMES DE AGENTE*?

Para Benveniste, *nome de agente* é uma categoria da morfologia nominal indo-europeia que abarca duas classes: uma designa o autor de um ato (único ou repetido) que recebe esse nome justamente por tê-lo realizado; a outra indica o agente fadado a uma determinada função/atividade (que pode ou não ser efetivamente praticada) pelo destino, por aptidão ou por necessidade.

GUIA PARA COMPREENSÃO DE *NOMES DE AGENTE*

Benveniste discute a noção de nomes de agente no livro *Noms d'agent et noms d'action en indo-européen*. A obra, publicada em 1948, é, de acordo com Benveniste, o segundo volume de sua tese de doutorado, publicada em 1935 sob o título *Origines de la formation des noms en indo-européen*.[1] As duas publicações, como os títulos indicam, dedicam-se à gramática comparada do indo-europeu. É importante observar que, em *Origines de la formation des noms en indo-européen*, Benveniste (1984: 2) reflete sobre a formação dos nomes, buscando "definir as estruturas, as alternâncias, o aparelho formal",[2] estabelecendo, por meio disso, uma proposta de teoria sobre a raiz indo-europeia. Já na segunda obra, o posicionamento muda: "não se trata mais, dessa vez, de restituir as formas, mas de interpretar as funções" (Benveniste, 1993: 5).

Assim, o objeto de estudo da primeira parte do livro – os nomes de agente – é abordado da perspectiva de sua função. Benveniste principia o primeiro capítulo observando que há, em grego, dois sufixos para os nomes de agente, -τήρ e -τωρ, sendo que a causa dessa forma dupla nunca foi pesquisada por nenhum autor: "Quando é mencionada, é para dizer que não há nenhuma diferença entre uma e outra" (Benveniste, 1993: 9). Como algo semelhante ocorre em védico – em que a diferença entre dois tipos, *dátar* e *datar*, de tom e de regência, é considerada uma inovação própria dessa língua –, Benveniste (1993: 9) julga ser necessário "estabelecer que há uma diferença entre **-tor* e **-ter*" no indo-europeu, ou seja, "a história e o valor das formas, a concepção do 'agente', a função dos sufixos devem ser submetidos a uma revisão completa", buscando estabelecer "se esses dois tipos contrastantes têm realmente uma só significação" (Benveniste, 1993: 10).

Para fazer esse exame, Benveniste recorre à análise de diversas línguas, apresentando inúmeros exemplos de nomes de agente com as duas terminações em védico, avéstico e grego. Também são consideradas, brevemente, formações em latim, árabe, takelma e francês, o que permite que Benveniste (1993: 61) conclua que "a existência de dois tipos de nomes de agente, portanto, não está ligada a uma certa família de línguas nem a uma estrutura linguística definida", já que "ela pode se realizar em condições históricas muito variadas, cada vez que se deseja opor, na designação do sujeito agente, modos de ação considerados distintos". Essa análise dos fatos linguísticos permite que Benveniste (1993: 62, itálicos do autor) conclua que há

> dois tipos de nomes de agente, contrastados por sua estrutura, seu sentido e seu emprego:
>
> 1º **-tor* indica o "autor", designado a partir do ato que realizou e caracterizado pela posse dessa realização. Expressão quase-participial, muito ligada ao verbo e sinalizada por uma regência verbal. Adjetivo ou substantivo, o nome em **-tor* transforma em predicado pessoal a realização de um ato, único ou repetido, internalizado no autor e que passa a ser sua propriedade;
>
> 2º **-tero core*, ao contrário, indica o "agente", fadado pelo destino, aptidão ou necessidade à determinada atividade. Pouco importa se essa atividade é praticada ou não: o nome em *-tér* caracteriza o ser que é destinado a uma função e de alguma forma preso à sua função. É, portanto, muitas vezes construído como um predicado de futuro, de intenção, de aptidão e, no vocabulário, manifesta seu valor como um índice dos nomes dos instrumentos.

Assim, a primeira classe de nomes de agente é caracterizada pela singularidade e pela pessoalidade, enquanto a segunda se distingue pela ausência de individualidade e uniformização da classe: "Um *dôtor* é definido como 'aquele que deu ou dá', o sujeito possui e domina seu ato. Mas um *dotér* é 'destinado a dar', por função, aptidão ou predestinação; é interior a sua atividade" (Benveniste, 1993: 62, destaques do autor). Portanto, para Benveniste, a noção de nome de agente implica, sempre, duas expressões distintas, tanto do ponto de vista morfológico quanto semântico.

EXEMPLO DE ABORDAGEM DE *NOMES DE AGENTE*

A noção de nomes de agente não aparece somente em *Noms d'agent et noms d'action en indo-européen*; ela também está presente no artigo "Mecanismos de transposição", publicado originalmente em 1969 nos *Cahiers Ferdinand de Saussure* e republicado no *PLG II*.

Nesse texto, Benveniste (*PLG II*: 115, grifo do autor) visa esclarecer "o funcionamento e a importância da transposição analisando os derivados em -*eur*, chamados nomes de agente, no francês moderno". A maior parte do artigo se concentra na análise da construção em que um nome em -*eur* é utilizado juntamente a um adjetivo, como *un bon marcheur* [um bom caminhante], com o objetivo "de mostrar que a relação entre os dois termos do sintagma é menos simples do que parece, e que ela não se reduz a uma relação de qualificação" (*PLG II*: 120).

Benveniste principia a análise comparando duas proposições: "Pierre est un bon marcheur" [Pierre é um bom caminhante] e " Pierre est un célèbre écrivain" [Pierre é um escritor famoso]. Ele observa que "um 'célèbre écrivain' conjuga duas qualidades: ele é célebre e ele é escritor. Dele, pode-se, portanto, dizer: 'cet écrivain est célèbre'. Mas não se pode dizer de um 'bon marcheur' que ele é 'bon' e que ele é 'marcheur', e é impossível anunciar: '*ce marcheur est bon'", ou seja, "a identidade da estrutura formal recobre uma disparidade na estrutura profunda" (*PLG II*: 120). Além disso, a primeira proposição, ao contrário da segunda, pode ter a ordem invertida. Para Benveniste, há uma explicação, o fato de "écrivain" poder ser utilizado sozinho, enquanto "marcheur" não pode ocorrer isoladamente:

> Tudo procede na verdade do nome "marcheur", aqui inseparável de seu epíteto que é "bon". Ele se caracteriza como a conversão nominal de um predicado "qui marche..." [que caminha] aqui inseparável de um qualificante que será "bien" [bem]. Explicaremos portanto *un bon marcheur* como a transposição de "qui

marche bien". O grupo nominal encontra nesta relação seu fundamento lógico e sua definição sintática. O adjetivo *bon* é aqui um advérbio transposto, não um adjetivo de função primária, e "marcheur" é aqui um predicado verbal transposto, não um substantivo de função primária. A diferença entre "un bon marcheur" e "un célèbre écrivain" aparece agora: "un célèbre écrivain" não é a transposição de um predicado verbal, pelo fato de que "écrivain" não se deixa reconduzir a "qui écrit" [que escreve]. Temos aí o critério da distinção entre os dois enunciados, tão semelhantes na aparência (*PLG II*: 120-121, itálicos do autor).

A conclusão de Benveniste (*PLG II*: 121, destaques do autor) é que "a definição de *marcheur* como nome de agente de *marcher*, ainda que seja materialmente exata quanto à relação formal, não é suficiente para caracterizar-lhe a função", o que significa que "é preciso explicar a criação de *marcheur* a partir de uma expressão predicativa em que a forma verbal é acompanhada de uma qualificação chamada advérbio: por exemplo 'il marche bien'", sendo que "il marche" se transpõe em "is est... marcheur" e "bien" é transposto na forma nominal "bon". Surge, então, uma questão: "Mas este adjetivo apesar da aparência não qualifica um substantivo, ele qualifica, sob o disfarce nominal, o cumprimento de um ato: '*Pierre est un bon marcheur*' significa 'Pierre a la propriété de bien marcher' [Pierre tem a propriedade de caminhar bem]" (*PLG II*: 121, grifo do autor).

Além de indicar a função atípica do adjetivo, Benveniste também aponta para uma questão semântica:

> A transformação de *Pierre marche bien* em *Pierre est un bon marcheur* não afeta somente a natureza das formas, sua função sintagmática; ela produz uma delimitação do sentido. A proposição *Pierre marche bien* pode ser entendida diversamente, conforme Pierre seja uma criança dando seus primeiros passos para a satisfação de seus pais, ou conforme Pierre tenha superado dificuldades que ele experimentava para andar, ou conforme Pierre tome parte de um desfile, etc. Mas a transposição *Pierre est un bon marcheur* elimina qualquer emprego de circunstância: predica-se assim como propriedade de Pierre a capacidade de andar bem, entendida exclusivamente como a capacidade de andar por muito tempo sem cansaço, fora de qualquer contexto de situação. É preciso notar que *(bon) marcheur, (gros) mangeur* e todos os nomes da mesma série procedem de uma forma verbal de emprego absoluto e não atualizado, que indica a noção no estado virtual (*PLG II*: 122, itálicos do autor).

Assim, Benveniste (*PLG II*: 122) observa a existência de outra categoria de nomes de agente: "a transposição efetuada por meio do nome em *-eur* em *un bon marcheur* cria uma classe de nomes que coloca em evidência a capacidade constatada, não a prática habitual ou profissional de uma atividade". Revela-se, assim, um outro significado de uma forma, evidenciando a riqueza de propriedades e elucidando o funcionamento da língua, como o próprio linguista afirma ao final do texto:

> Essas observações fizeram sobressair a diversidade dos valores que são revelados no exame da classe dos nomes de agentes em *-eur*, habitualmente tratada como unitária. É substituindo cada um desses valores no quadro sintático de que ele procede e partindo da construção verbal que ele transpõe que se podem esclarecer os mecanismos que produzem e que diferenciam estas categorias nominais (*PLG II*: 128, itálico do autor).

Leituras complementares: Aresi (2020); Flores (2021); Hoff (2023).

Capítulos relacionados: Função; Línguas; Nomes de ação.

Notas

[1] A distância temporal entre as duas publicações é explicada pelo próprio Benveniste no prefácio de *Noms d'agent et noms d'action en indo-européen*: "No intervalo houve, para o autor, outras publicações, a interrupção da guerra, a perda de todos os trabalhos manuscritos e a obrigação de reconstituir toda a documentação da presente obra" (Benveniste, 1993: 5).

[2] As citações de textos em francês aqui foram traduzidas por mim.

PESSOA E
NÃO PESSOA

José Temístocles Ferreira Júnior

O QUE É *PESSOA* E *NÃO PESSOA*?

A pessoa é uma categoria fundamental da linguagem que se expressa nas línguas em um sistema de referências pessoais, autorreferencial, do qual cada locutor se apropria ao se enunciar e que, em cada instância de seu emprego, torna-se único e irrepetível. A pessoa se apresenta por meio de um sistema de referências pessoais (*eu* e *tu*) empregado pelos falantes no ato enunciativo. A pessoa é, portanto, formada pelas posições *eu* e *tu*, assumidas pelos falantes no ato enunciativo, caracterizadas pela unicidade e reversibilidade. Em resumo, a pessoa diz respeito a um conjunto formado por índices que indicam os participantes do ato enunciativo e sinalizam sua presença na língua.

A não pessoa, por sua vez, é uma categoria que não é autorreferencial, ou seja, não remete a si mesma na instância de discurso. A não pessoa predica o processo de *não importa quem ou não importa o que*, exceto a própria instância, podendo sempre esse *não importa quem ou o que* ser munido de uma referência objetiva. É a face objetiva da língua. A definição de não pessoa deriva da discussão de Benveniste a respeito do *ele* em contraposição a *eu-tu*. A categoria de *não pessoa* (*ele*), portanto, é a forma por meio da qual uma *coisa* pode ser predicada verbalmente, ou seja, é uma indicação de enunciado sobre algo ou alguém.

GUIA PARA COMPREENSÃO DE *PESSOA* E *NÃO PESSOA*

A oposição entre a categoria de pessoa e a não pessoa decorre do próprio exercício da língua, pois no ato enunciativo um locutor (*eu*) mobiliza a língua na relação que estabelece com um alocutário (*tu*) para estabelecer trocas discursivas a respeito de uma variedade de objetos (*ele*). A categoria de pessoa é instituída no quadro da enunciação, formalizado na língua pelo sistema de relações mantidas entre *eu-tu/ele*.

A primeira abordagem do par Pessoa e não pessoa é feita por Benveniste no texto "Estrutura das relações de pessoa no verbo" e é retomada pelo linguista em outros textos, como "A natureza dos pronomes" e "Da subjetividade na linguagem". Nas discussões propostas sobre a categoria de pessoa e da não pessoa, Benveniste fundamenta uma abordagem de categorias linguísticas a partir da consideração da presença da subjetividade na linguagem.

Nesse sentido, as distinções entre as pessoas verbais e pronominais são estabelecidas a partir de duas correlações: a) correlação de pessoalidade: opõe as pessoas *eu* (primeira pessoa, aquela que fala) e *tu* (segunda pessoa, aquela a quem *eu* fala) à não pessoa (ele, aquela que está ausente e que integra o lado objetivo da língua); b) correlação de subjetividade: faz distinção entre *eu*, pessoa subjetiva, e *tu*, pessoa não subjetiva. Isso pode ser mais bem visualizado nos quadros seguintes.

Quadro 1 – Correlação de pessoalidade

	Pessoa	Eu
Correlação de pessoalidade	Pessoa	Tu
	Não pessoa	Ele

Fonte: adaptado de Flores (2013a).

Quadro 2 – Correlação de subjetividade

Correlação de subjetividade	Pessoa subjetiva	Eu
	Pessoa não subjetiva	Tu

Fonte: adaptado de Flores (2013a).

Na perspectiva de Benveniste, o sistema constituído por essas correlações é mobilizado na instância discursiva e nele estão os índices autorreferenciais (ligados a *eu-tu*) e os signos plenos (ligados à não pessoa – *ele*) que são atualizados no processo de conversão da língua em discurso. Nesse sentido, o exercício enunciativo da língua organiza as relações opositivas que se estabelecem entre a pessoa e a não pessoa, delimitando as diferenças existentes entre os papéis assumidos pelos participantes da situação enunciativa ao mesmo tempo que propicia, em seu próprio quadro, a constituição do homem como sujeito.

Distintamente do que ocorre na relação *eu-tu*, a não pessoa é desprovida da noção de pessoalidade e não se refere a uma pessoa que propriamente participa do ato de fala, comportando apenas uma indicação de enunciado sobre alguém ou sobre alguma coisa e representa, por isso mesmo, o lado objetivo da língua. Assim, ao concordar com os gramáticos árabes para quem a terceira pessoa figura como "aquele que está ausente", Benveniste afirma que a terceira pessoa é, na verdade, a "não pessoa" (*PLG I*: 250-251), aquela que não dispõe de condições para tomar a palavra ou mesmo assumir posição de alocutário da enunciação. Por essa via de raciocínio, não podemos tomar o *ele* como uma pessoa capaz de se esvaziar de pessoalidade, pois nele se verifica a ausência daquilo que qualifica propriamente o *eu* e o *tu*: a *unicidade* da relação enunciativa e a *inversibilidade* dos papéis no ato enunciativo.

A *unicidade* da relação *eu-tu* decorre da condição particular que reveste o próprio ato enunciativo: ao enunciar, a pessoa *eu* se dirige à pessoa *tu* em circunstâncias de pessoalidade, temporalidade e espacialidade muito singulares, submetidas à instância de discurso em que aparecem empregadas e onde são criadas. A instância de discurso assumida pelo locutor na enunciação é única e irrepetível por natureza; já a não pessoa pode se referir a uma infinidade de sujeitos ou a nenhum, não se prestando, portanto, à representação de uma pessoa efetivamente participante da situação enunciativa.

Outro aspecto apontado por Benveniste para destacar a assimetria na relação *eu-tu*/*ele* diz respeito à *inversibilidade* dos papéis discursivos: ao enunciar, a pessoa *eu* instala em seu discurso um *tu*, que, por sua vez, ao tomar a palavra, assume a posição de *eu* e torna o primeiro enunciador um *tu*. No caso do *ele*, esta inversão não é possível, justamente pelo fato de que *ele* não designa especificamente nada nem ninguém. *Ele* não pode ser assumido por um participante efetivo da ação enunciativa. É por essa razão também que *ele* pode tomar qualquer sujeito ou nenhum, mas, quando comporta um sujeito, este não é proposto como pessoa, exatamente pela falta de condições para participar da proposição enunciativa no quadro formal do discurso.

Esse último aspecto evoca uma propriedade específica da não pessoa: é a única pela qual uma coisa pode ser predicada verbalmente. Em outros termos, é por meio da não pessoa que *eu* e *tu* podem fazer remissão a assuntos diversos, abordar temas variados, trocar experiências, dinamizar o conteúdo do diálogo etc. Em suma, a não pessoa pode ser entendida como o "objeto da enunciação". A não pessoa se apresenta, nesse paradigma, como elemento essencial para definição e instituição da categoria de pessoa, justamente por provocar a clivagem necessária ao estabelecimento da oposição correlacional entre a pessoa e aquilo que ela não é. Assim, a categoria de pessoa é criada sob uma cisão fundante e determinante para sua existência enquanto categoria, pois, embora o *ele* não disponha de condições para tomar a palavra, não se pode enunciar sem que haja uma não pessoa, e o hiato que separa pessoa e não pessoa também propicia a realidade da correlação de pessoalidade.

Por fim, a oposição estabelecida entre o par pessoa/não pessoa também é abordada no texto "O aparelho formal da enunciação". Após destacar que, em geral, o que caracteriza a enunciação é a acentuação da relação discursiva com um parceiro (real ou imaginado, individual ou coletivo), Benveniste formula o conceito de quadro figurativo da enunciação, que coloca em cena duas figuras mutuamente implicadas e alternadamente propostas como protagonistas: o locutor e o alocutário. Nesse sentido, para se alternar nas diferentes posições do quadro figurativo, os parceiros discursivos necessitam ocupar um lugar na categoria de pessoa (*eu-tu*) e estabelecer trocas no diálogo. Assim, o quadro figurativo da enunciação traz à tona a estrutura subjacente ao ato enunciativo e a configuração necessária para que seja possível o diálogo.

EXEMPLO DE ABORDAGEM DE *PESSOA* E *NÃO PESSOA*

A atualização da categoria de pessoa na enunciação é feita por meio de marcas linguísticas específicas. Benveniste (1988) desenvolveu uma análise minuciosa das relações de pessoa nas classes dos verbos e dos pronomes, dando ênfase ao modo como essas classes se organizam, em diferentes línguas, em torno da oposição criada enunciativamente entre a categoria de *pessoa* e a *não pessoa*.

No exame do verbo, Benveniste (*PLG I*: 247) afirma que a referência à pessoa se apresenta como uma constante nas formas de conjugação verbal de diversas línguas e mostra que a própria flexão verbal tem por base o ajustamento às pessoas do discurso. No caso de línguas em que falta a expressão de pessoa nas desinências verbais, Benveniste destaca o modo como essa expressão se mantém através da classe dos pronomes, que, alternativamente, tem o potencial de quebrar a impessoalidade verbal e representar a categoria de pessoa. A conclusão a que chega é a de que parece não existir uma língua dotada de um verbo no qual as distinções de pessoa não sejam marcadas de uma ou de outra forma.

Na análise que empreende das relações de pessoa no verbo em diferentes línguas, Benveniste (1988) afirma o seu desacordo com a classificação herdada da gramática grega que discrimina três pessoas para o quadro da flexão verbal, com base no conjunto das posições presentes nas formas verbais. Essa enumeração, entretanto, não elucida, conforme Benveniste, o princípio que rege a oposição entre as pessoas e planifica relações entre índices que abrigam entre si oposições salientes no quadro do discurso.

Nos idiomas observados pelo linguista (semítico, turco, ugro-fínico, húngaro, georgiano, caucásico, dravídico, esquimó, línguas ameríndias, indo-europeu etc.), há uma extensa lista de exemplos de flexões verbais que acentuam a dissimetria das relações entre as pessoas: com algumas nuanças, os índices que marcam a pesso-alidade linguística nas línguas analisadas se ausentam nas formas que designam a terceira pessoa, o que torna evidente a impertinência de uma classificação uniforme na descrição das pessoas verbais.

Leituras complementares: Flores (2013a); Flores et al. (2008, 2009); Lahud (1979).

Capítulos relacionados: Dêixis; Instância de discurso; Referência; Subjetividade; Sujeito.

PSICANÁLISE E LINGUAGEM

Valdir do Nascimento Flores

O QUE É *PSICANÁLISE E LINGUAGEM*?

Psicanálise e linguagem estão presentes na obra de Benveniste de maneira muito circunscrita. Essa relação não é objeto de vasta discussão por parte do autor. Poderíamos dizer que o assunto nem é, propriamente falando, definido pelo linguista. No entanto, não se pode negar que o que Benveniste diz sobre o tema tem servido de base para muitas discussões em torno das possibilidades, ou não, dessa relação. Em sua obra, encontramos o tema no artigo "Observações sobre a função da linguagem na descoberta freudiana", publicado originalmente na revista *La psychanalyse*, em 1956, e republicado no sétimo capítulo do *PLG I*.

Em linhas gerais, o artigo faz uma leitura crítica do texto de Sigmund Freud (1856-1939) "Sobre o sentido antitético das palavras primitivas", publicado em 1910. No artigo, Benveniste institui um contraste entre psicanálise e linguagem que estabelece, ao mesmo tempo, relação e diferença. Observem-se as passagens seguintes que, apesar de longas, são necessárias para o entendimento do tema (*PLG I*: 92-93).

Em primeiro lugar, relação e diferença, ligadas à ideia símbolo:

> Toda a psicanálise se funda sobre uma teoria do símbolo. Ora, a linguagem é apenas simbolismo. As diferenças entre os dois simbolismos ilustram e resumem todas as que sucessivamente indicamos. As profundas análises que Freud fez do simbolismo do inconsciente esclarecem também os diferentes caminhos pelos quais se realiza o simbolismo da linguagem.

183

Em segundo lugar, relação e diferença, ligadas à língua:

> Ao dizermos que a linguagem é simbólica, enunciamos ainda apenas a sua propriedade mais manifesta. É preciso acrescentar que a linguagem se realiza necessariamente numa língua, e então surge uma diferença, que define para o homem o simbolismo linguístico: consiste em que ela é *aprendida*, e coextensiva à aquisição que o homem faz do mundo e da inteligência, com os quais acaba por unificar-se. Segue-se que os principais desses símbolos e a sua sintaxe não se separam, para ele, das coisas e da experiência que delas adquire; deve tornar-se o seu senhor à medida que as descobre como realidades. Para aquele que abarca na sua diversidade esses símbolos atualizados nos termos das línguas, evidencia-se logo que a relação desses símbolos com as coisas que eles parecem encobrir se deixa apenas comprovar, não justificar.

Em terceiro lugar, relação e diferença, ligadas ao inconsciente:

> Quanto a esse simbolismo que se realiza em signos infinitamente diversos, combinados em sistemas formais tão numerosos e distintos quantos são as línguas, o simbolismo do inconsciente descoberto por Freud oferece caracteres absolutamente específicos e diferentes. Alguns devem ser sublinhados. Em primeiro lugar, a sua universalidade. Segundo os estudos feitos sobre os sonhos ou as neuroses, parece que os símbolos que os traduzem constituem um "vocabulário" comum a todos os povos sem acepção de língua, pelo fato, evidentemente, de que não são nem aprendidos nem reconhecidos como tais por aqueles que os produzem. Além disso, a relação entre esses símbolos e o que eles relatam pode definir-se pela riqueza dos significantes e pela unicidade do significado, importando isso em que o conteúdo é recalcado e não se liberta a não ser encoberto pelas imagens. Em compensação, ao contrário do signo linguístico, esses significantes múltiplos e esse significado único são constantemente ligados por uma relação de "motivação". Observaremos finalmente que a "sintaxe" na qual se encadeiam esses símbolos inconscientes não obedece a nenhuma exigência lógica ou, melhor, conhece apenas uma dimensão — a da sucessão que, como viu Freud, significa também causalidade.

Por fim, a conclusão: "Estamos, pois, na presença de uma 'linguagem' tão particular que há o maior interesse em distingui-la daquilo que assim designamos" (*PLG I*: 93). Assim, podemos dizer que entre psicanálise e linguagem há relações e diferenças em função da natureza simbólica do inconsciente e das línguas.

GUIA PARA COMPREENSÃO DE *PSICANÁLISE E LINGUAGEM*

O artigo de Benveniste é, na verdade, resultado de encomenda do psicanalista francês Jacques Lacan (1901-1981) e decorre de conferência dada por Benveniste, em 1954. O próprio Lacan refere essa conferência, em sua aula de 23 de novembro de 1955, ao comentar a leitura de Freud feita por Benveniste: "Uma conferência do Sr. Benveniste no ano passado apresentou-lhes uma crítica eficaz [...]" (Lacan, 1988: 37). Considerado esse contexto, para abordar o assunto em Benveniste, é importante seguir de perto o artigo de Benveniste, pois ele é complexo, denso e, muitas vezes, mal compreendido. Mas, antes, cabe retomar detalhes do surgimento da discussão de Benveniste, o que implica retomar, em suas grandes linhas, o texto de Freud e a leitura que este faz do filólogo alemão Karl Abel (1837-1906), que é em quem Freud se baseia para dizer o que diz, pois é a partir de tudo isso que Benveniste se posiciona.

Freud lê "Über den Gegensinn der Urworte" (1884) ("Sobre o sentido antitético das palavras primitivas"), de Karl Abel, no final da primeira década do século XX e, com base nessa leitura, publica, em 1910, o texto homônimo "Sobre o sentido antitético das palavras primitivas". Por que Abel interessou a Freud? Porque Abel explicita nesse artigo uma tese segundo a qual no egípcio antigo haveria palavras que significavam, em sua origem, simultaneamente uma coisa e seu oposto. A consequência disso é Benveniste mesmo quem explica (*PLG I*: 86): "ter-se-ia descoberto uma analogia entre o processo do sonho e a semântica das línguas 'primitivas', nas quais um mesmo termo enunciaria uma coisa e igualmente o seu contrário". Ora, a tese de Abel é importante para Freud que já havia se manifestado, em sua obra de 1900, *A interpretação dos sonhos*, em termos muito semelhantes: para Freud, o sonho teria também a propriedade dessa simultaneidade. Diz Freud:

> Altamente notável é o comportamento do sonho em relação à categoria da *oposição* e da *contradição*. Essa categoria é simplesmente negligenciada; o "não" parece não existir para o sonho. Com especial predileção, as oposições são reunidas ou figuradas numa unidade. O sonho também toma a liberdade de figurar um elemento qualquer pela sua antítese de desejo, de modo que de início não sabemos se um elemento que admite um oposto está contido positiva ou negativamente nos pensamentos oníricos (Freud, 2016: 341).

Em outros termos, Freud pensou encontrar na tese de Abel a confirmação de sua própria tese de que tanto a língua quanto o sonho são estranhos à contradição, o que os faz semelhantes do ponto de vista da estrutura. E isso se mostra em uma nota de rodapé que Freud acrescenta à edição de 1911 da *Interpretação dos sonhos*, exatamente no final da citação que fizemos acima. Diz Freud na nota:

> Em um trabalho de K. Abel, *O sentido antitético das palavras primitivas* (1884; ver minha resenha, 1910e), tomei conhecimento do fato surpreendente, também

confirmado por outros linguistas, de que neste ponto as línguas muito antigas se comportam de modo muito semelhante ao sonho. Inicialmente, elas têm apenas uma palavra para designar os dois opostos nos extremos de uma série de qualidades ou de atividades (fortefraco, velhojovem, longeperto, unirseparar), criando designações separadas para os dois opostos apenas de maneira secundária por meio de ligeiras modificações da palavra primitiva comum. Abel demonstra essas relações em grande escala no egípcio antigo, mas também apresenta vestígios evidentes do mesmo desenvolvimento nas línguas semíticas e indo-germânicas (Freud, 2016: 341n).

Eis o contexto de produção do artigo de Benveniste: trata-se do atendimento a uma demanda de Lacan sobre um texto de Freud, baseado em Abel. Então, em resposta à pergunta que intitula este item, diríamos que *psicanálise e linguagem* é um tema restrito da reflexão benvenistiana, limitado a avaliar a analogia entre o sonho e a língua; ou ainda, as analogias possíveis entre o inconsciente e a língua. Isso posto, podemos abordar como se apresenta a relação *psicanálise e linguagem* para Benveniste.

Em seu artigo, Benveniste (*PLG I*: 82) destaca, inicialmente, a singularidade da técnica psicanalítica e o que a aproxima da linguagem:

> o analista opera sobre o que o sujeito lhe *diz*. Considera-o nos discursos que este lhe dirige, examina-o no seu comportamento locutório, "fabulador", e através desses discursos se configura lentamente para ele outro discurso que ele terá o encargo de explicitar, o do complexo sepultado no inconsciente.

Ao que acrescenta: "do paciente ao analista e do analista ao paciente o processo inteiro opera-se por intermédio da linguagem" (*PLG I*: 82). Por fim: "a relação do analista ao sujeito [é] a do diálogo" (*PLG I*: 83).

Mais adiante, precisa melhor que não se trata de querer saber alguma verdade relativa a algum acontecimento empírico da vida do paciente; trata-se antes de prestar atenção no que *diz* o paciente "porque os acontecimentos empíricos não têm realidade para o analista a não ser no – e pelo – 'discurso'" (*PLG I*: 83). A psicanálise é, portanto, uma técnica que "faz da linguagem o seu campo de ação e o instrumento privilegiado de sua eficiência" (*PLG I*: 83).

Assim, Benveniste passa a examinar as *modalidades* da linguagem que entram em jogo na realidade psicanalítica. A primeira e principal é a subjetividade:

> Ao longo das análises freudianas, percebe-se que o sujeito se serve da palavra e do discurso para "representar-se" a si mesmo, tal como quer ver-se, tal como chama o "outro" a comprovar. [...]. Pela simples alocução, aquele que fala de si mesmo instala o outro nele e dessa forma se capta a si mesmo, se confronta, se instaura tal como

aspira a ser, e finalmente se historiciza nessa história incompleta ou falsificada. A linguagem, assim, é utilizada aqui como palavra, convertida nessa expressão da subjetividade iminente e evasiva que constitui a condição do diálogo (*PLG I*: 84).

Benveniste acrescenta ainda que o sujeito se *serve* da língua – que é de conhecimento social – para contar uma história que é muito particular, "estritamente pessoal". Nesse sentido, há uma espécie de antinomia entre a língua (sistema comum a todos os falantes de uma língua) e o discurso do sujeito (que é portador de uma simbologia muito específica).

Essa interpretação de Benveniste é suficiente para afastá-lo do raciocínio freudiano, baseado em Abel. Embora Benveniste reconheça que Freud está correto em ver afinidade entre língua e sonho, ele se afasta de Freud quanto ao caminho adotado. E por quê?

Porque, na opinião de Benveniste, Abel está errado em supor essa concomitância de sentidos opostos nas ditas "línguas primitivas": "A autoridade de Freud corre o risco de fazer passar por estabelecida essa demonstração, e em todo caso de propagar a ideia de que haveria aí uma sugestão de pesquisas fecundas" (*PLG I*: 86). E traz à tona uma crítica contundente:

> não é inútil assinalar que razões de fato retiram todo crédito às especulações etimológicas de Karl Abel que seduziram Freud. [...]. Não é por acaso que nenhum linguista qualificado, nem na época em que Abel escrevia (já os havia em 1884), nem depois, conservou esse *Gergensinn der Urworte*, quer no seu método quer nas suas conclusões (*PLG I*: 86).

E como Benveniste contesta Abel? De três maneiras: se opondo (a) ao seu método; (b) à sua análise (aos exemplos dados por Abel); e (c) à sua visão de língua.

Quanto ao método, diz Benveniste:

> se se pretende restabelecer o curso da história semântica das palavras e reconstituir-lhes a pré-história, o primeiro princípio do método consiste em considerar os dados de forma e de sentido, sucessivamente atestados em cada época da história até a data mais antiga, e em não encarar uma reconstituição a não ser a partir do último ponto que a nossa pesquisa pode atingir. Esse princípio determina outro, relativo à técnica comparativa, que consiste em submeter as comparações entre línguas a correspondências regulares (*PLG I*: 86).

Ora, aos olhos de Benveniste, Abel não assume nenhuma dessas duas atitudes:

K. Abel opera sem preocupação com essas regras e reúne tudo o que se parece. De uma semelhança entre uma palavra alemã e uma palavra inglesa ou latina, de sentido diferente ou contrário, conclui por uma relação original por "sentidos opostos", negligenciando todas as fases intermediárias que explicariam a divergência, quando há parentesco efetivo, ou arruinariam a possibilidade de um parentesco provando que são de origem diferente (*PLG I*: 87).

Quanto às análises, Benveniste é certeiro. Observemos exemplos de sua crítica:

> O antigo advérbio alemão *bass*, "bem", aparenta-se a *besser*, mas não tem qualquer relação com *bôs,* "mau", da mesma forma que no inglês arcaico *bat,* "bom, melhor", não tem relação com *badde* (hoje *bad*), "mau". O inglês *cleave*, "fender", responde em alemão não a *kleben*, "colar", como diz Abel, mas a *klieben*, "fender" (cf. *Kluft).* O inglês *lock*, "fechar", não se opõe ao alemão *Lücke, Loch*, mas, ao contrário, ajusta-se, pois o sentido antigo de *Loch* é "trincheira, lugar fechado e escondido". O alemão *stumm* significa exatamente "paralisado (da língua)" e se liga a *stammeln, stemmen* e nada tem de comum com *Stimme*, que já na sua mais antiga forma significa "voz", gótico *stibna*. Da mesma forma em latim *ciam*. "secretamente", liga-se a *celare,* "esconder", mas de modo nenhum a *clamare*, etc. (*PLG I*: 87).

Quanto à visão de língua, Benveniste dirá, na esteira de Saussure, que não existem "línguas primitivas". As línguas são o que são em sua sincronia. Sendo uma língua um sistema de signos (organizado em suas relações de oposição), é evidente, na opinião de Benveniste, que não cabe julgar um estado de língua como "primitivo" em relação a outro estado de língua: "as línguas antigas ou arcaicas não são nem mais nem menos singulares do que as que falamos" (*PLG I*: 89). E finaliza com uma explicação irretocável:

> É, pois, *a priori* improvável – e o exame cuidadoso o confirma – que essas línguas, por mais arcaicas que as suponhamos, escapem ao "princípio de contradição", designando com uma mesma expressão duas noções mutuamente exclusivas ou apenas contraditórias. Na verdade, esperamos ainda ver surgirem exemplos sérios. Supondo que exista uma língua na qual "grande" e "pequeno" se digam identicamente, há de ser uma língua em que a distinção entre "grande" e "pequeno" não tenha literalmente sentido e na qual a categoria da dimensão não exista, e não uma língua que admitisse uma expressão contraditória da dimensão.

Nesse sentido, o percurso que fizemos mostra que, para Benveniste, não há como pensar a analogia entre as operações do sonho e a língua pelo viés que Freud a abordou com base em Abel.

EXEMPLO DE ABORDAGEM DE *PSICANÁLISE E LINGUAGEM*

O que dissemos não deve levar a crer que Benveniste recusa a analogia entre o sonho (e o inconsciente) e a língua; ele apenas a recusa nos termos aventados por Freud, que se fundamenta em Abel. Porém, Benveniste sinaliza uma possibilidade de encaminhamento: "o que Freud perguntou em vão à linguagem 'histórica' teria podido, em certa medida, perguntar ao mito ou à poesia" (*PLG I*: 90).

Além disso, Benveniste acrescenta o que chama de "processos estilísticos do discurso": "é no estilo, mais que na língua, que veremos um termo de comparação com as propriedades que Freud desvendou como sinaléticas da 'linguagem' onírica. Ficamos impressionados com as analogias que aqui se esboçam" (*PLG I*: 93). Disso, segue uma série de sugestões em que Benveniste situa as analogias possíveis:

> O inconsciente emprega uma verdadeira "retórica" que, como o estilo, tem as suas "figuras", e o velho catálogo dos tropos proporcionaria um inventário apropriado aos dois registros da expressão. Encontram-se aí, num e noutro, todos os processos de substituição engendrados pelo tabu: o eufemismo, a alusão, a antífrase, a preterição, a litotes. A natureza do conteúdo evidenciará todas as modalidades da metáfora, pois é de uma conversão metafórica que os símbolos do inconsciente tiram o seu sentido e ao mesmo tempo a sua dificuldade. Empregam também aquilo a que a velha retórica chama metonímia (continente por conteúdo), e a sinédoque (parte pelo todo); e, se a "sintaxe" dos encadeamentos simbólicos evoca um processo de estilo entre todos, trata-se da elipse. Em suma, à medida que estabelecermos um inventário das imagens simbólicas no mito, nos sonhos etc., veremos provavelmente mais claro nas estruturas dinâmicas do estilo e nos seus componentes afetivos.

Essa abordagem de Benveniste é muito consistente e não podemos deixar de fazer alusão ao fato de que esse texto de Benveniste é de 1950 e que Lacan esboça sua teoria da metáfora no *Seminário III* (*As Psicoses*), de 1955-1956, "formalizada em 'A instância da letra' e, depois, em 'Do tratamento possível da psicose'" (Arrivé, 1994: 107). Teria Lacan buscado inspiração – mesmo que brevemente – na intuição benvenistiana, e isso para além do que o psicanalista insiste em afirmar vir apenas de Roman Jakobson?

Leituras complementares: Arrivé (1994, 1999); Mannoni (1973); Machado (2015).

Capítulos relacionados: Diálogo; Enunciação; Subjetividade; Símbolo; Sujeito.

REFERÊNCIA

Alena Ciulla

O QUE É *REFERÊNCIA*?

Para Benveniste, a questão da referência diz respeito a como referimos na língua, o que está relacionado ao conceito de simbolizar como a capacidade de "*representar o real por um 'signo' e de compreender o 'signo' como representante do real, de estabelecer, pois, uma relação de 'significação' entre algo e algo diferente*" (*PLG I*: 27).

A referência é vista, assim, como parte integrante da enunciação, pois é no ato enunciativo que são estabelecidas essas relações de simbolização e significação. A própria condição de mobilização e apropriação da língua realizada no ato enunciativo "é, para o locutor, a necessidade de referir pelo discurso e, para o outro, a possibilidade de co-referir identicamente, no consenso pragmático que faz cada locutor ser um co-locutor" (*PLG II*: 84).

Daí emerge também a definição de correferência, que, para Benveniste, trata-se da possibilidade de *tu* referir e tornar-se um alocutário de *eu* e "assim a situação inerente ao exercício da linguagem, que é a da troca e do diálogo, confere ao ato de discurso dupla função: para o locutor, representa a realidade; para o ouvinte, recria a realidade. Isso faz da linguagem o próprio instrumento de comunicação intersubjetiva" (*PLG I*: 26).

Nessa passagem, fica também clara a importância da noção de correferência, já que, para o autor, a representação e a recriação do real acontecem na interlocução, entre *eu* e *tu*. A relação de correferência está ligada, portanto, a como a realidade é intersubjetivamente recriada.

A respeito dessa recriação do real, realizada na referência (e na correferência, já que a enunciação pressupõe sempre um *eu* falando a um *tu*), Benveniste acrescenta, ainda: "a linguagem *re-produz* a realidade. Isso deve entender-se da maneira mais literal: a realidade é produzida novamente por intermédio da linguagem. Aquele que fala faz renascer pelo seu discurso o acontecimento e a sua experiência do acontecimento" (Benveniste, 1966a: 25, tradução nossa).

Para entender o conceito de referência em Benveniste, então, é fundamental compreender que a realidade de que ele trata é aquela que os falantes (re)produzem no discurso e, portanto, não **é um reflexo direto do mundo**, não é a realidade do mundo empírico. Sob a perspectiva do autor, não há relação direta entre o homem e o mundo, "o símbolo linguístico é *mediatizante*. Organiza o pensamento e realiza-se numa forma específica, torna a experiência interior de um sujeito acessível a outro numa expressão articulada e representativa" (*PLG I*: 30).

GUIA PARA COMPREENSÃO DE *REFERÊNCIA*

Não há, na obra que se conhece de Benveniste, um texto sobre *referência*, em especial. É possível, contudo, em alguns trechos, como fizemos na seção anterior, depreender algumas considerações sobre o que é referência no quadro teórico desenvolvido por Benveniste. De fato, pode-se depreender que a noção de referência assume um papel importante na linguística benvenistiana. Assim, propomos, a seguir, examinar mais alguns trechos que podem esclarecer pontos para compreender melhor a questão.

Propomos, de início, a leitura do capítulo "Natureza do signo linguístico". Nesse texto, ao retomar a noção saussuriana de arbitrariedade do signo, o autor resgata, de certa maneira, a discussão sobre a relação do signo com o mundo, sob o ponto de vista que defende em sua obra: "não é entre o significante e o significado que a relação ao mesmo tempo se modifica e permanece imutável, é entre o signo e o objeto; é, em outras palavras, a *motivação objetiva* da designação, submetida, como tal, à ação de diversos fatores históricos" (*PLG I*: 58).

Ao admitir uma relação do signo com o objeto, Benveniste fornece uma espécie de porta de entrada para pensar a questão da referência no âmbito de uma teoria da linguagem. Entra em jogo aqui não mais apenas a relação significante/significado, mas a *designação*, que está ligada à relação entre signo e objeto.

Em "A natureza dos pronomes", Benveniste distingue pessoa de não pessoa justamente pelas diferentes funções que os elementos dessas categorias desempenham na linguagem. Entre essas funções está a de referir, como se pode ler no trecho a seguir.

> Entre *eu* e um nome referente a uma noção lexical, há não apenas as diferenças formais, muito variáveis, impostas pela estrutura morfológica e sintática das línguas particulares. Há outras, que se prendem ao próprio *processus* da enunciação linguística e que são de uma natureza mais geral e mais profunda. [...] Cada instância de emprego de um nome refere-se a uma noção constante e "objetiva", apta a permanecer virtual ou a atualizar-se num objeto singular, e que permanece sempre idêntica na representação que desperta. No entanto, as instâncias de emprego de *eu* não constituem uma classe de referência, uma vez que não há "objeto" definível como *eu* ao qual se possam remeter identicamente essas instâncias. Cada *eu* tem a sua referência própria e corresponde cada vez a um ser único, proposto como tal (*PLG I*: 278).

Em suma, podemos dizer que o nome tem a propriedade de referir uma noção "objetiva", permanecendo idêntica na representação que desperta, mas apta a atualizar-se em um objeto singular, a cada vez que o nome é empregado. Benveniste apresenta esse funcionamento da representação que é promovida na referência, sempre em oposição complementar ao emprego dos signos de pessoa, como *eu*, que não referem objetos e nem permanecem idênticos nas representações, pois correspondem cada vez a um ser único – o próprio sujeito que enuncia e são, por isso, autorreferenciais.

Em outro ponto de sua obra, no texto sobre "Os níveis da análise linguística", quando chega na discussão sobre o nível de análise da frase, Benveniste toca na delicada e importante questão da relação entre sentido, designação e referência, como destacamos a seguir:

> Quando se diz que determinado elemento da língua, curto ou extenso, tem um sentido, entende-se uma propriedade que esse elemento possui, enquanto significante, de constituir uma unidade distintiva, opositiva, delimitada por outras unidades, e identificável para os locutores nativos, de quem essa língua é *a* língua. Esse "sentido" é implícito, inerente ao sistema linguístico e às suas partes. Ao mesmo tempo, porém, a linguagem refere-se ao mundo dos objetos, ao mesmo tempo globalmente, nos seus enunciados completos, sob forma de frases, que se relacionam com situações concretas e específicas, e sob forma de unidades inferiores que se relacionam com "objetos" gerais ou particulares, tomados na experiência ou forjados pela convenção linguística. Cada enunciado, e cada termo do enunciado, tem assim um *referendum*,

cujo conhecimento está implicado pelo uso nativo da língua. Ora, dizer *qual* é o *referendum*, descrevê-lo, caracterizá-lo especificamente é uma tarefa distinta, frequentemente difícil, que não tem nada de comum com o manejo correto da língua. Não podemos estender-nos aqui sobre todas as consequências que essa distinção traz. Basta havê-la apresentado para delimitar a noção do "sentido", na medida em que ele difere da "designação". Um e outra são necessários. E os encontramos, distintos mas associados, ao nível da *frase* (*PLG I*: 136-137).

Nesse trecho, Benveniste salienta uma importante distinção: o sentido do signo da língua ("unidade distintiva, opositiva, delimitada por outras unidades") é inerente ao sistema linguístico, mas em outra "camada", cada enunciado e cada termo do enunciado tem um *referendum*, advindo da sua relação com situações e objetos. Esses dois níveis, o primeiro, do *sentido*, e o segundo, da *designação*, são distintos então, mas são necessários e estão associadas no nível da frase. É esse, inclusive, o ponto em que "transpomos um limite, entramos num novo domínio" (*PLG I*: 137), que é o do discurso, como podemos confirmar no trecho seguinte:

> A frase é uma unidade, na medida em que é um segmento de discurso, e não na medida em que poderia ser distintiva com relação a outras unidades do mesmo nível – o que ela não é, como vimos. **É, porém, uma unidade completa, que traz ao mesmo tempo sentido e referência: sentido porque é enformada de significação, e referência porque se refere a uma determinada situação**. Os que se comunicam têm justamente isto em comum, uma certa referência de situação, sem a qual a comunicação como tal não se opera, sendo inteligível o "sentido" mas permanecendo desconhecida a "referência". **Vemos nessa dupla propriedade da frase a condição que a torna analisável para o próprio locutor**, a começar pela aprendizagem que ele faz do discurso quando aprende a falar e pelo exercício incessante da sua atividade de linguagem em todas as situações (*PLG I*: 139-140, negritos nossos).

É bem importante, então, frisar que frase, aqui, não é a frase gramatical. A frase pertence ao discurso, porque ela tem sentido e referência, conforme Benveniste.

Ao fato de que o sentido e a referência sejam propriedades da frase, podemos relacionar outra passagem, em "Semiologia da língua", em que o autor desenvolve um pouco mais, explicando a que ordem, entre o semiótico e o semântico, a referência pertence, nesse quadro teórico que ele propõe:

> Com o semiótico entramos no modo específico de significância que é engendrado pelo DISCURSO. Os problemas que aqui se colocam são função da língua como produtora de mensagens. Ora, a mensagem não se reduz a uma sucessão de unidades que devem ser identificadas separadamente; não é uma adição de

signos que produz o sentido, é, ao contrário, o sentido (o "intencionado"), concebido globalmente, que se realiza e se divide em "signos" particulares, que são as PALAVRAS. Em segundo lugar, **o semântico toma necessariamente a seu encargo o conjunto dos referentes, enquanto que o semiótico é, por princípio, separado e independente de toda referência**. A ordem semântica se identifica ao mundo da enunciação e ao universo do discurso (*PLG II*: 65-66, negrito nosso).

A referência, portanto, está relacionada ao modo específico de significância que se dá no discurso e é da ordem do *semântico*. Além disso, a referência está associada à função da língua de produzir mensagens: a língua "se manifesta pela enunciação, que contém referência a uma situação dada; falar é sempre falar-de" (*PLG II*: 63).

EXEMPLO DE ABORDAGEM DE *REFERÊNCIA*

Para Benveniste, podemos dizer que há dois tipos ou dois domínios de *referência*, que é o que se percebe quando encontramos esse termo ou algo relacionado a essa temática nos *PLGs*. O primeiro diz respeito a um centro de referência interno, que relaciona o locutor e a sua própria instância de discurso e caracteriza o fenômeno da dêixis (cf. capítulo "Dêixis"). O domínio da dêixis é, de fato, *sui-referencial*. O segundo é aquele em que "a língua se acha empregada para a expressão de uma certa relação com o mundo" (*PLG II*: 84) e diz respeito à referência, propriamente dita.

A referência, para Benveniste, manifesta-se por elementos da classe conhecida tradicionalmente como "terceira pessoa".

> [...] as formas como *ele, o, isso,* etc. só servem na qualidade de substitutos abreviativos: "Pierre est malade; *il* a la fièvre [= Pedro está doente; *ele* está com febre]"; substituem um ou outro dos elementos materiais do enunciado ou revezam com eles. Essa função, porém, não se prende somente aos pronomes; pode ser cumprida por elementos de outras classes; conforme o caso, em francês, por certos verbos: "cet enfant écrit maintenant mieux qu'il ne *faisait* l'année dernière [esta criança escreve melhor agora do que o *fazia* no ano passado]". É uma função de "representação" sintática que se estende assim a termos tomados às diferentes "partes do discurso" (*PLG I*: 282).

O pronome "ele", no exemplo dado pelo autor, recupera o referente representado por "Pedro" na própria linearidade do enunciado. Esse funcionamento dos pronomes de terceira pessoa realiza-se no âmbito da sintaxe, sem a ancoragem na situação enunciativa e, por isso, trata-se de uma situação "objetiva", conforme

Benveniste. Contudo, é preciso destacar que a questão sintática de que trata Benveniste, aqui, não é a do nível gramatical, coerentemente ao que mencionamos sobre a consideração da frase como pertencente ao discurso. Adverte o autor que "é preciso ter no espírito que a 'terceira pessoa' é a forma do paradigma verbal (ou pronominal) que não remete a nenhuma pessoa, porque se refere a um objeto colocado fora da alocução" (*PLG I*: 292). Em outras palavras, o pronome de não pessoa *ele* não apenas substitui algo em relação ao que foi enunciado anteriormente, mas refere algo, ou seja, tem sentido e referência e, por isso, é uma "representação sintática". Além disso, o autor afirma: "a 'terceira pessoa' é a única pela qual uma *coisa* é predicada verbalmente" (*PLG I*: 253).

Encampando os nomes lexicais na categoria de terceira pessoa, Benveniste sistematiza assim as propriedades referenciais desses elementos:

> O que é preciso considerar como distintiva da "terceira pessoa" é a propriedade 1) de se combinar com qualquer referência de objeto; 2) de não ser jamais reflexiva da instância de discurso; 3) de comportar um número às vezes bastante grande de variantes pronominais ou demonstrativas; 4) de não ser compatível com o paradigma dos termos referenciais como *aqui, agora,* etc. (*PLG I*: 283, itálico do autor).

Por fim, concluímos essa análise de Benveniste destacando como ele considera o funcionamento referencial, sempre entre dois planos complementares, quais sejam, o da referência a objetos e o da autorreferência à instância presente do discurso:

> Um enunciado pessoal finito se constitui, pois, sobre um plano duplo: emprega a função denominativa da linguagem para as referências de objeto que esta estabelece como signos lexicais distintivos, e organiza essas referências de objeto com a ajuda de indicadores auto-referenciais correspondentes a cada uma das classes formais que o idioma reconhece (*PLG I*: 282).

Em um plano, atuam os elementos de função denominativa para referenciar objetos, em outro plano atuam os indicadores que remetem à própria instância presente do discurso de quem enuncia.

Leituras complementares: Lahud (1979); Normand (2009); Flores et al. (2009).

Capítulos relacionados: Aparelho formal da enunciação; Designação/significação; Pessoa e não pessoa; Semiótico/semântico.

RITMO

Silvana Silva

O QUE É *RITMO*?

Disposição da fala e de seu conteúdo em um certo arranjo particular das formas linguísticas. Tal arranjo é improvisado, momentâneo e modificável. É improvisado, pois não segue um ritmo regular de algo que o precede; é momentâneo, pois é vinculado à instância de discurso que une os interlocutores; é modificável, pois depende da resposta do outro à disposição de fala. A expressão linguística do ritmo no emprego da língua pelo sujeito revela tanto a maneira particular do sujeito de expressar seu caráter, sentimentos e atitudes quanto a relação e a diferença com a atitude do outro. Ritmo relaciona acontecimento e discurso, engendrando uma temporalidade intersubjetiva e dizendo respeito, portanto, à relação e à gestão da diferença com a alteridade.

GUIA PARA COMPREENSÃO DE *RITMO*

No texto "A noção de 'ritmo' e sua expressão linguística", Benveniste propõe-se a reconstituir a história e o desenvolvimento do termo *ritmo*. Procura desfazer a ligação semântica de "ritmo" com "fluir" em "fluir como o movimento das ondas do mar", tal como apresentada em dicionários de gramática comparada. O linguista busca subsídios na antiga filosofia jônia, em especial em Leucipo e Demócrito, porque esses filósofos converteram-no em um termo técnico, portanto, palavra-chave de sua doutrina. Compreenderam o ritmo como determinado pelas relações fundamentais entre corpos que se manifestam por suas diferenças, a partir de três características, *forma* ou configuração, *contato* e *disposição*. Acrescenta ainda que forma é entendida como o arranjo das partes em um todo.

Uma das derivações indicadas por Benveniste para ritmo comparece nos poetas líricos do século VII, em que ritmo aparece como a "forma" individual e distintiva do caráter humano, quer dizer, seus humores, suas disposições, seus sentimentos, seu caráter e sua atitude. Essa descrição, bastante geral, mostra que para Benveniste a noção de ritmo alcança a própria configuração da subjetividade humana, portanto seu aspecto antropológico fundamental. O linguista segue dizendo que o sentido de ritmo se mantém nos textos trágicos, a saber, *forma, condição, localização, disposição, maneira* e *marca distintiva* (tais associações semânticas são retiradas de exemplos de excertos de textos de Heráclito, Sófocles, Ésquilo, entre outros).

Retomando o equívoco de associação entre "ritmo" e "fluir das ondas do mar", Benveniste esclarece que, desde a filosofia jônica, isto é, desde as primeiras concepções de átomo como arranjo das formas e dos objetos, compreende-se que ritmo significa literalmente "maneira particular de fluir", logo improvisada, momentânea, modificável. Assim, se há uma conexão profunda entre o sentido de ritmo nessa filosofia em particular com a constância de sua derivação histórica, para "maneira particular de ação de um homem", fica claro o percurso e a relevância linguística que essa noção toma.

A seguir, Benveniste mostra que o movimento do corpo na dança ou a disposição e as atitudes corporais são o elo que relaciona o sentido de ritmo das formas da natureza com o sentido de ritmo na realidade humana, na realidade antropológica fundamental do homem. Entendemos com essa história que "ritmo em sua expressão linguística" significa justamente a disposição que o homem ordena para sua própria fala, a cada vez que fala, revelando, nessa disposição particular, seu caráter, sua atitude, seu sentimento.

Um aspecto fundamental do ritmo e que está apenas suposto em uma das definições presentes no texto "A noção de 'ritmo' e sua expressão linguística", a saber, "configuração dos movimentos ordenados na duração" (*PLG I*: 369) é a dimensão temporal. Tal dimensão está bem exposta no texto "A linguagem e a experiência humana" (*PLG II*). Nesse texto, Benveniste distingue cuidadosamente diferentes concepções de tempo e aponta claramente que o único tempo linguístico é o presente. Isso porque está *organicamente* ligado ao exercício da fala (*PLG II*: 74) e é caracterizado pela coincidência entre discurso e acontecimento. Ora, essa breve definição de tempo elucida imediatamente uma propriedade fundamental do ritmo, a de simular uma *continuidade* entre sujeito e expressão linguística, entre o movimento do corpo e a manifestação linguageira que compartilha com o próximo.

EXEMPLO DE ABORDAGEM DE *RITMO*

Ao final do texto "Ritmo em sua expressão linguística", Benveniste se refere a Platão como o filósofo moderno que fixou o sentido de "ritmo" e cujo sentido sobreviveu até a contemporaneidade. Em seguida, apresenta breves análises a partir de trechos das obras *Banquete* e *Leis*. Revela que Platão inova em sua definição de *ritmo*, pois a conjuga e diferencia de conceitos correlatos como *acorde*, no texto *Banquete*, e *harmonia* no texto *Leis*.

Trazendo um trecho de *Banquete*, Benveniste mostra, através de uma citação, que *harmonia* está vinculada a *acorde*, um conceito musical; por sua vez, ritmo se refere à alternância de acordes, ora rápidos, ora lentos no diálogo; portanto, entendemos que o ritmo em sua expressão linguística se sobrepõe à harmonia enquanto expressão musical, pois supõe a "alternância" de um "acorde", isto é, de uma certa forma de dispor a fala, a voz, a música.

Em seguida, Benveniste traz um trecho de *Leis*. Na transcrição da citação, vemos que Benveniste aponta para a distinção e associação entre *ritmo*, enquanto percepção de uma ordem no movimento; *harmonia*, como categoria da voz; e, por fim, *arte coral*, como a união de ritmo e harmonia. Nessa citação, detidamente destacada por Benveniste, vemos o *ritmo* como conceito articulador de uma dimensão vocal e de uma dimensão artística do uso da linguagem. Benveniste se refere ao ritmo na compreensão da obra de Platão como entidade de "ordem" que se percebe em meio a jovens barulhentos que conversam entre si. Percebe-se que o ritmo é entendido, de fato, como dissemos anteriormente, como uma constância linguageira instável, efêmera e percebida em uma certa instância de discurso por um certo grupo de pessoas. Tanto em sua função articulatória entre dois domínios (o físico e o artístico) quanto em sua função integrativa ou responsável por uma certa "globalidade do sentido", ao articular diversas vozes, o ritmo é um conceito central na obra de Émile Benveniste. Infelizmente, apenas recentemente esse conceito foi retomado, discutido e ampliado na área de estudos enunciativos no Brasil.

Muitas outras análises são possíveis de serem feitas hoje a partir da compreensão de ritmo que Benveniste trouxe para a linguística.

Leituras complementares: Chacon (1996); Neumann (2016, 2023).

Capítulos relacionados: Antropológico; Diálogo; Semiologia; Tempo.

SEMÂNTICA DA ENUNCIAÇÃO

Claudia Toldo
Valdir do Nascimento Flores

O QUE É *SEMÂNTICA DA ENUNCIAÇÃO*?

A expressão "semântica da enunciação" é um *hápax* em Benveniste, quer dizer, há apenas uma ocorrência do termo em sua obra. Ela aparece no texto "Semiologia da língua", publicado em 1969 e republicado no *PLG II*. Lá, lemos:

> Em conclusão, é necessário ultrapassar a noção saussuriana do signo como princípio único, do qual dependeria simultaneamente a estrutura e o funcionamento da língua. Esta ultrapassagem far-se-á por duas vias:
>
> – na análise intralinguística, pela abertura de uma nova dimensão de significância, a do discurso, que denominamos semântica, de hoje em diante distinta da que está ligada ao signo, e que será semiótica;
>
> – na análise translinguística dos textos, das obras, pela elaboração de uma metassemântica que se construirá sobre a semântica da enunciação.
>
> Esta será uma semiologia de "segunda geração", cujos instrumentos e o método poderão também concorrer para o desenvolvimento das outras ramificações da semiologia geral (*PLG II*: 67).

Vê-se aí que Benveniste propõe uma ultrapassagem da noção de signo de Saussure *como princípio único*, isto é, deve-se ir além do signo saussuriano como única possibilidade da semiologia, o que nos leva a concluir que Benveniste considera existir outro (ou outros) princípio semiológico, além do signo.

A primeira ultrapassagem é a que ele chama de *intralinguística*. Quer dizer uma *nova dimensão de significância*, também denominada de *semântica* – ou *semântico* em muitos textos –, é a do discurso, ligada à enunciação.

A segunda ultrapassagem é a que ele chama de *translinguística*, que exige não mais uma *semântica*, mas uma *metassemântica*. Essa perspectiva é apenas uma prospecção de Benveniste, isto é, ele não chega a desenvolvê-la completamente e limita-se a dizer que ela se dará *sobre a semântica da enunciação*. Dito de outro modo, a metassemântica seria uma análise translinguística que partiria da *semântica da enunciação*.

Nesse sentido, podemos concluir que a *semântica da enunciação* é o estudo enunciativo que servirá de base para uma semiologia futura, de *segunda geração*, de base discursiva; diferentemente da semiologia saussuriana que tem o signo por base. Benveniste esboça o programa de estudo da *semântica da enunciação,* ao menos em suas grandes linhas, no texto "O aparelho formal da enunciação", de 1970, também republicado no *PLG II*. Passemos a ele.

GUIA PARA COMPREENSÃO
DE *SEMÂNTICA DA ENUNCIAÇÃO*

O texto "O aparelho formal da enunciação" é um bom começo para entender a *semântica da enunciação* benvenistiana. Nele, Benveniste dá uma definição geral de enunciação e explica que há diferentes aspectos da enunciação. A definição geral é: "a enunciação é este colocar a língua em funcionamento por um ato individual de utilização" (*PLG II*: 82). Há aqui três pontos importantes a ser destacados: a enunciação (1) é algo que acontece com a língua em sua totalidade: "um mecanismo total e constante que, de uma maneira ou de outra, afeta a língua inteira" (*PLG II*: 82); (2) diz respeito ao *emprego de uma língua* (da *língua em funcionamento*) e não somente ao *emprego das formas* dessa língua (das condições formais das escolhas possíveis dentro dessa língua); (3) é um ato, o que, necessariamente, implica locutor e interlocutor em uma dada situação.

Além disso, Benveniste fala em diferentes possibilidades de abordagem da enunciação, embora detenha-se apenas no que denomina *quadro formal de realização da enunciação*. O texto é, então, sobre os *caracteres formais da enunciação a partir da manifestação individual que ela atualiza*. Para elucidar isso, ele apresenta um verdadeiro percurso metodológico: "na enunciação consideraremos sucessivamente o próprio ato, as situações em que ele se realiza, os instrumentos de sua realização" (*PLG II*: 83). Quer dizer, a análise da enunciação exige partir do ato, examinar a situação em que se dá esse ato e, finalmente, descrever os recursos linguísticos (os *instrumentos*) que tornaram possível o ato.

O ato "introduz em primeiro lugar o locutor como parâmetro nas condições necessárias da enunciação" (*PLG II*: 83). Esse parâmetro exige o interlocutor: "desde que ele [o locutor] se declara locutor e assume a língua, ele implanta o outro diante de si, qualquer que seja o grau de presença que ele atribua a este outro" (*PLG II*: 84). Em resumo: "Toda enunciação é, explícita ou implicitamente, uma alocução, ela postula um alocutário" (*PLG II*: 84).

A situação é o fato de a língua, na enunciação, achar-se empregada para a expressão de *certa* relação com o mundo. Assim, locutor e alocutário referem e correferem no discurso: "a referência é parte integrante da enunciação" (*PLG II*: 84).

Os instrumentos de realização da enunciação são de dois tipos: índices específicos e procedimentos acessórios: "Enquanto realização individual, a enunciação pode se definir, em relação à língua, como um processo de apropriação. O locutor se apropria do aparelho formal da língua e enuncia sua posição de locutor por meio de índices específicos, de um lado, e por meio de procedimentos acessórios, de outro" (*PLG II*: 84).

Os índices específicos são as categorias específicas da enunciação: as de pessoa, tempo e espaço. Os procedimentos acessórios são particulares a cada enunciação, são recursos utilizados singularmente em cada enunciação. O conjunto formado pelos índices específicos e pelos procedimentos acessórios equivale ao que Benveniste chamou de "aparelho formal da língua".

Além do texto "O aparelho formal da enunciação" – que poderíamos considerar um texto de chegada das reflexões enunciativas de Benveniste –, o leitor poderá encontrar aprofundamento nos textos presentes na quinta parte dos *PLG I e II*, intitulada "O homem na língua"; além desses, será de excelente proveito a leitura do artigo "Semiologia da língua", de 1969, no *PLG II*.

EXEMPLO DE ABORDAGEM
DE *SEMÂNTICA DA ENUNCIAÇÃO*

Retomando, podemos dizer que o quadro formal da enunciação é constituído:

a. pelo ato no qual estão implicados locutor e alocutário;
b. pela situação na qual se constitui a referência construída no discurso;
c. pelos instrumentos de realização (específicos e acessórios).

O "percurso de análise" que propomos derivar desse texto de Benveniste pode ser visualizado da seguinte maneira:

Figura 1 – Percurso de análise do quadro formal de realização da enunciação

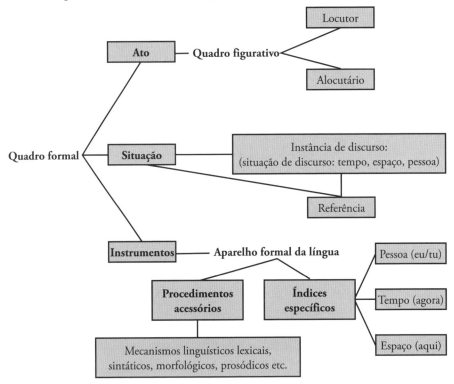

Fonte: adaptado de Flores (2019).

Benveniste aponta diversos fenômenos linguísticos passíveis de investigação no *quadro formal de realização da enunciação*. Contudo, ele não se aprofunda diretamente nas análises desses fenômenos. Esse aspecto, aliás, evidencia uma das potencialidades de pesquisa em torno da obra de Benveniste, que consiste na minuciosa exploração das análises sugeridas pelo autor ao longo de seus textos. Para realizar essa empreitada, um bom ponto de partida seria adotar a orientação fornecida pelo próprio autor na segunda nota de rodapé de "O aparelho formal da enunciação": "Os pormenores dos fatos linguísticos que apresentamos de maneira concisa aqui estão detalhadamente expostos em vários capítulos de nossos *PLG I* (Paris, 1966), o que nos isenta de insistir sobre eles" (*PLG II*: 85, n. 2). Quer dizer, a orientação é clara: devemos sempre recorrer ao conjunto dos trabalhos do autor, já que o artigo de 1970 é apenas uma síntese dos estudos sobre enunciação.

Entre os fenômenos lembrados por Benveniste estão: a emergência dos índices de pessoa, os índices de *ostensão*, as formas temporais, as grandes funções sintáticas e as modalidades formais. Falaremos aqui nas três primeiras por serem as categorias fundamentais da enunciação: pessoa, espaço e tempo.

Sobre os índices de pessoa: trata-se da relação *eu-tu*, que se produz na enunciação: "o termo *eu* denotando o indivíduo que profere a enunciação, e o termo *tu*, o indivíduo que aí está presente como alocutário" (*PLG II*: 84). Essa relação está ligada à distinção pessoa/não pessoa, elaborada por Benveniste entre as décadas de 1940 e 1960.[1]

Tradicionalmente, a pessoa é tratada simetricamente: a pessoa que fala (*eu*), a com quem se fala (*tu*) e a de quem se fala (*ele*). Essa simetria é alvo de crítica por Benveniste, pois, para ele, as "três pessoas" não têm o mesmo estatuto, o que o leva a estabelecer oposição entre (*eu-tu*), de um lado, e (*ele*), de outro: *eu* e *tu* estão implicados simultaneamente no discurso; *ele*, não. A enunciação mostra a diferença: *eu* e *tu* são pessoa; *ele* é não pessoa (correlação de pessoalidade). No interior da noção de pessoa há, ainda, uma diferença entre *eu* e *tu*: *eu* é pessoa subjetiva; *tu* é pessoa não subjetiva (correlação de subjetividade).

As diferenças entre pessoa (*eu* e *tu*) e não pessoa (*ele*) são:

a. unicidade: *eu* e *tu* são sempre únicos: "o 'eu' que enuncia, o 'tu' ao qual 'eu' se dirige são cada vez únicos. 'Ele', porém, pode ser uma infinidade de sujeitos – ou nenhum" (*PLG I*: 253);
b. inversibilidade: *eu* e *tu* são inversíveis entre si. O *ele* não pode ser invertido com os dois primeiros;
c. predicação verbal: "a 'terceira pessoa' é a única pela qual uma *coisa* é predicada verbalmente" (*PLG I*: 253). Tudo o que não pertence a *eu-tu* recebe como predicado a forma verbal de terceira pessoa.

As diferenças entre *eu* e *tu* são:

a. interioridade: o *eu* propõe a existência do *tu* pelo ato de produzir o enunciado. O *eu* é *interior* ao enunciado e *exterior* a *tu*;
b. transcendência: o *eu* possibilita que o *tu* seja compreendido na enunciação, pois o *eu* é transcendente em relação a *tu*.

Sobre os índices de ostensão: são os demonstrativos (*este*, *esse* etc.) que se organizam correlativamente a *eu* e *tu* (perto de *eu*; perto de *tu*), em concomitância à instância de discurso que contém o indicador de pessoa *eu*. Por exemplo, *este* e *aqui* "implicam um gesto que designa o objeto ao mesmo tempo que é pronunciada a instância do termo" (*PLG II*: 84-85). Nesse sentido, o fenômeno da *dêixis* tem para Benveniste a particularidade de implicar uma relação de concomitância entre o indicador de ostensão e o indicador de pessoa. Diz Benveniste em outro artigo: "Não adianta nada definir esses termos e os demonstrativos em geral pela *dêixis,* como se costuma fazer se não se acrescenta que a *dêixis* é contemporânea da instância de discurso que contém o indicador de pessoa" (*PLG I*: 279-280).

Assim, a categoria de espaço – a ostensão – também têm referência à instância de discurso de *eu*, na medida em que se organiza correlativamente aos indicadores de pessoa, havendo, portanto, identificação do objeto por um indicador de ostensão, concomitante com a instância de discurso que contém o indicador de pessoa.

Sobre os índices de pessoa e os índices de ostensão, Benveniste explica:

> As formas denominadas tradicionalmente "pronomes pessoais", "demonstrativos", aparecem agora como uma classe de "indivíduos linguísticos", de formas que enviam sempre e somente a "indivíduos", quer se trate de pessoas, de momentos, de lugares, por oposição aos termos nominais, que enviam sempre e somente a conceitos. Ora, o estatuto destes "indivíduos linguísticos" se deve ao fato de que eles nascem de uma enunciação, de que são produzidos por este acontecimento individual e, se se pode dizer, "semel-natif". Eles são engendrados de novo cada vez que uma enunciação é proferida, e cada vez eles designam algo novo (*PLG I*: 85).

Sobre a categoria de tempo: também essa se determina em relação ao *eu*:

> Uma terceira série de termos que dizem respeito à enunciação é constituída pelo paradigma inteiro – frequentemente vasto e complexo – das formas temporais, que se determinam em relação a *EGO*, centro da enunciação. Os "tempos" verbais cuja forma axial, o "presente", coincide com o momento da enunciação, fazem parte deste aparelho necessário (*PLG I*: 85).

O tempo está associado ao espaço e vice-versa, e ambos estão ligados à categoria de pessoa. O ato de enunciação cria a noção de pessoa, que se renova a cada ato, e instaura a noção de *espaço-tempo*, o espaço-tempo da enunciação. Nesse sentido, há sempre e somente o tempo "presente", sucessivamente renovado na e pela enunciação. A enunciação instaura o *aqui* e o *agora*.

O presente da enunciação – que nada tem a ver com um presente formal das línguas – indica a concomitância entre o ato de dizer (a enunciação) e o que é dito (o enunciado): "Da enunciação procede a instauração da categoria do presente, e da categoria do presente nasce a categoria do tempo. O presente é propriamente a origem do tempo" (*PLG II*: 85).

Assim, falar do passado ou do futuro exige o tempo presente da enunciação, porque ele é o eixo gerador de todas as relações espaciais e temporais. Além disso, o *aqui* e o *agora* estão ligados a *eu-tu*. Logo, é o locutor que "temporaliza" e "espacializa" os acontecimentos. Assim, *eu* se dirige a *tu*, ambos assumem a temporalidade e a espacialidade indicadas no discurso e, por elas, o *eu* regula seu dizer, ao propor-se como locutor.

Todas as análises da enunciação devem levar em conta a categoria de pessoa, em primeiro lugar, e as de espaço-tempo também. A descrição apoia-se ainda na instância de discurso e no uso da língua.

Leituras complementares: Flores (2013a); Flores et al. (2009); Normand (2009).

Capítulos relacionados: Discurso; Espaço; Pessoa e não pessoa; Subjetividade; Tempo.

Nota

[1] Os textos em que se encontra essa reflexão são, principalmente: "Estrutura das relações de pessoa no verbo", "A natureza dos pronomes", "Da subjetividade na linguagem", "As relações de tempo no verbo francês", "A linguagem e a experiência humana" e "Estrutura da língua e estrutura da sociedade".

SEMIOLOGIA

Heloisa Monteiro Rosário

O QUE É *SEMIOLOGIA*?

Benveniste desenvolve sua reflexão sobre a semiologia a partir de uma problematização das ideias de Saussure no *Curso de linguística geral*. De seu ponto de vista, assim como os sistemas de signos (como propõe Saussure), as relações entre esses sistemas também constituem o objeto da semiologia, cujo problema central, segundo ele, está no estatuto da língua em meio a esses sistemas (*PLG II*: 51).

Das relações mencionadas pelo linguista – as de engendramento, homologia e interpretância –, a relação de interpretância, que se dá entre um sistema interpretante e um sistema interpretado, é colocada como "a relação fundamental", pois "divide os sistemas em sistemas que articulam, porque manifestam sua própria semiótica, e sistemas que são articulados e cuja semiótica não aparece senão através da matriz de um outro modo de expressão" (*PLG II*: 62). E, na condição de sistema interpretante, conforme Benveniste, está apenas a língua, o que o faz introduzir e justificar o princípio de que "a língua é o interpretante de todos os sistemas semióticos" (*PLG II*: 62). Isso ocorre porque "nenhum outro sistema dispõe de uma 'língua' na qual possa se categorizar e se interpretar segundo suas distinções semióticas, enquanto que a língua pode, em princípio, tudo categorizar e interpretar, inclusive ela mesma" (*PLG II*: 62).

O linguista observa que essa propriedade da língua não se deve, como se pode pensar, a uma questão pragmática (seu uso amplo, frequente e eficaz), mas à "sua preeminência como sistema significante", que "somente um princípio semiológico pode explicar" (*PLG II*: 64). Nessa perspectiva semiológica, segundo Benveniste, a língua – e apenas a língua – significa de um modo particular, uma vez que "é investida de uma DUPLA SIGNIFICÂNCIA" (*PLG II*: 64, destaque do autor): a do modo semiótico, com "a significância dos signos", e a do modo semântico, com "a significância da enunciação" (*PLG II*: 66). Os outros sistemas têm invariavelmente uma significância unidimensional – semiótica sem semântica, como os gestos de cortesia, ou semântica sem semiótica, como as expressões artísticas – e, desse modo, para significar, precisam da modelagem semiótica da língua.

Com base nesses fundamentos, Benveniste trata de diferentes questões em sua reflexão sobre a semiologia. Essas questões envolvem sempre a língua, enquanto sistema interpretante, e sua relação com outros sistemas semiológicos, com os textos e as obras (a metassemântica), consigo mesma (a questão da escrita) e também com a sociedade. Assim, se, com Saussure, a reflexão semiológica centra-se na noção de signo linguístico, com Benveniste, centra-se em sua ideia de língua; por isso, sua expressão *semiologia da língua*.

GUIA PARA A COMPREENSÃO DE *SEMIOLOGIA*

A noção de semiologia é o objeto de discussão de Benveniste essencialmente em um texto, cujo título é justamente "Semiologia da língua". Esse artigo foi publicado no primeiro número da revista *Semiotica*, em 1969, e republicado no *PLG II*, em 1974. Apenas nele Benveniste faz uso da expressão e aborda sua *semiologia da língua*.

Na primeira parte do artigo, o linguista retoma as considerações sobre semiologia de Ferdinand de Saussure, de um lado, e de Charles Peirce, de outro, para, em seguida, apresentar seu ponto de vista e suas próprias questões sobre o tema, que são, de fato, desenvolvidos na segunda parte do texto. Nessa segunda parte, abordando as características dos sistemas semiológicos (linguísticos e não linguísticos) e suas possíveis relações, Benveniste mostra que somente a língua tem uma dupla dimensão de significância, pois articula os modos semiótico e semântico de significar,[1] o que faz dela o interpretante dos demais sistemas de signos.

Nessa perspectiva da língua como interpretante, aliás, Benveniste traz ainda duas questões: a da escrita, apenas mencionada no final da primeira parte do artigo, e a da relação da língua com a sociedade, brevemente abordada nessa segunda parte e aprofundada no texto "Estrutura da língua e estrutura da sociedade", que o linguista refere através de nota.

Além disso, ao final dessa segunda parte, com base em suas proposições a respeito da dupla significância da língua, Benveniste aponta os limites da semiologia linguística de Saussure e propõe, por meio de duas vias, a ultrapassagem da noção saussuriana de signo como princípio único de explicação da estrutura e do funcionamento da língua: 1) a de uma análise intralinguística, pela abertura de uma nova dimensão de significância – a do modo semântico –, distinta da do modo semiótico; e 2) a de uma análise translinguística dos textos, das obras, pela elaboração de uma metassemântica construída sobre a semântica da enunciação. Benveniste acrescenta que "será uma semiologia de 'segunda geração'" (*PLG II*: 67), fazendo uma alusão à semiologia de Saussure, fundamentada na noção de língua como sistema de signos, uma semiologia, portanto, de primeira geração.

As ideias de Benveniste a respeito da semiologia também são o objeto de suas aulas às segundas-feiras, entre os anos de 1968 e 1969, no Collège de France. Essas aulas foram estabelecidas geneticamente e publicadas (cf. *Últimas aulas*) a partir de notas manuscritas do próprio linguista, bem como de alguns de seus alunos.

É importante assinalar que, entre o texto "Semiologia da língua" e o *Últimas aulas*, há muita proximidade, na medida em que a escrita do artigo e as aulas no Collège de France ocorrem no mesmo período; ou seja, o artigo e as aulas configuram-se em dois espaços nos quais, simultaneamente, Benveniste apresenta e discute seu pensamento sobre a semiologia. Ora as aulas alimentam o artigo, ora o artigo alimenta as aulas. Por isso, embora não venham da pena do linguista, mas resultem do trabalho de textualização de diferentes manuscritos, as *Últimas aulas* de Benveniste oferecem uma nova perspectiva de leitura de suas ideias sobre a semiologia, além de serem, por outro lado, o único texto no qual a questão da escrita é efetivamente tratada.

Em outros de seus textos, Benveniste aborda pontualmente diferentes questões presentes nas duas partes do artigo "Semiologia da língua". Essas questões envolvem, por exemplo, a noção de signo proposta por Saussure, de um lado, e por Peirce, de outro, a noção de semiologia formulada por Saussure, as noções de semiótico e semântico elaboradas por Benveniste, suas ideias sobre a semiologia, assim como aspectos de sua visão antropológica da linguagem, uma visão centrada na relação língua, homem, cultura e sociedade. Trata-se dos textos "Tendências recentes em linguística geral", "Vista d'olhos sobre o desenvolvimento da linguística" e "Saussure após meio século", republicados no *PLG I*, e das entrevistas "Estruturalismo e linguística" e "Esta linguagem que faz a história", republicadas no *PLG II*. À exceção do primeiro, todos os demais textos são da década de 1960, período no qual a discussão semiológica marcou a França e contou fortemente com sua participação.

Por fim, observo que os textos que compõem a sexta parte do *PLG I e II* (denominada "Léxico e cultura") e os textos de *VOC I e II*, embora não apresentem uma discussão teórica da noção de semiologia, têm um fundamento semiológico, visto que suas análises se baseiam na ideia da língua interpretando a sociedade.

EXEMPLO DE ABORDAGEM DE *SEMIOLOGIA*

Considerando a semiologia de Benveniste como um amplo campo de estudos que tem, na noção de interpretância da língua, seu ponto de convergência, a reflexão semiológica de Benveniste compreende diferentes questões: a relação da língua com os outros sistemas, com os textos e as obras (a metassemântica), consigo mesma (a questão da escrita) e com a sociedade. Em todas essas relações, a língua (o sistema interpretante), com sua modelagem semiótica, é o instrumento e a manifestação da significância de outro sistema (o sistema interpretado). Ou seja, é *pela e na* língua que esse outro sistema é significado.

Dessa perspectiva, surgem diversas possibilidades de estudo, cujo fundamento é sempre semiológico, mas que não produzem necessariamente uma semiologia. É o caso da reflexão de Benveniste sobre a escrita, de um lado, e de sua reflexão sobre a relação entre língua e sociedade, de outro, que produzem uma linguística, embora envolvam, respectivamente, a língua interpretando a si mesma e a língua interpretando a sociedade.

Já a reflexão de Benveniste sobre a metassemântica configura, segundo ele mesmo, uma semiologia, mais especificamente uma semiologia de segunda geração, centrada não mais no signo, mas na língua. Trata-se, contudo, de um projeto prospectivo não desenvolvido pelo linguista; daí porque, a seu respeito, se tem apenas perspectivas de leitura a partir de suas ideias.

Gostaria de trazer, a título de exemplo, uma análise semiológica que Benveniste apresenta na entrevista "Estruturalismo e linguística" do *PLG II*. Em um determinado momento da discussão, quando questionado sobre a semiologia por Pierre Daix, o linguista problematiza a questão do sentido na língua e defende a existência de "dois domínios ou duas modalidades de sentido", que distingue "como semiótico e semântico", "duas dimensões totalmente diferentes" (*PLG II*: 21-22). Essa abordagem do sentido mostra uma visão particular do linguista que, conforme suas palavras, precisa ser demonstrada e requer a elaboração de "todo um corpo de definições neste imenso domínio, que não compreende somente a língua", pois implica igualmente a cultura, outro "sistema que distingue o que tem sentido, e o que não tem" (*PLG II*: 22).

É nesse contexto que Benveniste considera, inicialmente, um dado não linguístico: o da cor branca, que, na França (no Ocidente), corresponde à luz, à alegria, à juventude;

enquanto na China (no Oriente), corresponde ao luto. Através desse exemplo, o linguista trata da questão do sentido na cultura e da relação desta com a língua. Ele mostra que há "uma articulação entre uma certa cor e um certo comportamento e, finalmente, um valor inerente à vida social" e que isso, por sua vez, integra uma "rede de diferenças" sempre particular, na medida em que "o branco, o preto não valem na cultura ocidental como na cultura do extremo oriente" (*PLG II*: 22). Benveniste sustenta então que, como a língua, a cultura também se organiza em um sistema de valores colocados em relação e compartilhados por uma determinada coletividade. E esses valores, acrescenta, "são os que se imprimem na língua" (*PLG II*: 22).

Benveniste, nessa entrevista, não aprofunda a análise. Entretanto, em relação à questão das cores abordada, tem-se um sistema cuja significância é apenas unidimensional, ou seja, corresponde a um só modo de significar, o modo semiótico, no qual uma forma tem ou não um sentido e isso é tudo. Para que se diga qual é esse sentido, esse sistema precisa da língua com sua dupla significância, a do modo semiótico e a do modo semântico. Assim, a língua (o sistema interpretante), com sua modelagem semiótica, é o instrumento e a manifestação da significância desse sistema de cores (o sistema interpretado). Ou seja, é *pela e na* língua que o sistema de cores, no Ocidente, é significado e se tem a cor branca correspondendo à luz, à alegria, à juventude, assim como é *pela e na* língua que outro sistema de cores, no Oriente, é significado e se tem a cor branca correspondendo ao luto. O sentido, por conseguinte, não está na cor branca em si, mas resulta das relações distintivas e opositivas que essa cor estabelece com as demais em cada sistema particular do qual faz parte, dependendo sempre, por outro lado, da língua, de sua modelagem semiótica, para que se diga qual é esse sentido. É *em língua*, afinal, que se diz que o branco significa luz, alegria, juventude, para uns, ou luto, para outros, conforme sua cultura, conforme o meio humano ao qual se pertence.

Leituras complementares: Normand (1989); Rosário e Flores (2020); Rosário (2020, 2022).

Capítulos relacionados: Escrita; Cultura; Língua(gem) e sociedade; Semiótico/ semântico; Signo.

Nota

[1] Neste momento, em nota, o linguista relaciona esse texto com outros dois – "Os níveis da análise linguística", do *PLG I*, e "A forma e o sentido na linguagem", do *PLG II* –, nos quais a ideia da dupla significância da língua é, em suas palavras, apresentada no primeiro e, posteriormente, nomeada e, de fato, formulada no segundo.

SEMIÓTICO/SEMÂNTICO

Heloisa Monteiro Rosário

O QUE É *SEMIÓTICO/SEMÂNTICO?*

A língua, conforme Benveniste, combina dois modos distintos de significância, que é a propriedade de significar. O semiótico corresponde ao modo de significância próprio da língua como sistema de signos. O semântico corresponde ao modo de significância próprio da língua em emprego e em ação. Assim, se, com a ideia de semiótico, Benveniste recupera essencialmente a definição saussuriana de língua, com a ideia de semântico, por sua vez, o linguista instaura, no interior mesmo da língua, uma divisão, e afirma: "há para a língua duas maneiras de ser língua no sentido e na forma" (*PLG II*: 229). Essa divisão em língua como semiótico, de um lado, e em língua como semântico, de outro, requer duas descrições distintas (ensejando, inclusive, duas linguísticas distintas), na medida em que, nas palavras de Benveniste, do modo semiótico ao modo semântico, "há uma mudança radical de perspectiva" (*PLG II*: 229).

Seguindo as formulações de Saussure, para Benveniste, a unidade do modo semiótico é o signo linguístico, uma entidade de dupla face que tem, no significante (a forma sonora), seu aspecto formal e, no significado (a ideia), seu sentido. O signo linguístico não tem um sentido, um valor em si, mas depende das relações estabelecidas dentro do sistema do qual o signo faz parte. Essas relações internas ao sistema linguístico são de oposição (ou seja, um signo vale o que outro signo do sistema não vale) e, por isso, configuram-se em relações paradigmáticas, de substituição, entre os signos, que têm sempre um valor genérico e conceptual. Não se trata, portanto, da perspectiva semiótica, de uma relação entre a língua e o mundo, a realidade, uma vez que a língua não é uma nomenclatura; trata-se sim de uma relação que se dá entre os signos de um mesmo sistema, uma relação intralinguística.

Embora Benveniste fundamente sua noção de semiótico na definição saussuriana de língua, o linguista produz um importante deslocamento em relação a Saussure, pois estabelece "a noção de uso e de compreensão da língua [pelo falante] como um princípio de discriminação, um critério" (*PLG II*: 227), na determinação do pertencimento ou não de um signo ao sistema, ou seja, à língua. Segundo Benveniste, se "aqueles que manuseiam a língua, aqueles para os quais esta língua é *a língua e nada mais*" (*PLG II*: 227, destaques do autor), se eles reconhecem um signo, é porque esse signo existe em *sua* língua, pertence à língua e, consequentemente, tem sentido; de modo contrário, se não reconhecem um signo é porque esse signo não existe em sua língua, não pertence à língua e, consequentemente, não tem sentido. Por isso, retomando os exemplos do linguista, *chapeau* existe em francês; *chameau*, não.[1] Assim, no modo semiótico, a existência do signo e seu pertencimento à língua estão vinculados a seu uso pelo falante; e, uma vez reconhecido (por estar no uso), o signo tem sentido, significa, não importando efetivamente qual seja esse sentido. A esse respeito, diz Benveniste: "a questão não é mais de definir o sentido, enquanto o que releva da ordem semiótica. No plano do significado, o critério é: isto significa ou não? Significar é ter um sentido, nada mais" (*PLG II*: 227).

Com o modo semântico, Benveniste deixa o mundo do signo, da língua como sistema, sem deixar de considerar, contudo, a significância da língua de um ponto de vista estritamente intralinguístico. Se a unidade do semiótico é o signo, a unidade do semântico é a palavra, que traz para a cena o mundo da língua em emprego e em ação. Benveniste, dessa perspectiva, aborda a função mediadora da língua "entre o homem e o homem, entre o homem e o mundo, entre o espírito e as coisas, transmitindo a informação, comunicando a experiência, impondo a adesão, suscitando a resposta, implorando, constrangendo; em resumo, organizando toda a vida dos homens" (*PLG II*: 229).

A palavra, no entanto, não existe senão na frase; daí por que o linguista determina como se dá, na frase e não na palavra, a relação entre forma e sentido. Conforme Benveniste, a frase tem, no sintagma, seu aspecto formal e, na ideia que ela exprime, seu sentido. O sentido da frase depende, desse modo, das relações estabelecidas pela organização sintática das palavras que a compõem, ou seja, pelo agenciamento sintagmático das palavras, que Benveniste denomina sintagmatização. Essas relações internas – não mais ao sistema linguístico (como no semiótico), mas ainda ao linguístico – configuram-se em relações sintagmáticas, de conexão, entre as palavras, que têm sempre um valor circunstancial.

Aliás, nesse momento, o linguista diferencia o sentido das palavras da frase, de um lado, e o sentido da própria frase, de outro. O sentido da palavra corresponde a seu emprego em uma frase; por isso, trata-se sempre de um sentido particular, um sentido que varia de acordo com a circunstância de emprego da palavra. Já o sentido da frase não corresponde à soma dos sentidos particulares das palavras que a compõem, mas à sua ideia; ou seja, o sentido da frase resulta das relações de conexão entre as palavras, relações essas estabelecidas globalmente na frase pela sintagmatização, sendo também, portanto, sempre particular.

A consideração de um sentido genérico e conceptual no semiótico ou a de um sentido particular das formas linguísticas no semântico envolve, de modos distintos, o falante. No semiótico, basta ao falante simplesmente reconhecer se uma forma tem ou não sentido; no semântico, cabe ao falante compreender, de fato e a cada vez, qual é esse sentido. Em um ou outro, invariavelmente, do ponto de vista de Benveniste, o falante está sempre lá e atuante. É ele quem reconhece uma forma do repertório semiótico de *sua* língua, assim como também é ele quem compreende qual o sentido dessa forma em um emprego particular.

Benveniste mostra, além disso, que a frase não tem apenas sentido, tem igualmente referência, o que inexiste quando é o signo que está em questão. A referência da frase é "o estado de coisas que a provoca" (*PLG II*: 231), ou seja, está ligada à atitude do locutor e à situação de discurso, envolvendo um determinado *eu/tu-aqui-agora*. Assim, nas palavras de Benveniste: "toda forma verbal, sem exceção, em qualquer idioma que seja, está sempre ligada a um certo presente, portanto a um conjunto cada vez único de circunstâncias, que a língua enuncia numa morfologia específica" (*PLG II*: 230). Mais uma vez, não se trata de uma relação entre a língua e o mundo, a realidade, mas de uma relação intralinguística; uma relação, da perspectiva semântica, na qual sentido e referência da frase estão implicados.

Eis os dois modos de significância da língua, as duas maneiras da língua de ser língua, que, conforme Benveniste, se superpõem: o modo semiótico, que "se caracteriza como uma propriedade da língua" (uma propriedade fundamental), e o modo semântico, que "resulta de uma atividade do locutor que coloca a língua em ação" (*PLG II*:

230). Ou seja, um modo ligado à função linguística de significar (anterior a qualquer outra para Benveniste); outro ligado à função linguística de comunicar (uma comunicação linguística possibilitada pela condição de intersubjetividade para Benveniste).

GUIA PARA A COMPREENSÃO DE *SEMIÓTICO/SEMÂNTICO*

As noções de semiótico e semântico são formuladas por Benveniste ao longo de três textos dos *PLG I* e *II*. São eles: "Os níveis da análise linguística" (1964), republicado no *PLG I*, "A forma e o sentido na linguagem" (1967) e "Semiologia da língua" (1969), republicados no *PLG II*.

No texto de 1964, Benveniste discute a relação entre forma e sentido na linguagem, considerando as operações de segmentação e substituição das unidades, de um lado, e as relações distributivas e integrativas entre essas unidades, de outro, para determinar os diferentes níveis da análise linguística; níveis esses que vão, segundo ele, do merisma (nível inferior) até a frase (nível superior). Nessa reflexão, apesar de não fazer uso dos termos semiótico e semântico (nem mesmo do termo significância), o linguista já distingue dois domínios de análise, "dois universos diferentes", que levam a "duas linguísticas diferentes", na medida em que identifica as duas maneiras de ser língua: "a língua [como] conjunto de signos formais" e "a manifestação da língua na comunicação viva" (*PLG I*: 139).

É no texto de 1967, no qual também trata da relação entre forma e sentido na linguagem, que as noções de semiótico e semântico (e de significância, consequentemente) são, de fato, desenvolvidas e os termos são introduzidos por Benveniste. No texto de 1969, por sua vez, o linguista retoma a discussão dessas noções. Nele, inclusive, há uma nota de rodapé na qual Benveniste coloca em relação os três textos. Acredito que tenhamos, com isso, uma perspectiva de leitura dos modos semiótico e semântico apontada pelo próprio linguista.

Há, contudo, uma diferença na função dessas noções para Benveniste: no texto de 1967, o linguista opera com essas noções de uma perspectiva linguístico-enunciativa; no de 1969, sua perspectiva é semiológica.

Gostaria de observar, por fim, que as noções de semiótico e semântico são mobilizadas em outros textos, como "Estruturalismo e linguística" e "Estrutura da língua e estrutura da sociedade" (*PLG II*), e no livro *Últimas aulas*, obra estabelecida geneticamente por Irène Fenoglio e Jean-Claude Coquet com base em manuscritos de Benveniste e de alguns de seus alunos. Nesses textos, através das noções de semiótico e semântico, além de tratar da dupla significância da língua, o linguista também mostra a intrínseca relação da língua com outros sistemas, a cultura e a sociedade.

EXEMPLO DE ABORDAGEM DE *SEMIÓTICO/SEMÂNTICO*

À luz das noções de semiótico e semântico, diversas possibilidades de estudo se abrem não apenas no campo da linguística, mas também no campo da semiologia. Em relação ao campo da linguística, no texto "A forma e o sentido na linguagem", quando Benveniste define semiótico e semântico, ele mesmo refere a noção de polissemia e o processo de auxiliação verbal, além de refletir brevemente sobre a possibilidade e a impossibilidade da tradução.

Por outro lado, em textos anteriores à introdução dos termos semiótico e semântico, como "As relações de tempo no verbo francês", do *PLG I*, e "O antônimo e o pronome em francês moderno", do *PLG II*, são abordadas questões relativas ao sistema verbal e pronominal em francês, a partir das noções de categoria de pessoa e de tempo, cujas formas, de um lado, pertencem ao repertório semiótico da língua e, de outro, têm seu sentido determinado apenas no exercício da linguagem e na produção do discurso. Ou seja, mesmo antes dos termos, as ideias que, mais tarde, configuram os dois modos de significância da língua já operam na reflexão linguística de Benveniste, envolvendo nesses exemplos, mais especificamente, formas não lexicais.

De uma perspectiva benvenistiana de estudo, de todo modo, não há como contornar as noções de semiótico e semântico na discussão do linguístico, pois são elas que fundamentam sua noção de língua.

Gostaria de trazer, contudo, um exemplo de análise do próprio Benveniste. Esse exemplo trata da noção de polissemia, definida como a soma institucionalizada de valores contextuais, sempre instantâneos e em constante movimento; ou seja, esses valores, conforme seu uso pelo falante, são ampliados ou até desaparecem na língua (*PLG II*: 232).

Na entrevista "Estruturalismo e linguística", do *PLG II*, discorrendo acerca da relação língua-cultura, Benveniste mostra como "a língua pode ser reveladora da cultura" (*PLG II*: 23), na medida em que, nos diferentes empregos possíveis de uma palavra, estão os vestígios, as marcas, de uma estratificação da cultura. O linguista observa que, em francês, a forma lexical *homme* [homem] combina-se com outras formas nos sintagmas "*honnête homme*" [homem honesto] e "*je suis votre homme*" [eu sou seu homem], que apontam, respectivamente, para um aspecto da cultura francesa clássica e para a época feudal (*PLG II*: 22).

Assim, como signo a forma *homme* tem sentido em francês, por ser reconhecida por aquele que tem o francês como *sua* língua; como palavra, o sentido da forma *homme* é compreendido por aquele que tem o francês como *sua* língua, conforme seu emprego na frase, cujo sentido, por sua vez, depende das relações de conexão estabelecidas entre as formas, sua sintagmatização. Por isso, *homme* não tem o mesmo emprego em "*honnête homme*" e "*je suis votre homme*"; frases com sentidos também diferentes.

A definição de uma palavra resulta, portanto, da consideração de seus possíveis empregos no uso da língua, o que mostra, segundo Benveniste, a espessura da cultura no linguístico ou, dito de outro modo, como "a língua é o interpretante da sociedade" e como "a língua contém a sociedade" (*PLG II*: 97), na medida em que a "sociedade torna-se significante na e pela língua" (*PLG II*: 98), aspecto que é tratado em sua discussão semiológica da língua.

Essa análise de *homme*, que considera as noções de semiótico e semântico, abre espaço para estudos no campo da linguística ligados, por exemplo, à polissemia e a questões lexicográficas e de dicionarização. Mas, muito mais do que isso, essa é uma análise que ilustra o viés antropológico do pensamento de Benveniste; um pensamento que não descola o falante da língua e para o qual a língua exerce uma função mediadora entre o homem e o homem, bem como entre o homem e o mundo. Afinal, "é um homem falando que encontramos no mundo, um homem falando com outro homem, e a linguagem ensina a própria definição do homem" (*PLG I*: 285).

Leituras complementares: Flores (2013a); Rosário (2018).

Capítulos relacionados: Discurso; Forma e sentido; Semântica da enunciação; Semiologia; Signo.

Nota

[1] Na tradução para o português, buscou-se uma equivalência: "'Chapéu' existe? Sim. 'Chaméu' existe? Não" (*PLG II*: 227).

SIGNO

Catiúcia Carniel Gomes

O QUE É *SIGNO*?

A noção benvenistiana de signo é desenvolvida ao longo da obra do linguista. Mas é em "Natureza do signo linguístico" que o autor reflete mais detidamente sobre o tema, tomando por base – embora de maneira crítica – a teoria do signo linguístico proposta por Saussure. Nesse texto, encontramos a primeira análise crítica de Saussure no século XX. Benveniste critica em Saussure especificamente a noção de arbitrariedade, conforme ela é apresentada pelos editores de Ferdinand de Saussure no *Curso de linguística geral* (*CLG*).

Benveniste inicialmente reconhece a importância da noção de arbitrariedade na linguística, afirmando que "o princípio tem tal alcance que uma reflexão que verse sobre qualquer parte da linguística o encontra necessariamente" (*PLG I*: 53). No entanto, ele questiona a afirmação do *CLG* de que a natureza do signo é arbitrária.

O raciocínio de Benveniste é o seguinte: de um lado, ele – em alinhamento com Saussure – aceita que a noção de arbitrariedade está ligada à noção de "imotivado" e que o signo é composto por imagem acústica e conceito; no entanto, sua crítica não é direcionada ao princípio da arbitrariedade em si, mas sim à forma como isso é demonstrado no *CLG*.

Ora, a demonstração da arbitrariedade presente no *CLG* se dá a partir de dois exemplos: o primeiro, que ilustra a imotivação da relação entre significante/ significado ("assim, a ideia de 'mar' não está ligada por relação alguma interior à sequência de sons *m-a-r* que lhe serve de significante" (Saussure 1975: 81)); o segundo, que se baseia nas diferenças entre as línguas ("o significado da palavra francesa *boeuf* tem como significante *b-ö-f* de um lado da fronteira franco-germânica, e *o-k-s* (*Ochs*) do outro" (Saussure, 1975: 82)).

É contra esse segundo exemplo que Benveniste se volta, porque, segundo ele, o raciocínio de Saussure "é falseado pelo recurso inconsciente e sub-reptício a um terceiro termo, que não estava compreendido na definição inicial. Esse terceiro termo é a própria coisa, a realidade" (*PLG I*: 54). Quer dizer, Saussure acaba sugerindo que *b-ö-f* e *o-k-s* se aplicam à mesma realidade, o *boi*.

Problematizando a questão da arbitrariedade, Benveniste conclui que a zona do arbitrário está fora da relação entre significante e significado tal como Saussure a apresenta no *Curso de linguística geral*; para Benveniste, essa relação é necessária. A arbitrariedade prevista por Saussure dá-se, na interpretação de Benveniste, entre o signo e o objeto e não entre significante e significado tal como queria o genebrino. Nesse sentido, Benveniste opta por outra definição de signo não mais baseada na arbitrariedade, mas na relação de necessidade entre significante e significado: "entre o significante e o significado, o laço não é arbitrário; pelo contrário, é *necessário*" (*PLG I*: 55).

GUIA PARA COMPREENSÃO DE *SIGNO*

O signo linguístico é um conceito basilar para a teoria de Benveniste. Partindo dessa premissa, organiza-se, a seguir, um percurso de leituras que seleciona textos-chave, publicados em *PLG I* e *II*, que podem localizar o leitor acerca do desenvolvimento do conceito de signo ao longo do trabalho de Benveniste. Opta-se, aqui, por estabelecer um critério cronológico de publicação dos textos, por entendermos que as reflexões de Benveniste vão se desenvolvendo ao longo dos anos. Frente a esse critério, selecionamos os seguintes textos: "Natureza do signo linguístico"; "Os níveis da análise linguística"; "A forma e o sentido na linguagem"; "Semiologia da língua".

O texto "Natureza do signo linguístico" revisita a teoria do signo proposta por Ferdinand de Saussure. Conforme explicitado na seção anterior, a reflexão de Benveniste, nesse momento, centraliza-se na natureza do signo linguístico estabelecendo relação de necessidade entre significante e significado, diferentemente de Saussure que os tratava em termos de arbitrariedade.

Em "Os níveis da análise linguística", Benveniste apresenta uma reflexão sobre a língua como sistema de signos, sendo o sentido a condição fundamental que todas as unidades, em todos os níveis, devem preencher. O domínio através do qual se observam os níveis da análise é o da língua como sistema de signos linguísticos. Nesse texto, portanto, Benveniste reflete sobre a relação dos signos no sistema, partindo da premissa saussuriana de que na língua os signos significam em função de suas diferenças e oposições.

Em "A forma e o sentido na linguagem", o autor, argumentando em prol da importância da significação, assevera que "é a noção de signo que [...] integra no estudo da língua a noção muito geral de significação" (*PLG II*: 224). Nesse texto, o autor assume a ideia saussuriana de signo como unidade bilateral composta por significante e significado; unidade semiótica dotada de significação para a comunidade linguística, sendo que é na totalidade dos signos que temos a totalidade da língua.

Em "Semiologia da língua", Benveniste afirma a importância de se abordar o problema central da semiologia, conforme previsto por Saussure, e, por intermédio disso, investiga sobre "o estatuto da língua em meio aos sistemas de signos" (*PLG II*: 51). Para Benveniste, o signo é uma noção que, sendo da ordem do semiótico da língua, não é suficiente para sustentar uma *semiologia de segunda geração* que levaria em conta o domínio semântico da língua, quer dizer, o discurso. Frente a isso, pode-se dizer que a semiologia proposta por Benveniste, de base discursiva, inclui a semiologia com base no signo (saussuriana), mas a ultrapassa a partir da noção de discurso (a semiologia propriamente "da língua", a benvenistiana).

A leitura dos quatro textos selecionados pode fazer com que o leitor compreenda desde a natureza do signo, suas bases epistemológicas, até o discurso como doador de sentido e mediador da relação do homem com o mundo.

EXEMPLO DE ABORDAGEM DE *SIGNO*

Há várias passagens da obra de Benveniste em que vemos o linguista operando com uma noção de signo. Tomemos como exemplo o que ele diz em "A forma e o sentido na linguagem": nele, Benveniste liga o signo ao modo semiótico da língua e considera que a forma do signo é o significante e o sentido é o significado. Até aqui, estamos com Saussure, mas vejamos o exemplo dado por Benveniste:

> Para que um signo exista, é suficiente e necessário que ele seja aceito e que se relacione de uma maneira ou de outra com os demais signos. A entidade considerada significa? A resposta é sim, ou não. Se é sim, tudo está dito e registre-se; se é não, rejeitemo-la e tudo está dito também. "Chapéu" existe? Sim. "Chaméu" existe? Não (*PLG II*: 227).

Ora, o que vemos aí é que é o conjunto de falantes de uma língua que determina se o signo tem ou não sentido. Diz Benveniste: "no plano do significado, o critério é: isto significa ou não? Significar é ter um sentido, nada mais. E este *sim* ou *não* só pode ser pronunciado por aqueles que manuseiam a língua, aqueles para os quais esta língua é *a língua* e nada mais" (*PLG II*: 227, grifo do autor). E conclui: "nós erigimos, desta forma, a noção de uso e de compreensão da língua como um princípio de discriminação, um critério. É no uso da língua que um signo tem existência; o que não é usado não é signo; e fora do uso o signo não existe" (*PLG II*: 227).

Nesse exemplo, percebe-se que não se trata mais da noção saussuriana de signo, a que foi criticada em "Natureza do signo linguístico", mas de uma noção definida por outro princípio: o uso que o falante faz da língua. Esse é um prisma benvenistiano de tratamento do assunto.

Leituras complementares: Flores (2013a, 2017a); Normand (2009).

Capítulos relacionados: Semântica da enunciação; Semiologia; Semiótico/Semântico.

SÍMBOLO

Marlete Sandra Diedrich

O QUE É *SÍMBOLO*?

A definição de *símbolo* para Benveniste está diretamente associada à ideia de constituição humana, uma vez que, para o autor, esse conceito só encontra existência no homem, o qual inventa e compreende símbolos.

Símbolo é o elemento que representa uma realidade, instituído pelo homem, cujo sentido precisa ser aprendido, interpretado em sua função significativa. Seu emprego é decorrente da faculdade simbolizante, a qual permite a formação do conceito como distinto do objeto concreto. A faculdade de simbolizar sustenta o fundamento da abstração e o princípio da imaginação criadora.

GUIA PARA COMPREENSÃO DE *SÍMBOLO*

Embora encontremos em outros textos de Benveniste elementos que nos ajudam a compreender o sentido desse termo, em "Vista d'olhos sobre o desenvolvimento da linguística" são apresentados os principais argumentos para a explicitação do conceito em foco. Nesse texto, ao referir expressões como "faculdade de simbolizar", "faculdade simbolizante", "capacidade simbólica", "faculdade simbólica", "sistema simbólico", "sistema de símbolos", "formação do símbolo", "simbolismo linguístico", o autor deixa entrever, na reflexão sobre o desenvolvimento da linguística, sua concepção sobre "símbolo".

Nessa concepção, a expressão *"representar* o real" (*PLG I*: 27, destaque do autor) não pode ser confundida com a ideia de decalque da realidade imediata do falante, como uma transferência direta do meio que circunda o falante para a representação simbólica. Trata-se, pelo contrário, da "formação do conceito como distinto do objeto concreto" (*PLG I*: 28), o que coloca em destaque a figura do homem como o único ser capaz de simbolizar: "A transformação simbólica dos elementos da realidade ou da experiência em conceitos é o processo pelo qual se cumpre o poder racionalizante do espírito" (*PLG I*: 29).

Não resta dúvida de que a característica mais destacada por Benveniste acerca do símbolo é a sua capacidade de existência exclusivamente na vida humana. Dessa forma, o que distingue o homem do animal reside na faculdade simbólica: o animal percebe o sinal, um fato físico ligado a outro fato físico seja por uma relação natural ou convencional; o homem inventa e compreende símbolos. E é essa capacidade de representação simbólica que faz dele um ser distinto dos demais. A questão já havia sido abordada em texto anterior, publicado originalmente na revista *Diógenes*, em 1952. Trata-se de "Comunicação animal e linguagem humana", reflexão que compõe o *PLG I* e faz referência ao estudo da linguagem das abelhas, como veremos mais detalhadamente na seção "Exemplo de abordagem de *símbolo*".

Em "Vista d'olhos sobre o desenvolvimento da linguística", Benveniste se vale da capacidade simbólica também para relacionar pensamento e linguagem: o pensamento não é um simples reflexo do mundo, mas, como expressão do poder de construir representações das coisas e de operar sobre essas representações, o pensamento classifica a realidade.

Para o linguista, a faculdade simbólica do homem alcança "a sua realização suprema na linguagem" (*PLG I*: 30), expressão simbólica por excelência. Há o reconhecimento, por parte do autor, de outros sistemas simbólicos: "[...] sistemas de comunicação, gráficos, gestuais, visuais, etc." (*PLG I*: 30). No entanto, para Benveniste, todos esses outros sistemas derivam da linguagem e a supõem. A linguagem, portanto, é "um sistema simbólico especial" (*PLG I*: 30), organizado em dois planos: o primeiro deles diz respeito ao plano físico, mediação entre aparelho vocal e auditivo; o segundo diz respeito à estrutura imaterial, comunicação de significados. O símbolo linguístico é apresentado, desse modo, como mediatizante, uma vez que é somente via simbolismo da linguagem que a experiência interior de um sujeito se torna acessível a outro. Conforme propõe Benveniste, é somente pela capacidade simbólica que se estabelecem as relações entre o homem e o mundo, entre os homens; estabelece-se, assim, a sociedade.

Inerente à sociedade, a cultura, para Benveniste (*PLG II*: 32), "é um fenômeno inteiramente simbólico", já que é definida pelo autor como um conjunto de representações, organizadas por um código de relações e de valores, "um universo de símbolos integrados numa estrutura específica e que a linguagem manifesta e transmite". Nessa concepção, o símbolo é o elemento articulador que une homem, língua e cultura.

A linguagem, portanto, para Benveniste, contém o modelo inicial, o fundamento de todas as simbolizações do espírito humano.

Sem dúvida, essas ideias se fazem presentes e repercutem em outros textos do autor, no entanto, em nenhum outro texto benvenistiano encontramos um raciocínio tão completo e desenvolvido acerca da importância do símbolo e da capacidade simbólica para a constituição humana. O conceito em tela já se anunciava em muitas das temáticas que compõem os artigos do *PLG I*, em especial, como já demonstramos, nas ideias sobre comunicação animal e linguagem humana, assim como na abordagem da função da linguagem na descoberta freudiana (conforme o artigo "A função da linguagem na descoberta freudiana"). Também na discussão sobre as categorias de pensamento e categorias de língua (conforme o artigo "Categorias de pensamento e categorias de língua"), o conceito de símbolo encontra espaço privilegiado. Os diversos trabalhos do linguista sobre os processos característicos de um trabalho de reconstrução semântica, o que encontramos em muitos dos artigos publicados em *PLG I* e *II*, com destaque para "Problemas semânticos da reconstrução" e "Gênese do termo 'scientifique'", assim como na vasta obra *O vocabulário das instituições indo-europeias*, também dialogam, mesmo que nem sempre explicitamente, com o conceito em foco. Além disso, não resta dúvida de que a compreensão do funcionamento do símbolo é fundamental para a proposta enunciativa benvenistiana, a qual encontra na propriedade simbólica da linguagem, manifestada na língua-discurso, em relações intersubjetivas e referenciais, questão central, como atestam as reflexões presentes nos artigos "A forma e sentido na linguagem", "Semiologia da língua" e "O aparelho formal da enunciação".

Lembramos ainda que, mais recentemente, a publicação de manuscritos benvenistianos, como *Baudelaire* (2011), permitiu que o tema da propriedade simbólica da linguagem ganhasse novas nuances, com enfoque no tema da poesia e nas representações do mundo interior do poeta. Também a publicação das *Últimas aulas* abriu a discussão em torno, principalmente, do simbolismo da escrita.

Essas constatações nos levam a afirmar que o conceito de símbolo é basilar na obra benvenistiana e sua compreensão é fundamental para entendermos a constituição humana na linguagem, a qual se define, para Benveniste, sempre associada à faculdade exclusivamente humana de produzir representações a partir de códigos de relações e de valores.

EXEMPLO DE ABORDAGEM DE *SÍMBOLO*

Conforme já referimos, Benveniste aborda o conceito de "símbolo" em reflexão intitulada "Comunicação animal e linguagem humana" (*PLG I*). O autor coloca em oposição o complexo processo de comunicação das abelhas e a linguagem humana. Nesse texto, são abordadas as pesquisas do professor de Zoologia da Universidade de Munique, Karl von Frisch, o qual observou e descreveu uma espécie de dança desenvolvida pelas abelhas para comunicar à colmeia a distância em que se encontra o néctar por elas encontrado.

Apesar de reconhecer a importância desse estudo para o universo da psicologia animal, Benveniste investe seus esforços de reflexão em determinar a diferença entre tal comunicação e a linguagem humana. Segundo o autor, a mensagem transmitida pelas abelhas por meio da dança denota um simbolismo particular que decalca a realidade, fenômeno muito distinto do simbolismo humano, o qual permite ao homem constituir sua historicidade na linguagem. Afinal, as abelhas não conhecem o diálogo, o qual é compreendido como a condição da linguagem humana: "Falamos com outros que falam" (*PLG I*: 65). O fato de a linguagem propiciar um substituto da experiência a ser transmitido sem fim no tempo e no espaço confirma o simbolismo e o fundamento da tradição linguística. No caso das abelhas, isso não é possível: elas não constroem uma mensagem a partir de outra mensagem, mas a partir da realidade que comprovam ao se deslocarem ao ponto indicado onde se encontra o néctar. Além disso, há um evidente contraste entre o conteúdo da mensagem das abelhas, um único dado, o alimento, e o número ilimitado dos conteúdos da linguagem humana.

O símbolo, na linguagem humana, em geral, não estabelece relação necessária entre a referência objetiva e a forma linguística. Essa questão, associada ao fato de que os enunciados da linguagem humana podem ser combinados livremente segundo algumas regras, permite "a variedade da linguagem humana, que é a capacidade de dizer tudo" (*PLG I*: 66). O mesmo não ocorre com as abelhas, cuja mensagem não se deixa decompor em elementos formadores, apresentando apenas um conteúdo global.

Nessa complexa e interessante abordagem da linguagem humana, o autor ressalta o papel da propriedade simbólica da linguagem na definição do humano, o que permite que vejamos melhor "onde começa a linguagem e como se delimita o homem" (*PLG I*: 67).

Leituras complementares: Flores (2018b); Silva (2009, 2020).

Capítulos relacionados: Língua(gem) e pensamento; Semiologia; Semiótico/semântico; Signo.

SUBJETIVIDADE

Daniel Costa da Silva

O QUE É *SUBJETIVIDADE*?

Propriedade da linguagem que consiste na capacidade do locutor se propor como sujeito.

GUIA PARA COMPREENSÃO DA *SUBJETIVIDADE*

Na linguística de Émile Benveniste, desde cedo, aparece um sentido de subjetividade que acreditamos ser de mais fácil compreensão e que podemos entender como sendo *o sentido que faz contraponto ao conceito de objetividade*. Com a publicação do artigo "Da subjetividade na linguagem" surge, então, um segundo sentido de subjetividade, mais complexo, ligado à presença do homem na linguagem. A subjetividade passa, assim, a representar um lugar na linguagem reservado ao sujeito. Nesse caso, não há contraponto com a noção de *objetividade*, uma vez que não há, para o falante, uma maneira "objetiva" de ingressar na língua. A definição de subjetividade (apresentada na seção anterior) é formulada e está, de certa forma, circunscrita, basicamente, ao artigo "Da subjetividade na linguagem" (publicado, em 1958, em um periódico de psicologia).

Tentando reestabelecer a cronologia dos fatos, é possível dizer que o artigo "Da subjetividade na linguagem" – cujo tema central, como se percebe, é a questão da subjetividade – surge para dar conta de um aspecto que já vinha sendo desenvolvido. Através deste artigo, Benveniste pede que se observe a categoria de pessoa para que, desse modo, seja possível enxergar a subjetividade na linguagem. Literalmente Benveniste nos diz que: "Os pronomes pessoais são o primeiro ponto de apoio para essa revelação da subjetividade na linguagem" (*PLG I*: 288). O que, aqui, ele está dizendo de modo teórico, anteriormente, ele já havia percebido de modo prático.

Antes de 1958, há dois artigos (ambos ligados ao momento da distinção pessoa/não pessoa) que são fundamentais para a percepção de como se deu o desenvolvimento da noção de subjetividade através dos textos de Benveniste. A partir do artigo "Estrutura das relações de pessoa no verbo", percebemos que Benveniste já havia olhado, em 1946 – ano de publicação do artigo –, para a categoria de pessoa. Porém, só anos depois é que surge a definição do conceito de subjetividade, ou seja, em um primeiro momento, ele realmente olhou para a categoria de pessoa sem vislumbrar todas as consequências teóricas que a distinção pessoa/não pessoa adquiriria anos mais tarde. Na sequência, vemos que, em 1956, no artigo "A natureza dos pronomes", Benveniste, após já ter observado e analisado a categoria de pessoa, percebe que há algo de diferente. E é a partir desse momento que ele passa a ver uma "diferença profunda" ligada à noção de "subjetividade", que aponta para a "linguagem como sistema de signos" e para a "linguagem assumida como exercício pelo indivíduo" (*PLG I*: 281). Trata-se de uma diferença ligada à subjetividade, pois diz respeito ao *efeito* criado nas línguas pela subjetividade que, em 1958, será apresentada por Benveniste como sendo inerente à linguagem.

Quando for possível "dividir" a língua em duas partes, colocando, de um lado, uma parte mais subjetiva e, de outro lado, uma parte mais objetiva, ou melhor, quando há essa espécie de gradação, entre maior ou menor subjetividade, então, estamos tratando dos *efeitos*. Como dissemos inicialmente, esse é um sentido mais simples de subjetividade e que surge primeiro na teoria de Benveniste.

De acordo com o texto "Da subjetividade na linguagem" (*PLG I*: 290), a categoria de pessoa é criada duas vezes: a categoria de pessoa existe, como possibilidade, na linguagem, isto é, no plano constitutivo; e, após ter emergido da linguagem, a categoria de pessoa existe no discurso, na "estrutura das línguas", isto é, no plano mostrado (*PLG I*: 289-290). Essas duas maneiras de se ler a categoria de pessoa apontam para os dois entendimentos da noção de subjetividade.

Ao considerarmos a questão da subjetividade, podemos, então, identificar, nas análises de Émile Benveniste, dois tipos de "marcas": (a) na linguagem, mais do que uma mera "marca" a ser observada, trata-se, na verdade, de um fundamento essencial; e não se trata de apenas um, mas, sim, de três fundamentos: pessoa, tempo e espaço; (b) nas línguas, essas "marcas" são percebidas como efeitos.

Cabe lembrar que as categorias de pessoa, tempo e espaço são inerentes à linguagem porque *eu* e *tu* são as pessoas implícitas, o presente (agora) é o tempo implícito e o aqui é o espaço implícito. Por isso, é possível dizer que "uma língua sem expressão da pessoa é inconcebível" (*PLG I*: 287). E como dizem respeito à condição *a priori* das línguas, esses fundamentos não precisam ser verificados em todos os idiomas para que se presuma a existência deles. E em relação a essa subjetividade que é inerente à linguagem, Benveniste vai usar expressões que dão conta de um processo global, envolvendo toda a língua; pois diz respeito ao plano constitutivo da linguagem.

O texto de 1958 pode, então, ser dividido em duas partes: a primeira marca a apresentação desses fundamentos da subjetividade; já a segunda parte marca a análise dos *efeitos* que a subjetividade provoca no discurso, isto é, no plano mostrado. Naquilo que seria o início da "segunda parte" do artigo, Benveniste anuncia, então, que pretende "ilustrar alguns efeitos da mudança de perspectiva que a 'subjetividade' pode introduzir" (*PLG I*: 290); e prossegue dizendo que é mais importante mostrar do que propriamente saber qual seria a extensão do que ele havia acabado de assinalar em relação à subjetividade, pois esses efeitos, segundo Benveniste, são abundantes e incalculáveis. As duas atitudes de Benveniste em relação à subjetividade ficam evidentes, quando ele deixa de levar em consideração *categorias da linguagem* – o que ele havia feito na "primeira parte" do artigo – e passa a levar em consideração *fatos de línguas*: "visamos necessariamente línguas particulares. [...]. O francês dá alguns exemplos sob medida" (*PLG I*: 290). O que significa dizer que Benveniste passa, então, a analisar, nesse artigo, uma língua em particular.

Como dissemos, a descrição dos *efeitos* que a subjetividade cria nas línguas acompanha as formulações de Benveniste em torno da distinção pessoa e não pessoa. Isso pode ser visto, por exemplo, desde suas considerações expostas em "A frase nominal", um artigo de 1950. Cabe salientar ainda que essas descrições são basicamente linguísticas e repletas de dados de línguas.

EXEMPLO DE ABORDAGEM DE *SUBJETIVIDADE*

A subjetividade é uma noção tão abrangente dentro da linguística de Benveniste que permite uma multiplicidade de estudos a partir de sua consideração. Exemplos concretos de análises que levam em conta, de algum modo, a "subjetividade" podem ser facilmente encontrados na própria obra de Benveniste: análises sobre o ativo e médio no verbo; análises sobre o sistema sub-lógico das proposições em latim; análises sobre a relação de pessoa no verbo; análises sobre a natureza dos pronomes; análises dos verbos delocutivos. Como se perceberá, é fácil reconhecer os títulos dos artigos de Benveniste dedicados a cada uma dessas análises. Mas em que medida essas análises levam em conta a subjetividade? Elas, cada uma a seu modo, buscam os *efeitos* que a subjetividade cria nas línguas.

Uma vez que, para Benveniste, "a subjetividade está na linguagem", qualquer investigação linguística, qualquer estudo embasado nos princípios teóricos benvenistianos, mesmo que não explicitamente, levará em conta a questão da subjetividade. Há, então, dois tipos de abordagens em relação à subjetividade: (a) um estudo que se propõe a analisar as "marcas" da subjetividade deve se concentrar em seus *efeitos*, pois precisa se deter em dados de línguas; (b) as "marcas" da subjetividade, que são inerentes à linguagem – isto é, aquelas que evidenciam a passagem de locutor a sujeito –, já foram identificadas por Benveniste: pessoa, tempo e espaço.

É possível olhar, então, para essas categorias – de pessoa, de tempo e de espaço –, em conjunto ou individualmente, para ver a "subjetividade" funcionando nas línguas, para de certa forma "medir" a subjetividade, colocando, de um lado, uma parte "subjetiva" e, de outro lado, uma parte "não subjetiva". Um bom exemplo de análise que aborda os efeitos que a subjetividade provoca nas línguas é o texto "As relações de tempo no verbo francês", de 1959. Nesse artigo, levando em conta as categorias de tempo e de pessoa, Benveniste distingue uma parte da língua mais "objetiva" do que a outra. Recapitulando o que está colocado nesse artigo, rapidamente podemos apresentar como o problema se desenvolve. O primeiro argumento é o de que "não encontramos apenas na noção de tempo o critério que decidirá a posição ou mesmo a possibilidade de uma forma dada no seio do sistema verbal" (*PLG I*: 260). O objetivo de Benveniste, então, é o de procurar "as relações que organizam as diversas formas temporais" (*PLG I*: 261). Em seguida, vemos o que pode bem ser o argumento principal do artigo: que os tempos dos verbos em francês não se distribuem em um único sistema, mas, na verdade, em dois sistemas, em dois "planos de enunciação", que o autor define como sendo o da *história* e do *discurso* (*PLG I*: 261-262). A respeito do plano da *história*, por exemplo, Benveniste diz que "ninguém fala aqui; os acontecimentos parecem narrar-se a si mesmos" (*PLG I*: 267). Cabe lembrar que isso não pode ser entendido de forma literal, pois qualquer enunciado sempre é produzido por um sujeito; o que está em jogo, aqui, é o *efeito* causado pelo sujeito que não assume sua própria língua. Benveniste coloca, então, um alerta que bem poderia servir para várias outras de suas análises: "explícita ou não, a relação de pessoa está presente em toda a parte" (*PLG I*: 268). E o autor literalmente diz que vai em busca dos *efeitos*: "seria interessante analisar os efeitos de estilo que nascem desse contraste entre o tom da narrativa, que se quer objetiva, e a expressão empregada [...]" (*PLG I*: 269-270). E é ao final do texto que Benveniste vai falar de modo explícito em subjetividade, mais precisamente, vai falar desse contraponto entre algo mais subjetivo e algo mais objetivo. Ele diz, por exemplo, que o *passé simple* (passado simples) "objetiviza o acontecimento destacando-o do presente"; já o *passé composé* (passado composto), ao contrário, "põe o acontecimento passado em ligação com o nosso presente" (*PLG I*: 275). Esses diferentes tempos de passado criam, portanto, na língua francesa, diferentes "efeitos", sendo um mais subjetivo do que o outro.

Leituras complementares: Flores (2013a); Flores et al. (2009); Silva (2021).

Capítulos relacionados: Espaço; Linguagem; Pessoa e não pessoa; Sujeito; Tempo.

SUJEITO

Carolina Knack

O QUE É *SUJEITO*?

Sujeito pode ser compreendido, de modo específico, no interior da reflexão enunciativa de Benveniste, como um efeito do ato de enunciar que decorre da apropriação da língua pelo locutor. Segundo Benveniste (*PLG I*: 286), "a 'subjetividade' de que tratamos aqui é a capacidade do locutor para se propor como 'sujeito'". O fundamento da subjetividade se determina pela categoria linguística de *pessoa*.

GUIA PARA A COMPREENSÃO DE *SUJEITO*

Benveniste emprega o vocábulo *sujeito* com diferentes sentidos em muitos dos seus textos em *PLG I* e *II*. Por vezes, o termo é empregado para referir-se a falante, ou ainda para referir-se à categoria formal de análise sintática. É, porém, no conjunto da reflexão enunciativa do linguista que o termo assume um sentido específico que lhe confere estatuto teórico, na medida em que está ligado à problemática da subjetividade na linguagem. Mesmo nesse contexto enunciativo, Benveniste não define explicitamente o que é *sujeito*, o que torna a análise das ocorrências do vocábulo em cada texto imprescindível para compreender os sentidos do termo.

Um possível percurso interpretativo pode ser construído a partir de artigos da quinta parte do *PLG I*, intitulada "O homem na língua". Essa seção reúne textos importantes para o entendimento dos fundamentos enunciativos da reflexão de Benveniste, como "Estrutura das relações de pessoa no verbo", "A natureza dos pronomes" e "Da subjetividade na linguagem", os quais são aqui sugeridos como ponto de partida para examinar os usos do termo.

Em "Estrutura das relações de pessoa no verbo", texto de 1946, Benveniste emprega diversas vezes o vocábulo *sujeito*. Na ocorrência seguinte, o sentido desse termo se estabelece em relação a outro presente no trecho: *falante*. "É verdade que as principais distinções verbais do coreano são de ordem 'social'; as formas são diversificadas ao extremo segundo o nível do **sujeito** e do interlocutor e variam segundo se fale a um superior, a um igual ou a um inferior. O **falante** apaga-se e prodiga as expressões impessoais [...]" (*PLG I*: 248, grifos nossos).

No mesmo artigo, *sujeito* é empregado com referência à *categoria sintática* ligada aos estudos gramaticais tradicionais, como se vê no trecho a seguir, em que estão em relação aos vocábulos *sujeito* e *predicado*: "Quanto à não pessoa (terceira pessoa), a pluralização verbal, quando não é o **predicado gramaticalmente regular** de um **sujeito plural**, cumpre a mesma função que nas formas 'pessoais' [...]" (*PLG I*: 258, grifos nossos).

Esses dois usos – *sujeito* com sentido de *falante* e *sujeito* com sentido de *categoria sintática* – podem ser considerados "usos gerais", sem valor teórico para a reflexão enunciativa. Porém, comparecem em um texto que fundamenta a concepção da categoria de *pessoa*, a qual é base para as formulações enunciativas. Vale esmiuçar, por isso, outras ocorrências de *sujeito* no mesmo artigo.

Em vista da polissemia já constatada, é preciso atenção redobrada ao ler os textos do linguista, pois cada ocorrência dos termos deve ser examinada de modo único, ainda que se possa constatar a reiteração de um ou outro sentido.

Por exemplo, em "A natureza dos pronomes", texto de 1956, em um mesmo parágrafo há dois sentidos distintos para *sujeito*, um deles sendo *falante*:

> Tratamos muito levemente e como incontestável a referência ao **"sujeito que fala"** implícita em todo esse grupo de expressões. [...] Assim, pois, é ao mesmo tempo original e fundamental o fato de que essas formas "pronominais" não remetam à "realidade" nem a posições "objetivas" no espaço e no tempo, mas à enunciação, cada vez única, que as contém, e reflitam assim o seu próprio emprego. [...] O seu papel consiste em fornecer o instrumento de uma conversão, a que se pode chamar a conversão da linguagem em discurso. É identificando-se como pessoa única pronunciando *eu* que cada um dos locutores se propõe alternadamente como **"sujeito"** (*PLG I*: 280-281, itálico do autor, negritos nossos).

Na primeira ocorrência em destaque, a expressão *sujeito que fala*, registrada entre aspas por Benveniste, apresenta o sentido geral de *falante*. Algumas linhas à frente, o termo apresenta contornos teóricos específicos vinculados à temática enunciativa: o vocábulo *sujeito*, também registrado entre aspas, está em relação com outros que assumem estatuto teórico na reflexão do linguista, como *locutor(es)* e *pessoa*. Assim, na segunda ocorrência em destaque, pode-se depreender que, se locutor é uma categoria linguística relativa ao indivíduo que enuncia e se situa como *eu* (categoria enunciativa de pessoa), consequentemente *sujeito* é o que emerge desse processo, como uma espécie de efeito do ato de enunciar. Trata-se, aqui, de um uso bastante específico do vocábulo.

Esse "uso específico" comparece, sob outro prisma, Em "Da subjetividade na linguagem". Nesse texto, parcialmente referido no item anterior, o termo *sujeito* assume importância capital, sobretudo por figurar na definição explícita que Benveniste formula para subjetividade, a partir de uma reflexão que vincula homem e linguagem. "É na linguagem e pela linguagem que o homem se constitui como **sujeito**; porque só a linguagem fundamenta na realidade, na **sua** realidade que é a do ser, o conceito de 'ego'. A 'subjetividade' de que tratamos aqui é a capacidade do locutor para se propor como 'sujeito'" (*PLG I*: 286, grifos nossos).

O vocábulo *sujeito* – grifado na primeira ocorrência, assim como o pronome *sua*, com o qual mantém relação – deve ser compreendido a partir dos termos *homem*, *locutor* e *ego (eu)*, os quais não se recobrem nocionalmente. Pode-se dizer que a reflexão antropológica recebe contornos linguístico-enunciativos ao se fundamentar no fato de a linguagem possibilitar ao homem, por meio da língua, sob a categoria de *locutor*, enunciar *eu* (categoria de pessoa) e assim constituir-se como *sujeito* de linguagem. Evidentemente, isso só se torna possível pela "condição de diálogo": "Eu não emprego *eu* a não ser dirigindo-me a alguém, que será na minha alocução um *tu*" (*PLG I*: 286, destaques do autor).

Observe-se, além disso, que *sujeito* está registrado entre aspas na segunda ocorrência do trecho, assim como *subjetividade* e *ego*, o que parece indicar a implicação entre esses três termos. Se o fato de "eu dizer *eu*" evidencia o fundamento da subjetividade, a qual é determinada pelo *status* linguístico da categoria de pessoa, então *sujeito* partilha desse mesmo *status*. Portanto, *sujeito*, nesse uso específico, não diz respeito a um ser empírico, mas a um ser de linguagem que se constitui via língua convertida em discurso. Mais adiante, na mesma página, Benveniste reitera: "A linguagem só é possível porque cada locutor se apresenta como *sujeito*, remetendo a ele mesmo como *eu* no seu discurso" (*PLG I*: 286, destaques do autor).

Nesse contexto, vê-se delinear o estatuto teórico do termo *sujeito* para a reflexão enunciativa de Benveniste: *sujeito* não equivale a *homem*, nem a *locutor*, nem à categoria de *pessoa*, embora esteja articulado a todos esses termos; trata-se de um efeito que decorre do fato de o homem, via categoria de *locutor*, situar-se como *pessoa* ao converter a língua em discurso em vista de um alocutário. Outros artigos de *PLG I e II* podem ser examinados para explorar, em cada um, os sentidos do vocábulo *sujeito*. Ainda assim, o itinerário aqui sugerido permite já visualizar a polissemia do vocábulo e o modo como assume valor teórico na reflexão enunciativa de Benveniste.

EXEMPLO DE ABORDAGEM DE *SUJEITO*

O termo *sujeito*, em seu uso específico nos textos de Benveniste, está ligado à problemática da subjetividade na linguagem. Logo, se subjetividade é a capacidade de o locutor se propor como sujeito, tratar de sujeito – tanto teórica quanto analiticamente – requer tratar de subjetividade e, como se verá, de intersubjetividade também. Para isso, é preciso não só mobilizar uma possível noção teórica de *sujeito*, como também elaborar procedimentos para a sua análise, na medida em que Benveniste não definiu de modo explícito o termo, tampouco sobre ele se debruçou analiticamente.

Por exemplo, em "Da subjetividade na linguagem", o foco teórico-analítico de Benveniste, como o próprio título do artigo indica, é a subjetividade. Ele desenvolve análises que mostram como as línguas particulares apresentam formas que a revelam, seja por meio de pronomes pessoais que instauram a categoria de pessoa (*eu-tu*), seja por meio de "indicadores da dêixis, demonstrativos, advérbios, adjetivos, que organizam as relações espaciais e temporais em torno do 'sujeito' tomado como ponto de referência" (*PLG I*: 288). Além disso, Benveniste (*PLG I*: 290) ilustra "alguns efeitos da mudança de perspectiva que a 'subjetividade' pode introduzir" a partir do exame de verbos cujos sentidos mudam quando também se muda a pessoa verbal (pessoa e não pessoa). É interessante observar que, nessas análises, estão em destaque as singularidades de línguas particulares quanto aos sentidos que suas formas instauram no uso.

E se o foco teórico-analítico passa a ser o sujeito, e não a subjetividade em si?

Uma possibilidade de abordagem de *sujeito* pode ser desenvolvida, prospectivamente, a partir da consideração de discursos particulares produzidos por falantes também particulares. O que singulariza determinado locutor na sua passagem a sujeito? Se sujeito é um efeito da apropriação da língua pelo locutor, então são os fatos de língua e seus sentidos singulares que revelam subjetividade (a capacidade de o locutor se propor como sujeito) que se convertem em objeto de análise. Esses fatos devem ser considerados "nas condições sociais nas quais a língua se exerce" (*PLG I*: 292) e "no quadro do discurso, que é a língua enquanto assumida pelo homem que fala, e sob a condição de *intersubjetividade*, única que torna possível a comunicação linguística" (*PLG I*: 293).

Ainda que as formas destacadas anteriormente sejam as mais aparentes relativas à passagem de locutor a sujeito, há arranjos linguísticos únicos que podem evidenciar os modos como cada locutor se apropria da língua. E isso está na dependência de cada discurso, constituído por um locutor específico em direção a um alocutário (ou a alocutários) específico(s).

Leituras complementares: Normand (1996); Flores (2013a, 2013b); Flores et al. (2009).

Capítulos relacionados: Enunciação; Pessoa e não pessoa; Subjetividade.

TEMPO

Marlete Sandra Diedrich

O QUE É *TEMPO*?

Benveniste (1989) reconhece que o termo "tempo" recobre representações muito diferentes, que são as muitas maneiras de colocar o encadeamento das coisas. No entanto, sob a conceptualização da língua, o tempo linguístico assume sua especificidade como uma das categorias fundamentais do discurso, as quais "são categorias elementares, independentes de toda determinação cultural e nas quais vemos a experiência subjetiva dos sujeitos que se colocam e se situam na e pela linguagem" (*PLG II*: 68). A relação de temporalidade é, assim, produzida na e pela enunciação. A categoria de tempo nasce da categoria de presente, cuja instauração procede da enunciação.

GUIA PARA COMPREENSÃO DE *TEMPO*

Para compreensão do conceito de "tempo", na obra benvenistiana, pauta-mo-nos, principalmente, no texto "A linguagem e a experiência humana", por entendermos que, nesse artigo, o autor tece suas principais ideias sobre o termo. Essas ideias acabam por se espraiarem por outros textos do autor, como é o caso de "O aparelho formal da enunciação". Há de se destacar que, já em 1959, no artigo "As relações de tempo no verbo francês", o autor discute o tempo sob o enfoque das formas verbais do francês. Apesar de a discussão do tema se voltar, nesse caso, para as formas do verbo, as análises apresentadas se valem da mesma noção explorada em "A linguagem e a experiência humana", a qual se pauta numa concepção enunciativa da língua.

Em "A linguagem e a experiência humana", Benveniste (*PLG II*: 69) afirma: "Desde que o pronome *eu* aparece num enunciado, evocando – explicitamente ou não – o pronome *tu* para se opor conjuntamente a ele, uma experiência humana se instaura de novo e revela o instrumento linguístico que a funda". Nessa experiência, algumas formas linguísticas são reveladoras da subjetividade, como é o caso das formas pessoais *eu* e *tu* e das que exprimem o *tempo*. Em relação às formas temporais, o autor deixa explícito que não se trata apenas dos verbos, mas de distintas estruturas linguísticas nas línguas em geral. Outra ideia desfeita pelo autor é a equivocada noção de que o sistema temporal de uma língua reproduziria a natureza do tempo "objetivo", ou seja, para o autor, com a língua, trabalhamos com representações da realidade, construções diversas do real, princípio reafirmado em toda a sua obra e fundamental na concepção de tempo por ele apresentada.

Nessa concepção, o autor destaca definições distintas de tempo: o tempo físico, o tempo crônico e o tempo linguístico. Trazemos, na sequência, essas definições.

O tempo *físico* é uma espécie de contínuo uniforme, infinito, linear, o qual é medido pelo grau das emoções de cada indivíduo e pelo ritmo de sua vida. Já o tempo *crônico* é o tempo dos acontecimentos, é a continuidade em que se dispõem em série os acontecimentos, os quais não são o tempo, mas estão *no* tempo. A vida em sociedade necessita objetivar o tempo crônico, com a instituição de um cômputo ou divisão baseada na recorrência de determinados fenômenos, como a alternância do dia e da noite. Para seu funcionamento, a condição *estativa* determina um acontecimento importante que é assumido como redirecionador dos demais fatos: como, por exemplo, o nascimento de Jesus. Decorrente dessa primeira condição, revela-se a condição *diretiva*, a qual se constitui em relação ao eixo de referência: antes... depois.... E, por fim, chegamos à terceira condição, a *mensurativa*, a partir da qual é fixado um repertório de unidades de medida para denominar intervalos constantes entre as recorrências de fenômenos cósmicos: dia, mês, ano, século... São os pontos de referência responsáveis pela posição objetiva dos acontecimentos que definem a situação dos indivíduos em relação a tais acontecimentos. Mas o autor destaca que a organização social do tempo crônico é *intemporal*. O que significa isso? Significa que os dias, os meses, os anos são quantidades fixas, denominações do tempo que não participam em nada da natureza do tempo; essas denominações, em si mesmas, são vazias de temporalidade. A exterioridade do calendário em relação ao tempo impede que um dia do calendário possa ser entendido como passado, presente ou futuro. Isso só é possível se tomado por aquele que *vive* o tempo. Assim, o tempo crônico não coincide com o tempo vivido, justamente por aquele ser objetivo e propor medidas uniformes que não coincidem com as categorias próprias da experiência humana do tempo.

Mas, afinal, o que o autor entende por experiência humana do tempo? Trata-se daquela experiência manifestada pela língua. E, nessa experiência, o *tempo linguístico* se liga ao exercício da fala, como função do discurso. Por essa razão, o tempo linguístico encontra no presente da instância da fala seu centro gerador e axial. Para Benveniste (*PLG II*: 75), o presente se distingue completamente das divisões particulares do tempo crônico, uma vez que ele admite todas elas e não se refere a nenhuma em particular: "Este presente é reinventado a cada vez que um homem fala, porque é, literalmente, um momento novo, ainda não vivido". A questão, para o autor, se define em termos de propriedade da linguagem: "o único tempo inerente à língua é o presente axial do discurso, e que este presente é implícito" (*PLG II*: 76). É em relação a esse presente que se situam os acontecimentos no passado – como evocação da experiência; ou no futuro – como previsão da experiência.

Benveniste (1989) destaca, ainda, nesse artigo, que a temporalidade da língua se insere no processo de comunicação, funcionando como um fator de *intersubjetividade*: o "hoje" dito pelo falante se converte no "hoje" daquele com quem se fala, o que representa a condição da inteligibilidade da linguagem.

Além disso, o tempo linguístico apresenta suas próprias divisões, de modo independente do tempo crônico. O "hoje" dito por alguém localiza o acontecimento como simultâneo a seu discurso; no entanto, se separado do discurso que o contém, num texto escrito, por exemplo, perde sua representação e exige, para ser inteligível, o acompanhamento da explicitação do tempo crônico: "Hoje, 12 de fevereiro de 2024". Tempo linguístico e tempo crônico, nesse caso, precisam estar interligados por determinadas coordenadas espaço-temporais no intuito de garantir a inteligibilidade.

EXEMPLO DE ABORDAGEM DE *TEMPO*

Encontramos, nos trabalhos de Benveniste, alguns movimentos de análise que podemos entender como exemplos de abordagem do conceito "tempo". A visão de que o tempo linguístico é responsável por refletir, na língua, a experiência da relação intersubjetiva entre o falante e seu parceiro e, portanto, a experiência humana inscrita na linguagem, conforme já referimos, é também explorada no artigo "O aparelho formal da enunciação", no qual o tempo é assumido como uma das categorias da enunciação e para cuja discussão concorrem grande parte das ideias já apresentadas em "A linguagem e a experiência humana". Destaca-se em "O aparelho formal da enunciação" o fato de que o conceito de tempo, assim como a categoria de espaço, define-se em relação à categoria de pessoa, num "jogo de formas específicas cuja função é de colocar o locutor em relação constante e necessária com sua enunciação" (*PLG II*: 84).

Desse modo, o presente, segundo o raciocínio do autor, é a própria origem do tempo, uma vez que ele é inerente à enunciação e se renova a cada nova produção. E é justamente em relação a esse tempo da enunciação que se definem os demais tempos, determinando "o que vai se tornar presente e o que já não o é mais" (*PLG II*: 86), como decorrência da contemporaneidade da instância do discurso. A partir desse modo de compreensão do tempo, Benveniste permite entendermos que a referência aos acontecimentos passados, assim como a referência aos fatos prospectivos, somente tem existência no ato de enunciar.

Leituras complementares: Flores (2019); Ciulla (2022).

Capítulos relacionados: Enunciação; Enunciação histórica/enunciação de discurso; Instância de discurso.

TRADUÇÃO

Sara Luiza Hoff

O QUE É A *TRADUÇÃO*?

Para Benveniste, além de a tradução ser uma prática constante nas teorizações, ela pode ser entendida de duas formas: (a) como a transposição de uma dada instância particular de discurso de uma língua para outra instância de discurso de outra língua; (b) como a instituição de um mesmo valor de designação – ou seja, a relação do signo com a realidade – em outra língua.

GUIA PARA COMPREENSÃO DE *TRADUÇÃO*

De um ponto de vista teórico, Benveniste não menciona o fenômeno tradutório com muita frequência em sua obra. Há, no entanto, duas instâncias em que a tradução é teorizada pelo linguista.

A mais ilustre é um parágrafo de "A forma e o sentido na linguagem", texto em que Benveniste reflete sobre a significação, propriedade central da língua e da linguagem. O autor propõe que a língua tem dois domínios: o semiótico e o semântico. No primeiro, as unidades são os signos, que se relacionam entre si no interior do sistema linguístico. Segundo Benveniste (*PLG II*: 227), "para que um signo exista, é suficiente e necessário que ele seja aceito e que se relacione de uma maneira ou de outra com os demais signos", sendo que cabe aos falantes atestar a existência dos signos, determinando se algo têm sentido ou não em uma dada língua. Já o domínio semântico corresponde à "língua em emprego e em ação" e tem como unidade as palavras, arranjadas em frases, que garantem aos seres humanos a possibilidade de comunicação, "a integração da sociedade e a adequação ao mundo" (*PLG II*: 229).

Assim, de acordo com o linguista, "há para a língua duas maneiras de ser língua" (*PLG II*: 229) – e a tradução comprova essa proposição. Para Benveniste (*PLG II*: 233), é importante considerar que é possível "'dizer a mesma coisa' numa como noutra categoria de idiomas", sendo que

> a reflexão sobre este fato notável parece clarear a articulação teórica que nós nos esforçamos por estabelecer. Pode-se transpor o semantismo de uma língua para a outra, "salva veritate"; é a possibilidade da tradução; mas não se pode transpor o semioticismo de uma língua para o de uma outra; é a impossibilidade da tradução. Atinge-se aqui a diferença entre o semiótico e o semântico (*PLG II*: 233).

Portanto, Benveniste entende que o fato de que é, simultaneamente, possível e impossível traduzir confirma a sua proposta teórica, atestando a existência de dois domínios da língua. Desse modo, a tradução evidencia tanto o caráter semiótico da língua, já que não é possível obter equivalências entre os signos de línguas diferentes, quanto a natureza semântica dela, posto que não se traduzem unidades isoladas, mas frases, discursos: a língua em uso.

Benveniste faz uma segunda reflexão sobre tradução em uma nota manuscrita, publicada em 2016.[1] Intitulada "La traduction, la langue et l'intelligence", ela coloca, como o título indica, a tradução em lugar de destaque. O manuscrito se divide em três partes, porém somente duas delas tratam da tradução.[2]

Na primeira parte, o linguista reflete sobre a interdependência entre linguagem e pensamento (denominado "inteligência"). Benveniste (2016: 37) aponta para uma característica da linguagem: o fato de que "a inteligência pode 'querer dizer' algo que é, de algum modo, exterior à linguagem e que a língua <u>compõe com o auxílio de palavras</u> que têm a sua significação própria, e cujo arranjo produz aquilo que a inteligência 'quer dizer'".[3] Entre as consequências dessa característica, está a possibilidade de tradução, que se realiza por meio da compreensão da mensagem expressa pela inteligência e a expressão dessa mensagem em outra língua.

A perspectiva de tradução, aqui, é bastante similar à expressa em "A forma e o sentido na linguagem".

Já na terceira parte da nota, Benveniste discute a relação estabelecida entre a linguagem e a realidade. Ele principia afirmando que "o que traduzimos é a relação do signo com a realidade, ou seja, o valor de designação" (Benveniste, 2016: 38), para, em seguida, introduzir um exemplo: a tradução da palavra grega ἔντομα [éntoma] para o latim insecta. De acordo com Benveniste (2016: 39), a tradução em latim imita o modelo grego, e, com ela, "designamos em latim os pequenos seres em questão como 'insetos, divididos em segmentos', criando ou utilizando a mesma relação entre o signo e a coisa". Por meio desse exemplo, Benveniste chega a uma conclusão sobre a prática tradutória, encerrando, com isso, o manuscrito. Segundo ele,

> traduzir é instituir, entre sua própria língua e o mundo, a mesma relação que na língua-fonte, seja por equivalências literais entre signos, se eles podem compor o mesmo "sentido", seja por equivalências globais obtidas por meio de relações completamente diferentes, não mais entre signos (Benveniste, 2016: 39).

Embora essa definição seja bastante imprecisa – não há explicações detalhadas sobre as duas equivalências mencionadas, o que obscurece a compreensão –, é possível entender que, para Benveniste, aqui, a tradução se associa intimamente ao fato de que a língua estabelece uma certa relação com uma dada realidade. Em outros termos, como a língua não ocorre isoladamente, mas sempre é utilizada em um contexto específico, traduzir implica considerar o modo como aquilo que está sendo traduzido se relaciona com a realidade, tanto na língua de partida quanto na língua de chegada.

Ao considerar a perspectiva apresentada na terceira parte da nota sobre tradução, é importante observar que se trata de uma reflexão não acabada, ou seja, a nota expõe um pensamento ainda em desenvolvimento. Além disso, é essencial ter em conta o fato que, embora Benveniste pareça apontar unicamente para um contexto extralinguístico ao enfatizar os termos "designação", "designar" e "realidade", ao mesmo tempo, o linguista usa o termo "valor" associado à designação. Assim, torna-se possível perceber que não se trata de traduzir a relação entre a língua e o mundo, mas a ligação entre os elementos – determinante do valor (nos termos saussurianos). É necessário, portanto, ter cautela ao interpretar a constatação de que traduzir implica considerar a designação: não é possível afirmar categoricamente que somente se possa considerar a designação, já que há indícios da presença da significação no processo. O próprio Benveniste autoriza esse entendimento: ele reflete sobre a impossibilidade de transmitir o sentido exato e pleno de uma dada unidade ao traduzir, afirmando que "quando traduzimos ἔντομα [*éntoma*] por *insecta*, não traduzimos o verbo τέμνω [*témnō*] em todos os seus valores, nos limitamos a usar uma equivalência constatada entre τέμνω e *secō* para criar um signo simétrico de ἔντομα [*éntoma*]" (Benveniste, 2016: 39, destaques do autor).

Apesar de Benveniste não conceder muito espaço teórico para a reflexão sobre a tradução, nota-se, com as suas duas perspectivas aqui apresentadas, que ele evidencia a complexidade do fenômeno tradutório.

EXEMPLO DE ABORDAGEM DE *TRADUÇÃO*

Embora a tradução não seja teorizada por Benveniste com muita frequência, isso não significa que a tradução esteja ausente de sua obra: pelo contrário, ela é constantemente mobilizada nas análises de línguas, em que Benveniste busca definir o sentido de palavras e expressões,[4] como é possível perceber no exemplo a seguir:

> O neutro λεπτόν, tomado como substantivo, designa no Novo Testamento uma pequena moeda: ele foi traduzido em latim por *minutum*: ἔβαλεν λεπτὰ δύο = Vulg. "misit duo *minuta*"; — ἔως καὶ τὸ ἔσχατον λεπτὸν ἀποδῶς = Vulg. "donec etiam novissimum *minutum* reddas", locução proverbial "(tu não sairás daqui) enquanto não tiveres pegado o último centavo [sou]" (*PLG II*: 268, itálicos do autor).

Nesse sentido, chama a atenção o texto "As relações de tempo no verbo francês", em que Benveniste propõe, por meio de uma categorização dos tempos verbais franceses, a existência de dois planos de enunciação – a enunciação histórica, que narra acontecimentos passados sem a utilização de formas de primeira pessoa e do presente, e o plano do discurso, que utiliza todas as formas pessoais do verbo e todos os tempos verbais no francês, exceto o aoristo.

Para Benveniste, a tradução desempenha um papel fundamental para comprovar a hipótese desenvolvida no artigo. Ele diz que "entre os textos que serviriam de testemunhos, deveriam incluir-se também as traduções, que nos informam sobre as equivalências espontâneas que um autor encontra para fazer passar uma narrativa escrita numa outra língua para o sistema temporal que convém ao francês" (*PLG I*: 269), citando, em nota de rodapé, exemplos das relações temporais estabelecidas em traduções de livros de Ernst Hemingway e Thor Heyerdahl para o francês.

Assim, observa-se que a análise de textos traduzidos é, para Benveniste, um meio de colocar em evidência os usos de tempos verbais tanto na língua estrangeira quanto em francês, demonstrando a proposição teórica que ele faz no artigo.

Desse modo, ainda que esteja presente brevemente, a tradução desempenha um papel essencial na teorização, sendo trazida à tona tanto para enfatizar a perspectiva do linguista sobre a língua quanto para esclarecer o sentido dos termos e estruturas sob análise.

Leituras complementares: Flores (2019); Hainzenreder (2016); Hoff (2018); Hoff e Flores (2020); Nunes (2012a, 2012b); Rosário (2012).

Capítulos relacionados: Designação/significação; Enunciação histórica/enunciação de discurso; Línguas; Língua(gem) e pensamento; Semiótico/semântico.

Notas

[1] A data em que a nota foi escrita, no entanto, é desconhecida.

[2] Na segunda parte do manuscrito, Benveniste aborda a natureza dupla da linguagem, que tem tanto uma base biológica quanto depende da cultura.

[3] Todas as traduções de textos em francês aqui são de minha autoria.

[4] Um levantamento feito nos *PLGs* constatou a existência de 146 menções diretas à tradução ou a algum aspecto do fenômeno tradutório (Hoff, 2018).

VERBOS DELOCUTIVOS

Célia Della Méa

O QUE SÃO *VERBOS DELOCUTIVOS*?

Os verbos delocutivos são definidos por Émile Benveniste como aqueles que se caracterizam por derivarem de uma locução. Explicamos! Benveniste, no capítulo "Os verbos delocutivos" (*PLG I*), propõe somar aos tradicionais processos de derivação verbal – "deverbativo" (verbos originários de outros verbos) e "denominativo" (verbos derivados de nomes) – o processo que ele denomina "delocutivo" (verbos derivados de locução).

No intuito de evidenciar esse tipo de derivação verbal que confia ao emprego da língua (instância de discurso) o fenômeno de criação de estruturas da língua, Benveniste propõe reflexões baseadas em verbos de línguas clássicas e modernas, sendo o delocutivo atrelado à cultura de diversas sociedades, e assinala que a base nominal de um delocutivo é marcada na relação "dizer" (dizer x); não na relação "fazer" – própria dos denominativos (clarifica-se a noção com o verbo delocutivo francês *remercier* (*agradecer*) derivado da locução francesa *merci*! (*obrigada*!)).

244

GUIA PARA COMPREENSÃO DE *VERBOS DELOCUTIVOS*

A noção de verbos delocutivos, cunhada em 1958 por Émile Benveniste e registrada na seção "O homem na língua", do *PLG I*, compõe a trajetória intelectual do autor no que concerne à concepção de indissociabilidade do homem e a linguagem; afinal, não é por acaso que, também em 1958, o autor registra no texto "Da subjetividade na linguagem", "é um homem falando que encontramos no mundo, um homem falando com outro homem, e a linguagem ensina a própria definição de homem" (*PLG I*: 284). Nesse sentido, o capítulo "Os verbos delocutivos", embora pouco discutido na literatura da área, além de acompanhar a noção de subjetividade tão explanada nos estudos enunciativos, comporta também a noção de enunciação (tecida ao longo de reflexões do autor e efetivada, em 1970, no texto "O aparelho formal da enunciação"), pois traz implícita a necessária atualização da língua, a fim de que, na análise do emprego da língua, possa-se resgatar possíveis formações lexicais provenientes do ato enunciativo – esse só formalizado *a posteriori*.

Para explicitar esse fenômeno linguístico, Benveniste cita o termo latino *salutare* (saudar), em relação à *salus* (nominativo), *salutis* (genitivo) – (saúde). É a saudação *salus!* que dá origem ao verbo *salutare*, afirma Benveniste, justificando que a base para *salutare* está marcada pela relação *dizer*, significa dizer *salus!*, e não pelo fato de *fazer* a saudação. Temos, então, o verbo delocutivo *salutare* originário de uma locução do discurso; não de um signo nominal (saúde). Benveniste evidencia, assim, por meio de verbos de várias línguas clássicas e modernas (latim, grego, alemão, francês, inglês, gótico, eslavo, armênio, irânico) que também o resgate da atualização da língua via enunciação permite revelar o processo que dá origem aos termos – para Benveniste, os verbos delocutivos.

Benveniste finaliza a discussão sobre os verbos delocutivos com uma reflexiva síntese que, além disso, prospecta o pensamento do autor sobre a enunciação: "essa classe nos mostra um signo da língua derivando de uma locução de discurso e não de outro signo da língua; exatamente por isso, os delocutivos, no momento em que são criados, são sobretudo verbos que denotam atividades de discurso" (*PLG I*: 315).

EXEMPLO DE ABORDAGEM DE *VERBOS DELOCUTIVOS*

É possível contemplar entre as línguas a possibilidade de derivação verbal delocutiva em diferentes trajetórias de termos lexicais em situações comuns, como Benveniste (1988) explicita com a situação do emprego de "bem-vindo" que envolve modelos lexicais comuns entre as línguas (locução *wilkommen* (alemão), *welcome* (inglês) e *bienvenu* (francês)).

O comportamento do termo "bem-vindo" é variado em cada língua, ou seja, cada sistema linguístico promove o emprego de seus termos e decide sobre a possibilidade de derivação delocutiva: no alemão, criou-se a locução *wilkommen* (dar as boas-vindas); no inglês, efetivou-se um delocutivo no verbo *to welcome* e, no francês, não se formou o delocutivo *bienvenir* (por analogia a *to welcome*); contudo, formou-se o infinitivo *bienvenir* restrito a essa construção. Com essa abordagem, Benveniste orienta para o fato de que situações lexicais comuns entre as línguas não são indicadoras de trajetórias comuns nos processos de formação delocutiva, salientando que o emprego como um tipo de acolhimento determinou a trajetória do termo em cada sistema, sendo a formação delocutiva atrelada à cultura.

Leituras complementares: Ilari (1986, 2002); Della Méa (2009); Flores et al. (2009).

Capítulos relacionados: Enunciação; Forma e sentido; Instância de discurso; Línguas; Subjetividade.

Obras de
Émile Benveniste

BENVENISTE, É. *Problèmes de linguistique générale, 1.* Paris: Gallimard, 1966a.

_____. *Titres et noms propres en iranien ancien.* Paris: C. Klincksieck, 1966b.

_____. *Problèmes de linguistique générale, 2.* Paris: Gallimard, 1974.

_____. *Origines de la formation des noms en indo-européen.* Paris: Adrien-Maisonneuve, 1984.

_____. *Problemas de linguística geral I.* Trad. Maria da Glória Novak e Maria Luisa Neri. Campinas: Pontes, 1988.

_____. *Problemas de linguística geral II.* Trad. Eduardo Guimarães et al. Campinas: Pontes, 1989.

_____. *Noms d'agent et noms d'action en indo-européen.* Paris: Adrien-Maisonneuve, 1993.

_____. *O vocabulário das instituições indo-europeias.* Economia, parentesco, sociedade. Trad. Denise Bottmann. Campinas: Pontes, 1995a, v. 1.

_____. *O vocabulário das instituições indo-europeias.* Poder, direito, religião. Trad. Denise Bottmann e Eleonora Bottmann. Campinas: Pontes, 1995b, v. 2.

_____. *Baudelaire.* Présentation et transcription de Chloé Laplantine. Limoges: Éditions Lambert-Lucas, 2011.

_____. *Dernières leçons.* Collège de France 1968 et 1969. Paris: EHESS/Gallimard/Seuil, 2012.

_____. *Últimas aulas no Collège de France (1968 e 1969).* Trad. Daniel Costa da Silva et al. São Paulo: Ed. Unesp, 2014.

_____. *Langues, cultures, religions.* Limoges: Lambert-Lucas, 2015.

_____. "La traduction, la langue et l'intteligence". In: FENOGLIO, Irène et al. (orgs.). *Autour d'Émile Benveniste sur l'écriture.* Paris: Éditions du Seuil, 2016, pp. 37-44.

Referências

ADAM, J-M. Le programme de la 'translinguistique des textes, des oeuvres' et sa réception au seuil des années 1970. In: BRUNET, É; MAHRER, R. (orgs.). *Relire Benveniste*. Réceptions actuelles des Problèmes de linguistique générale. Louvain-la-Neuve: L'Harmattan/Academia, 2011.

ARAÚJO, É. D. *A Linguística Geral de Émile Benveniste como um acontecimento no espaço político-simbólico da Linguística*: língua, cultura, personalidade. Uberlândia, 2019. Tese (Doutorado em Linguística) – Curso de Estudos Linguísticos, Instituto de Letras, Universidade Federal de Uberlândia.

ARESI, F. "Os índices específicos e os procedimentos acessórios da enunciação". *Revista Virtual de Estudos da Linguagem*, v. 9, 2011, pp. 262-275.

_____. *Síntese, organização e abertura do pensamento enunciativo de Émile Benveniste*: uma exegese de "O Aparelho Formal da Enunciação". Porto Alegre, 2012. Dissertação (Mestrado em Letras) – Instituto de Letras, Programa de Pós-Graduação em Letras, Universidade Federal do Rio Grande do Sul.

_____. "Pronomes e 'formas vazias' no desenvolvimento da teoria enunciativa de Émile Benveniste". *Cadernos do IL*, n. 56, 2018, pp. 38-56.

_____. *A relação entre língua e sociedade na reflexão teórica de Émile Benveniste*. Porto Alegre, 2020. Tese (Doutorado em Letras) – Instituto de Letras, Programa de Pós-Graduação em Letras, Universidade Federal do Rio Grande do Sul.

_____. "Horizontes da enunciação: por uma linguística da língua que contém a sociedade". *Conexão Letras*, v. 26, 2021, pp. 146-164.

ARRIVÉ, M. *Linguística e psicanálise*: Freud, Saussure, Hjelmslev, Lacan e outros. Trad. M. Laranjeira et al. São Paulo: Edusp, 1994.

_____. *Linguagem e psicanálise, linguística e inconsciente*: Freud, Saussure, Pichon, Lacan. Trad. L. Magalhães. Rio de Janeiro: Jorge Zahar, 1999.

BARBOZA, G. *Em busca do espaço perdido?* Um estudo do estatuto da noção de espaço em Émile Benveniste. Porto Alegre, 2013. Dissertação (Mestrado em Estudos da Linguagem) – Instituto de Letras, Programa de Pós-Graduação em Letras, Universidade Federal do Rio Grande do Sul.

_____. *Entre designar e significar, o que há?* Em busca de uma semântica em Benveniste. Porto Alegre, 2018. Tese (Doutorado em Letras) – Instituto de Letras, Universidade Federal do Rio Grande do Sul.

_____. "A propósito da noção de espaço na teoria da enunciação de Émile". *ReVEL*, v. 18, n. 34, 2020.

_____. "Até o fim de sua vida": designação e significação em Benveniste. *Fragmentum*, n. 56, 2022, pp. 19-42.

_____. "Às vezes é útil pedir à evidência que se justifique": aspectos da relação entre Saussure e Benveniste. *Revista Linguagem & Ensino*. Pelotas, v. 6, n. 2, 2023.

BATTISTI, E.; OTHERO, G. A.; FLORES, V. N. *Conceitos básicos de linguística*: noções gerais. São Paulo: Contexto, 2022.

BRUNET, É.; MAHRER, R. Les réception de Benveniste, un pluriel singulier. In: BRUNET, É.; MAHRER, R. (orgs.). *Relire Benveniste, réceptions actuelles des Problèmes de linguistique générale*. Louvain-la-Neuve: L'Harmattan/Academia, 2011.

CHACON, L. *Ritmo da escrita*: uma organização do heterogêneo da linguagem. Campinas, 1996. Tese (Doutorado em Linguística) – Universidade Estadual de Campinas.

CIULLA, A. Sobre a noção de dêixis e critérios de tipologias dêiticas. In: Jornada em Linguística Textual – Diálogos em Estudos da Linguagem, 2019, São Luis. *Anais...* São Luis: EDUFMA, pp. 419-429, 2019.

Referências

_____. A dêixis e a referência como diferentes modos de relação entre os signos e a enunciação. In: OLIVEIRA, G. F.; ARESI, F. *O universo benvenistiano – enunciação, sociedade, semiologia*. São Paulo: Pimenta Cultural, 2020, pp. 92-120.

_____. Análise textual à luz da teoria benvenistiana: uma reflexão sobre o tempo verbal. In: ROSÁRIO, H. M.; HOFF, S. L.; FLORES, V. N. *Leituras de Émile Benveniste*. Porto Alegre: Zouk, 2022a, pp. 66-77.

_____. "O tempo dos verbos como categoria de análise textual". *Fragmentum*, n. 56, 2022b, pp. 195-216.

_____. Dêixis. In: AZEVEDO, T. M.; FLORES, V. N. (orgs.). *Estudos do discurso – conceitos fundamentais*. Petrópolis: Vozes. 2024, pp. 89-105.

COQUET, J-C.; DERYCKE, M. *Le lexique d'E. Benveniste*. Documents de travail et pré-publications. Centro Internazionale di Semiótica e di Linguistica, Università di Urbino, v. 1, n. 8, série A, 1971, pp.1-40.

_____. *Le lexique d'É. Benveniste*. Documents de travail et pré-publications. Centro Internazionale di Semiótica e di Linguistica, Università di Urbino, v. 2, n. 8, série A, 1972, pp. 41-78.

_____; FENOGLIO, I. Introdução. In: *Últimas aulas no Collège de France (1968 e 1969)*. Trad. Daniel Costa da Silva et al. São Paulo: Ed. Unesp, 2014.

CORNEILLE, Jean-Pierre. *A linguística estrutural - seu alcance e seus limites*. Trad. Fernanda Dantes Ferreira. Lisboa: Almedina, 1982.

D'OTTAVI, Giuseppe; FRIGENI, Silvia. "Prolégomènes à un nouveau lexique benvenistien". *Eutomia*, Recife, v. 1, n. 33, jun. 2023, pp. 70-86.

DELLA MÉA, Célia. *Delocutividade*: uma visão enunciativa do processo de renovação da língua. Porto Alegre, 2009. Tese (Doutorado em Teorias do Texto e do Discurso) – Programa de Pós-Graduação em Letras, Universidade Federal do Rio Grande do Sul.

DEROY, Louis. Compte-rendu *Noms d'agent et noms d'action en indo-européen*. *L'Antiquité Classique*, Liège, v. 19, n. 1, 1950, pp. 217-221.

DESSONS, Gérard. *Émile Benveniste, l'invention du discours*. Paris: Éditions In Press, 2006.

FIORIN, José Luiz. *As astúcias da enunciação*: as categorias de pessoa, espaço e tempo. São Paulo: Ática, 2008.

FLORES, V. N. "A enunciação e os níveis de análise linguística em dados de distúrbios de linguagem". *Organon: Revista do Instituto de Letras*. Porto Alegre, v. 23, n. 46, 2009, pp. 177-190.

_____ et al. (org.). *Dicionário de Linguística da Enunciação*. São Paulo: Contexto, 2009.

_____. O lugar metodológico da análise da enunciação em relação aos níveis da análise linguística. In: BATTISTI, Elisa; COLLISCHONN, Gisela (orgs.). *Língua e linguagem*: perspectivas de investigação. Porto Alegre: Palotti, 2010, v. 1, pp. 45-57.

_____. Sujet de l'énonciation et ébauche d'une réflexion sur la singularité enonciative. In: NORMAND, C.; SOFIA, E. *Espaces théoriques du langage. Des parallèles floues*. Louvain-La-Neuve: L'Harmattan-Academia, 2012. pp. 87-128.

_____. *Introdução à teoria enunciativa de Benveniste*. São Paulo: Parábola, 2013a.

_____. "Sujeito da enunciação: singularidade que advém da sintaxe da enunciação". *D.E.L.T.A. Documentação e Estudos em Linguística Teórica e Aplicada*, v. 29, n. 1, 2013b.

_____. "O que há para ultrapassar na noção saussuriana de signo? De Saussure a Benveniste". *Gragoatá*. Niterói, v. 22, n. 44, set./dez. 2017a, pp. 1005-1026.

_____. "Atualidade de Benveniste no Brasil: os aspectos antropológicos de uma teoria da enunciação". *Desenredo*. Passo Fundo, v. 13, n. 1, 2017b, pp. 9-18.

_____. "A enunciação escrita em Benveniste: notas para uma precisão conceitual". *Delta*, v. 34, n. 1, 2018a, pp. 395-417.

_____. "A língua, as línguas, o pensamento: apontamentos de leitura de categorias de pensamento e categorias de língua". *Revista Desenredo*, v. 14, n. 3, 2018b, pp. 504-514.

_____. *Problemas gerais de linguística*. Petrópolis: Vozes, 2019.

_____. A ética do linguista. In: SILVA FILHO, J. T. *(Re)leituras em Ferdinand de Saussure e Émile Benveniste*. São Carlos: Pedro & João Editores, 2021, pp. 141-168.

FLORES, V. N.; ENDRUWEIT, M. L. "A noção de discurso na teoria enunciativa de Émile Benveniste". *Revista Moara*, n. 38, jul./dez. 2012, pp. 196-208.

FLORES, V. N. et al. *Enunciação e gramática*. São Paulo: Contexto, 2008.

FLORES, V. N.; FREIELEBEN, L. C. "Uma linguística das funções do homem na língua e na linguagem". *Linguística*. Rio de Janeiro, v. 19, n. 2, 2023, pp. 259-274.

FLORES, V. N.; GOMES, F. A.; HOFF, S. L. "A relação pensamento-língua em Benveniste e a preeminência do linguístico". *Acta Scientiarum. Language and Culture*, v. 44, n. 1, maio 2022, pp. 626-639.

FLORES, V. N.; SEVERO, R. T. "Linguagem e cultura: uma abordagem com Benveniste". *Veredas*. Juiz de Fora, v. 2, n. 19, jul. 2015, pp. 310-330.

FLORES, V. N.; TEIXEIRA, M. *Introdução à linguística da enunciação*. São Paulo: Contexto, 2005.

FREISLEBEN, L. C. "Émile Benveniste e a função histórica: uma proposta de leitura". *Eutomia*, Recife, v. 1, n. 33, jun. 2023, pp. 23-42.

FREUD, S. Sobre o sentido antitético das palavras primitivas. In: FREUD, Sigmund. *Obras completas de Sigmund Freud*: observações sobre um caso de neurose obsessiva e outros textos. Trad. Paulo César de Souza. São Paulo: Cia. das Letras, 2013, pp. 302-312.

_____. *A interpretação de sonhos*. Trad. Renato Zwick. Porto Alegre: L&PM, 2016 [1976], v. 1-2.

FRUYT, Michèle. *Les verbes délocutifs selon É. Benveniste*. Émile Benveniste vingt ans après. Nanterre, Paris, X, 1997, pp. 61-71.

HAINZENREDER, L. S. *O fenômeno tradutório à luz da distinção semiótico/semântico na relação entre línguas*: proposta de uma semiologia da tradução. Porto Alegre, 2016. Dissertação (Mestrado em Letras) – Instituto de Letras, Programa de Pós-Graduação em Letras, Universidade Federal do Rio Grande do Sul.

HOFF, S. L. *A nota "La traduction, la langue et l'intelligence"*: o fenômeno tradutório na e a partir da reflexão sobre a linguagem de Benveniste. Porto Alegre, 2018. Dissertação (Mestrado em Letras) – Programa de Pós-Graduação em Letras, Instituto de Letras, Universidade Federal do Rio Grande do Sul.

_____. *"Mas guardemos isso: não há língua má"*: as línguas na teoria da linguagem de Benveniste. Porto Alegre, 2023. Tese (Doutorado em Letras) – Instituto de Letras, Programa de Pós-Graduação em Letras, Universidade Federal do Rio Grande do Sul.

HOFF, S. L.; FLORES, V. N. "O tradutor Benveniste: uma reflexão a partir de 'La traduction, la langue et l'intelligence'". *Fragmentum*. Santa Maria, n. 56, 2022, pp. 313-334.

ILARI, R. "Delocutivos nós também temos, falô?" *Caderno de Estudos Linguísticos*. São Paulo, n. 10, 1986, pp. 81-85.

_____. "Encore quelques délocutifs". *Delta*. São Paulo, v. 18, 2002, pp. 115-129.

KLEIBER, G. "Dêiticos, embreadores, 'token-reflexivos', símbolos indexicais etc.: como defini-los?". Trad. Mayalu Félix. *Intersecções*, ed. 11, ano 6, n. 3, nov. 2013, pp. 2.

KNACK, Carolina. *Texto e enunciação*: as modalidades falada e escrita como instâncias de investigação. Porto Alegre, 2012. Dissertação (Mestrado em Estudos da Linguagem) – Programa de Pós-Graduação em Letras, Universidade Federal do Rio Grande do Sul.

_____. "O discurso poético como um 'problema linguístico' nas notas de Benveniste: percursos metodológicos para a abordagem da significação". *Revista Fragmentum*, n. 56, 2020.

KRIEGER, M. G.; FINATTO, M. J. B. *Introdução à terminologia*. São Paulo: Contexto, 2004.

LACAN, J. *Seminário 3*: as psicoses. Trad. Aluísio Menezes. Rio de Janeiro: Jorge Zahar, 1988.

_____. *Escritos*. Trad. Vera Ribeiro. Rio de Janeiro: Jorge Zahar, 1998.

LAHUD, M. *A propósito da noção de dêixis*. São Paulo: Ática, 1979.

LAMBERTERIE, C. "À propos du vocabulaire des institutions indoeuropéennes". *Linx*, Paris, v. 9, 1997, pp. 355-363.

LAPLANTINE, Chloé. *Émile Benveniste, l'inconscient et le poème*. Limoges: Lambert-Lucas, 2011.

LAPLANTINE, Chloé; PINAULT, Georges-Jean. Introduction. In: BENVENISTE, Émile. *Langues, cultures, religions*. Limoges: Lambert-Lucas, 2015, pp. XI-XLIV.

LEJEUNE, M. E. "Benveniste, *Noms d'agent et noms d'action en indo-européen*, 1948". *Revue des* Études *Anciennes*, Pessac, tome 52, n. 1-2, 1950, pp. 149-152.

MACHADO, B. F. V. "Benveniste, Lacan e o estruturalismo: sobre o sentido antitético das palavras primitivas". *Alfa*, v. 59, n. 1, 2015, pp. 11-28.

MALAMOUD, C. "L'oeuvre d'Émile Benveniste: une analyse linguistique des institutions indo-européennes (notes critique)". *Annales: Économies, Sociétés, Civilisations*. Paris, v. 26, n. 3, 1971, pp. 653-663.

_____. L'anthropologie d'Émile Benveniste. Remarques d'un indianiste. In: FENOGLIO, Irène (org.) et al. *Autour d'Émile Benveniste sur l'écriture*. Paris: Éditions du Seuil, 2016. pp. 237-266.

MANNONI, O. *Chaves para o imaginário*. Trad. Lígia Maria Pondé Vassalo. Petrópolis: Vozes, 1973.

MARTINS, H. J. *Enunciação e diálogo*. Campinas: Editora da Unicamp, 1990.

MOÏNFAR, Mohammad Djafar. Bibliographie des travaux d'Émile Benveniste. In: *Mélanges linguistiques offerts à Émile Benveniste*, Louvain, Peeters, 1975. (Collection Linguistique publiée par la Société de Linguistique de Paris LXX).

_____. "Sur la terminologie de Benveniste". *LINX*, numero special, 1997, pp. 365-373.

MONTAUT, A. "La méthode de Benveniste dans ses travaux comparatistes: son discours et son sujet". *Linx*, Paris, n. 26, 1992, pp. 109-135.

NEUMANN, D. *Em busca de uma poética da voz*. Porto Alegre, 2016. Tese (Doutorado em Letras) – Universidade Federal do Rio Grande do Sul.

Referências

_____. "Dossiê Baudelaire: o encontro da poética de Benveniste com a poética de Meschonnic". *Revista Fragmentum*, n. 56, 2020.

_____. "À escuta do contínuo da linguagem: ritmo, discurso, enunciação". *Revista Criação & Crítica*, v. 37, 2023, pp. 19-35.

NEUMANN, D.; ROSÁRIO, H. M. "A relação entre língua/linguagem e cultura em Benveniste: uma contribuição para as ciências humanas". *Letrônica*, v. 9, dez. 2016, pp. 47-57.

NORMAND, C. Constitution de la sémiologie chez Benveniste. *Histoire Épistémologie Langage*, tomo 11, fascículo 2, 1989. Disponível em: <http://www.persee.fr/doc/hel_0750-8069_1989_num_11_2_2302>. Acesso em: abr. 2024.

_____. Os termos da enunciação em Benveniste. In: OLIVEIRA, S. L.; PARLATO, E. M.; RABELLO, S. (orgs.). *O Falar da Linguagem*. São Paulo: Lovise, 1996. (Série Linguagem).

_____. *Convite à linguística*. Trad. Cristina Birk et al. São Paulo: Contexto, 2009.

NUNES, P. Á. *A prática tradutória em contexto de ensino (re)vista pela ótica enunciativa*. Porto Alegre, 2012a. Tese (Doutorado em Letras) – Instituto de Letras, Programa de Pós-Graduação em Letras, Universidade Federal do Rio Grande do Sul.

_____. "Por uma abordagem enunciativa da tradução". *Conexão Letras*. Porto Alegre, v. 7, n. 7, 2012b, pp. 37-46.

_____. Do rastro ao signo: questões sobre a escrita na obra benvenistiana. In: ROSÁRIO, H. M.; HOFF, S. L.; FLORES, V. N. (orgs.). *Leituras de Émile Benveniste*. Porto Alegre: Zouk, 2022, v. 1, pp. 188-196.

OLIVEIRA, Giovane Fernandes. *Do homo loquens ao homo loquens scriptor*: por uma perspectiva semiológico-enunciativa da aquisição da escrita. Porto Alegre, 2022. Tese (Doutorado em Estudos da Linguagem) – Programa de Pós-Graduação em Letras, Universidade Federal do Rio Grande do Sul.

ONO, A. *La notion dénonciation chez Émile Benveniste*. Limoges: Lambert-Lucas, 2007.

ONO, A.; SILVA, C. L. da C.; MILANO, L. "Sobre as relações entre a linguagem e o homem: caminhos de leitura em Émile Benveniste". *Calidoscópio*, v. 12, n. 2, 2014, pp. 255-260.

ROCHA, Aline Wieczikovski. *Émile Benveniste em suas Últimas Aulas no Collège de France: a escrita em questão*. Passo Fundo, 2019. Tese (Doutorado em Letras) – Universidade de Passo Fundo.

ROSÁRIO, H. M. "Elementos para uma reflexão sobre tradução a partir da teoria benvenisteana da enunciação". *Conexão Letras*. Porto Alegre, v. 7, n. 7, 2012, pp. 63-71.

_____. *Um périplo benvenistiano*: o semiólogo e a semiologia da língua. Porto Alegre, 2018. Tese (Doutorado em Letras) – Universidade Federal do Rio Grande do Sul.

_____. A relação língua-língua e a relação língua-sociedade: algumas observações com vistas à reflexão semiológica de Benveniste. In: OLIVEIRA, G. F.; ARESI, F. (orgs.). *O universo benvenistiano*: enunciação, sociedade, semiologia. São Paulo: Pimenta Cultural, 2020.

_____. A semiologia da língua é a metassemântica? In: ROSÁRIO, Heloisa Monteiro; HOFF, S. L.; FLORES, V. N. (orgs.). *Leituras de Émile Benveniste*. Porto Alegre: Zouk, 2022.

ROSÁRIO, H. M.; FLORES, V. N. "A enunciação na semiologia da língua de Benveniste". *ReVEL*, v. 18, n. 34, 2020.

SAUSSURE, F. de. *Curso de linguística geral*. Organizado por Charles Bally e Albert Sechehaye com a colaboração de Albert Riedlinger. Trad. Antônio Chelini, José Paulo Paes e Izidoro Blikstein. São Paulo: Cultrix, 1975.

SEVERO, R. T. *Semiologia da linguagem*: a enunciação do sagrado e o corpo afrorreligioso. Porto Alegre, 2016. Tese (Doutorado) – Curso de Estudos da Linguagem, Letras, Universidade Federal do Rio Grande do Sul.

SEVERO, R. T.; FLORES, V. N. "Linguagem e cultura: uma abordagem com Benveniste". *Veredas - revista de estudos linguísticos*, v. 19, n. 2, 2015, pp. 94-111.

SILVA, C. L. C. *A criança na linguagem*: enunciação e aquisição. Campinas: Pontes, 2009.

_____. A relação entre o biológico e o cultural na aquisição da linguagem e a instauração da criança na interdependência entre forma-sentido na língua materna. In: OLIVEIRA, G. F.; ARESI, F. (orgs.). *O universo benvenistiano*: enunciação, sociedade, semiologia. São Paulo: Pimenta Cultural, 2020, pp. 164-203.

_____. "O agenciamento de palavras no discurso pela criança". Letras. O falante, o linguista e uma Antropologia na Linguagem: uma homenagem ao professor Valdir do Nascimento Flores". *Letras*. Santa Maria, v. 33, n. 1, Edição especial, 2023, pp. 43-55.

SILVA, D. C. *Implicações do pensamento benvenistiano para a escrita da histórica*. Porto Alegre, 2015. Dissertação (Mestrado em Letras) – Instituto de Letras, Universidade Federal do Rio Grande do Sul.

_____. *A noção de subjetividade em Émile Benveniste*. Porto Alegre, 2021. Tese (Doutorado em Letras) – Instituto de Letras, Universidade Federal do Rio Grande do Sul.

SILVA, S. A relação entre sociedade e língua em Benveniste: três hipóteses e uma alternativa. In: OLIVEIRA, G. F.; ARESI, F. (orgs.). *O universo benvenistiano: enunciação, sociedade, semiologia*. São Paulo: Pimenta Cultural, 2020.

STUMPF, E. M. *No limite do diálogo*: eufemismo e enunciação em Émile Benveniste. Porto Alegre, 2017. Tese (Doutorado em Estudos da Linguagem) – Instituto de Letras, Programa de Pós-Graduação em Letras, Universidade Federal do Rio Grande do Sul.

_____. Blasfemia: um outro modo de enunciação. In: FERNANDES, Giovane; ARESI, Fábio (orgs.). *O universo benvenistiano*: enunciação, sociedade, semiologia. São Paulo: Pimental Cultural, 2020a. pp. 121-140.

_____. "Eufemismo: um fenômeno multifacetado no cruzamento entre língua e cultura". *Letrônica*, v. 13, n. 2, 2020b, pp. e36278.

VIER, S. *Quando a linguística encontra a linguagem*: da escrita de Émile Benveniste presente no Dossiê Baudelaire ao estudo semiológico de uma obra literária. São Leopoldo, 2016. Tese (Doutorado em Linguística Aplicada) – Unisinos.

WATKINS, C. L'apport d'Émile Benveniste a la grammaire comparée. In: SERBAT, Guy (ed.). *E. Benveniste aujourd'hui*: Actes du Colloque international du C.N.R.S. Louvain: Peeters, 1984, t. 1, pp. 3-11.

Os autores

Alena Ciulla – Doutora em Linguística pela Université Nancy 2 e pela Universidade Federal do Ceará (UFC). Professora do Departamento de Letras Clássicas e Vernáculas e do Programa de Pós-graduação em Letras, no Instituto de Letras da UFRGS.

Carmem Luci da Costa Silva – Doutora em Letras pela Universidade Federal do Rio Grande do Sul (UFRGS). Professora do Instituto de Letras da UFRGS. Pesquisadora CNPq.

Carolina Knack – Doutora em Letras pela Universidade Federal do Rio Grande do Sul (UFRGS). Professora do Instituto de Letras da UFRGS.

Catiúcia Carniel Gomes – Doutora em Letras pela Universidade de Passo Fundo (UPF). Professora do curso de Letras da UPF.

Célia Della Méa – Doutora em Letras pela Universidade Federal do Rio Grande do Sul (UFRGS). Professora do Instituto de Letras da UFRGS. Professora adjunta do curso de Letras da Universidade Federal de Santa Maria (UFSM), da UAB/EAD da UFSM e do Programa de Pós-graduação em Distúrbios da Comunicação Humana (UFSM).

Claudia Toldo – Doutora em Letras pela PUC-RS. Professora de Língua Portuguesa e Linguística do curso de Letras da Universidade de Passo Fundo (UPF). Professora e coordenadora do PPGL – doutorado e mestrado em Letras (UPF). Pesquisadora CNPq.

Daniel Costa da Silva – Doutor em Letras pela Universidade Federal do Rio Grande do Sul (UFRGS). Tradutor de língua francesa.

Elisa Marchioro Stumpf – Doutora em Letras pela Universidade Federal do Rio Grande do Sul (UFRGS). Professora de Língua Inglesa Departamento de Línguas Modernas (UFRGS). Coordenadora adjunta do Programa de Português para Estrangeiros (PPE-UFRGS).

Fábio Aresi – Doutor em Letras pela Universidade Federal do Rio Grande do Sul (UFRGS). Professor de Língua Portuguesa e Língua Inglesa do Instituto Federal Catarinense (IFC), *campus* Videira.

Filipe Almeida Gomes – Doutor em Letras (Linguística e Língua Portuguesa) pela PUC-Minas. Professor no Programa de Pós-graduação em Letras e nos cursos de licenciatura e bacharelado em Letras da PUC-Minas.

Gabriela Barboza – Doutora em Letras pela Universidade Federal do Rio Grande do Sul (UFRGS). Professora de Linguística e Língua Portuguesa do ILA da Universidade Federal do Rio Grande (FURG).

Heloisa Monteiro Rosário – Doutora em Letras pela Universidade Federal do Rio Grande do Sul (UFRGS). Professora do Departamento de Línguas Modernas e do Programa de Pós-graduação em Letras da UFRGS.

Isabela Rêgo Barros – Doutora em Letras pela Universidade Federal da Paraíba (UFPB). Professora e pesquisadora do Programa de Pós-Graduação em Ciências da Linguagem, da Universidade Católica de Pernambuco (Unicap).

José Temístocles Ferreira Júnior – Doutor em Linguística pela Universidade Federal da Paraíba (UFPB). Professor do PPG-Estudos da Linguagem da Universidade Federal Rural de Pernambuco (UFRP).

Os autores

Larissa Colombo Freisleben – Doutoranda em Letras pelo Programa de Pós-Graduação em Letras da Universidade Federal do Rio Grande do Sul (UFRGS). Professora de língua portuguesa e língua francesa.

Márcia Boabaid – Doutora em Letras pela Universidade Federal do Rio Grande do Sul (UFRGS). Professora de Língua Portuguesa da Universidade Federal de Santa Maria (UFSM).

Marlete Sandra Diedrich – Doutora em Letras pela Universidade Federal do Rio Grande do Sul (UFRGS). Professora Titular da Universidade de Passo Fundo (UPF).

Paula Ávila Nunes – Doutora em Letras pela Universidade Federal do Rio Grande do Sul (UFRGS). Professora Língua Portuguesa e Linguística do Departamento Acadêmico de Linguagem e Comunicação (Dalic) e do PPG em Estudos da Linguagem da Universidade Tecnológica Federal do Paraná (UTFPR).

Renata Trindade Severo – Doutora em Letras pela Universidade Federal do Rio Grande do Sul (UFRGS). Professora do Instituto Federal de Educação, Ciências e Tecnologia do Rio Grande do Sul, *campus* Porto Alegre.

Sabrina Vier – Doutora em Linguística Aplicada pela Universidade do Vale do Rio dos Sinos (Unisinos). Professora de Língua Portuguesa e coordenadora dos Cursos de Letras da Unisinos.

Sara Luiza Hoff – Doutora em Letras pela Universidade Federal do Rio Grande do Sul (UFRGS). Tradutora de língua inglesa.

Silvana Silva – Doutora em Letras pela Universidade Federal do Rio Grande do Sul (UFRGS). Professora do Instituto de Letras da UFRGS. Professora de Língua Portuguesa do curso de letras e do PPG-Letras da UFRGS.

Valdir do Nascimento Flores – Doutor em Letras pela PUC-RS. Professor titular de Língua Portuguesa e Linguística da Universidade Federal do Rio Grande do Sul (UFRGS). Pesquisador-CNPq.

GRÁFICA PAYM
Tel. [11] 4392-3344
paym@graficapaym.com.br